职业教育汽车类专业教材

汽车机械制图习题集

主　编　曹　静　李亚平
副主编　李思静　王远明　代应福　王　兰
参　编　顾玲芙　蔡立新　代凯飞　范晓严　蔺红宝
　　　　王　鑫　赵永鹏　强一郎　王　晶　潘小莉

机械工业出版社

本习题集全部采用现行的《技术制图》与《机械制图》国家标准,与"十二五"职业教育国家规划立项教材《汽车机械制图》(曹静、李亚平主编)配套使用。其编排顺序遵循由简到繁、由浅入深、循序渐进的原则,与《汽车机械制图》教材的体系完全一致。习题集中大量地采用选择、填空、改错等题型,改变了单一的绘图作业模式。书中的图形准确、清晰、秀美,以利于看图、画图,提高学习效率。

本习题集适用于各类职业院校及技工学校汽车类、机械类和相关各专业的制图教学,也可作为职工培训的教材使用。

图书在版编目(CIP)数据

汽车机械制图习题集/曹静,李亚平主编. —2 版. —北京:机械工业出版社,2017.2(2025.10重印)

职业教育汽车类专业教材

ISBN 978-7-111-55939-9

Ⅰ.①汽… Ⅱ.①曹… ②李… Ⅲ.①汽车-机械制图-职业教育-习题集 Ⅳ.①U462-44

中国版本图书馆 CIP 数据核字(2017)第 008894 号

机械工业出版社(北京市百万庄大街 22 号 邮政编码 100037)
策划编辑:曹新宇 责任编辑:曹新宇 张丹丹 责任校对:闫玥红
封面设计:张 静 责任印制:单爱军
保定市中画美凯印刷有限公司印刷
2025 年 10 月第 2 版第 11 次印刷
260mm×184mm · 11 印张 · 299 千字
标准书号:ISBN 978-7-111-55939-9
定价:28.00 元

电话服务 网络服务
客服电话:010-88361066 机 工 官 网:www.cmpbook.com
　　　　　010-88379833 机 工 官 博:weibo.com/cmp1952
　　　　　010-68326294 金 书 网:www.golden-book.com
封底无防伪标均为盗版 机工教育服务网:www.cmpedu.com

前　　言

本习题集与"十二五"职业教育国家规划立项教材《汽车机械制图》（曹静、李亚平主编）配套使用。

本习题集的编排顺序遵循由简到繁、由浅入深、循序渐进的原则，与《汽车机械制图》教材的体系完全一致，针对职业教育的特点，注重理论联系实际，充分体现了以素质教育为核心、以能力培养为基础的职业教育模式。在具体内容的组织上，力求将课堂所学的内容综合体现在作业中。

本习题集具有如下几个特点：

1. 本习题集中全部采用了现行的《技术制图》与《机械制图》国家标准，图形准确、清晰、秀美，以利于看图、画图，提高学习效率。

2. 内容丰富。凡重点内容均有习题相伴，题型多、寓意深、角度新。习题集中大量地采用选择、填空、改错等题型，改变了单一的绘图作业模式，使学生能在有限的时间内完成更多的习题，获得更多的信息，对提高学生的思维能力起到了事半功倍的效果。

3. 在投影基础部分贯彻"以体为主线"的内容体系，把点、线、面视为立体上的几何元素，是立体表达的一部分，为立体的分析及表达服务。

4. 突出了识图能力的培养。自投影作图起，即将识图与制图糅合在一起，并以轴测图为媒介，通过试做层次渐进的习题，使学生把握开启制图、识图之门的两把钥匙，达到提高学生自学能力的目的。

5. 习题集中的机械图样尽可能源于汽车机械产品，以增强习题集的实用价值。

6. 为了加强对学生绘制草图能力的训练，特别是轴测图的训练，习题集中设计了一些网格纸，以引导学生初步掌握徒手画图的技能，以利于提高学习效率。

本习题集适合于各类职业院校及技工学校汽车类、机械类和相关专业的制图教学，也可作为职工培训的教材使用。

本习题集由曹静、李亚平担任主编，李思静、王远明、代应福、王兰担任副主编，参加编写的还有顾玲芙、蔡立新、代凯飞、范晓严、蔺红宝、王鑫、赵永鹏、强一郎、王晶、潘小莉。

由于编者水平有限，书中错误和疏漏之处在所难免，敬请使用本习题集的师生和广大读者提出宝贵意见。

编　者

目 录

前言
项目一　绘制与识读平面图形 ……………………… 1
  任务一　认知图样中国家标准有关规定 …………… 1
  任务二　绘制简单的平面图形 ……………………… 7
  任务三　绘制与识读复杂的平面图形 …………… 13
项目二　绘制与识读立体的三视图 ………………… 15
  任务一　认知投影法及三视图 …………………… 15
  任务二　认知物体上点、线、面的投影 ………… 28
  任务三　绘制与识读基本体的三视图 …………… 36
  任务四　绘制与识读平面切割体的三视图 ……… 47
  任务五　绘制与识读曲面切割体的三视图 ……… 49
  任务六　绘制与识读相贯体的三视图 …………… 56
项目三　绘制轴测图 ………………………………… 59
  任务一　绘制平面立体的正等轴测图 …………… 59
  任务二　绘制曲面立体的正等轴测图 …………… 61
  任务三　绘制斜二轴测图 ………………………… 62
项目四　绘制与识读组合体的三视图 ……………… 64
  任务一　绘制组合体的三视图 …………………… 64
  任务二　标注与识读组合体的尺寸 ……………… 76
  任务三　识读组合体的视图 ……………………… 78
项目五　选择与识读机件的基本表达方法 ………… 89
  任务一　选择与识读机件的视图表达方法 ……… 89
  任务二　绘制与识读机件的剖视图 ……………… 93
  任务三　识读机件的其他表达方法 ……………… 110
项目六　认知常用机件的特殊表达方法 …………… 116
  任务一　认知螺纹及其螺纹紧固件 ……………… 116
  任务二　认知齿轮及其传动 ……………………… 122
  任务三　认知其他常用件和标准件 ……………… 124
项目七　绘制与识读零件图 ………………………… 127
  任务一　选择零件图的表达方案 ………………… 127
  任务二　标注与识读零件图的尺寸 ……………… 131
  任务三　认知零件的典型结构 …………………… 133
  任务四　认知零件图的技术要求 ………………… 136
  任务五　识读零件图 ……………………………… 140
项目八　识读装配图 ………………………………… 148
  任务一　选择装配图的表达方法 ………………… 148
  任务二　认知装配图中其他内容 ………………… 150
  任务三　识读装配图 ……………………………… 152
项目九　绘制与识读电路图 ………………………… 167
  任务一　电路图的表达方法 ……………………… 167
  任务二　认识电路图常用电气符号 ……………… 168
  任务三　电路图识读方法与技巧 ………………… 169
参考文献 ……………………………………………… 172

项目一　绘制与识读平面图形

任务一　认知图样中国家标准有关规定

1-1-1　字体练习（一）。

机械制图标准序号名称件数重量材料备注比例期

制图基本知识看懂零件的三视图根据视图想出零件的形状并标注尺寸

1234567890ØR　　ABCDEFGHIJKLM

1-1-2 字体练习（二）。

技术圆柱锥齿轮蜗杆叶螺栓钉母弹簧垫圈开口销

结构分析箱体盖板轴承瓦挡圈套筒尾架体定位套密封盖单向阀活塞球

a b c d e f g h i j k l m n o p q r s t u v w x y z

1-1-3　图线练习（一）。

1. 画出下列示范图线的平行线。

（1）

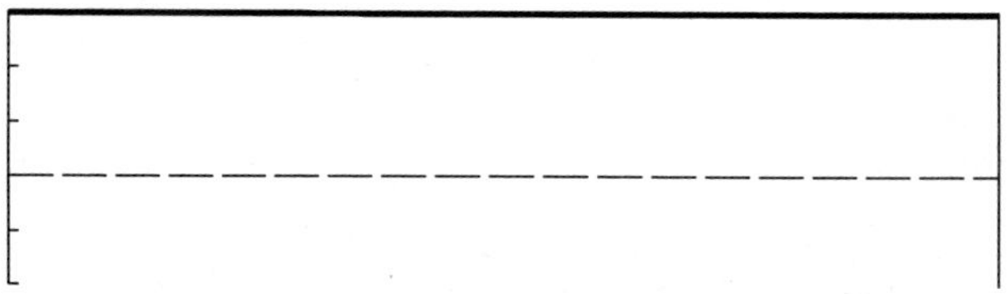

（2）

2. 完成图形中左右对称的各种图线。

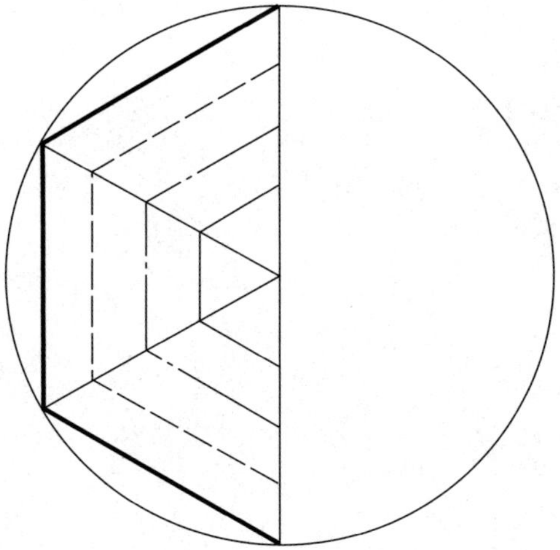

3. 以中心线的交点为圆心，过线上给出的 5 个点，由大到小依次画出粗实线圆、细虚线圆、细点画线圆、细虚线圆、粗实线圆。

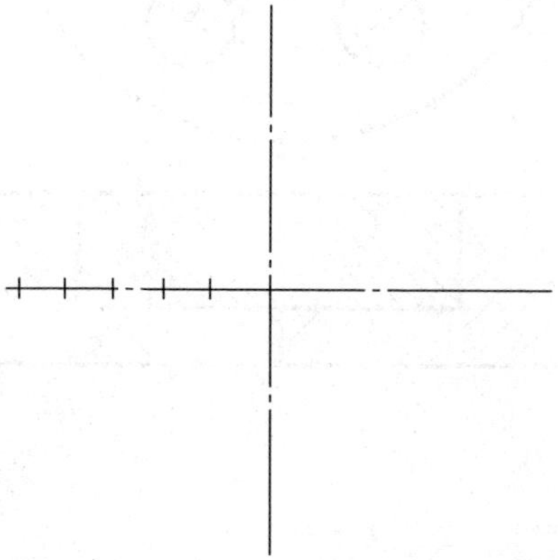

班级_____　姓名_____　学号_____

1-1-4 图线练习（二）。

4. 按左图示样在右边画出相同的图线。

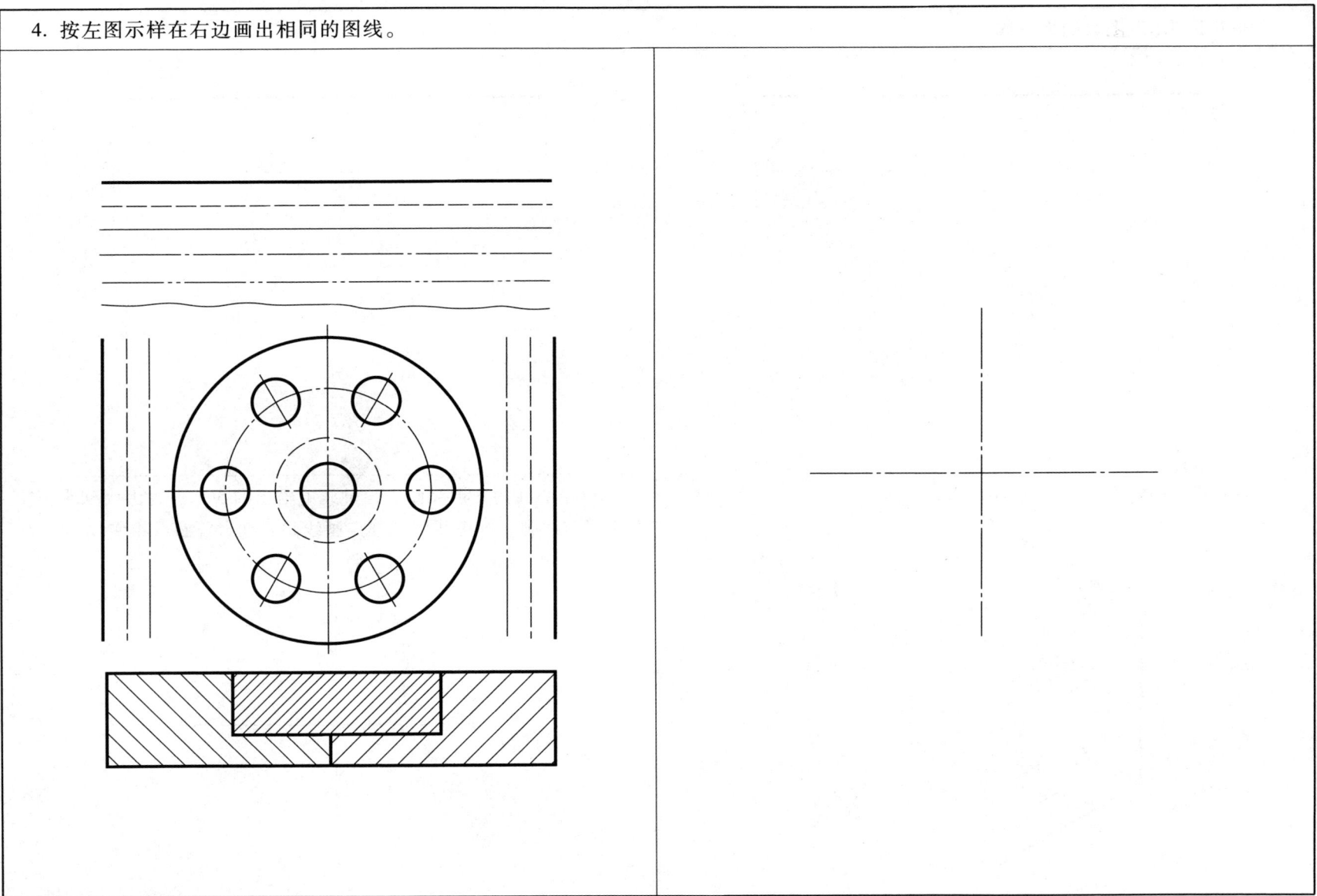

- 4 -

班级_____ 姓名_____ 学号_____

1-1-5 尺寸标注（一）：标注图中各尺寸（尺寸数值从图中按 1:1 量取，取整数）。

1. 线性尺寸。

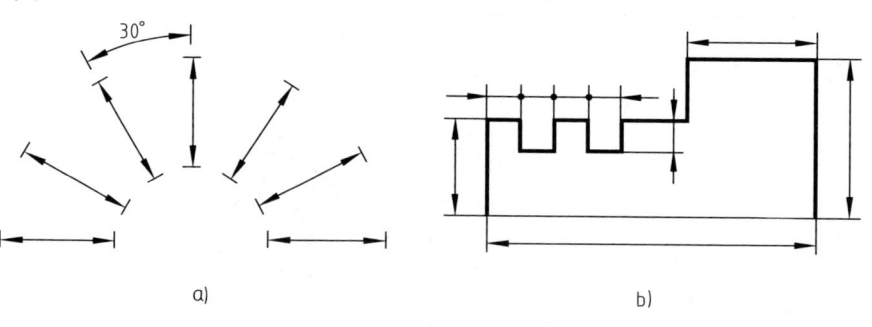

a) b)

2. 角度尺寸。

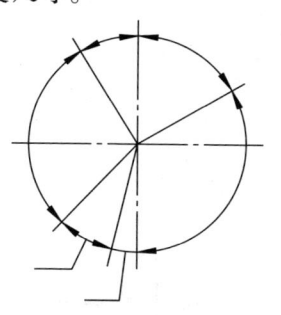

3. 圆的直径。

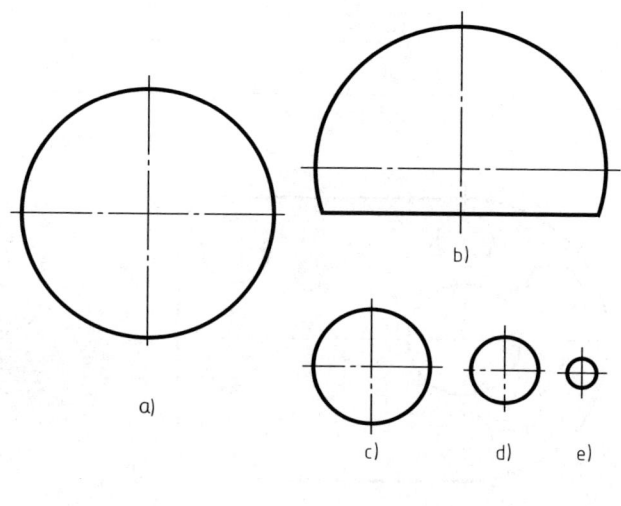

4. 圆弧半径。

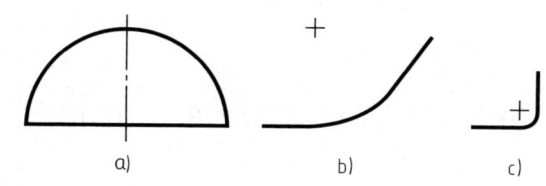

a) b) c)

5. 小尺寸。

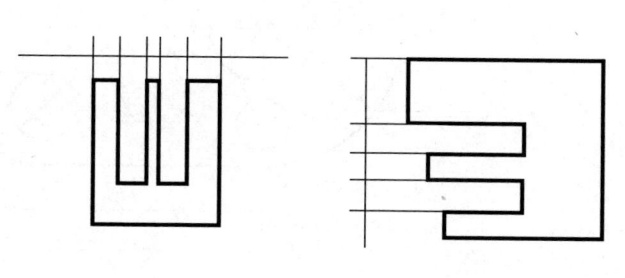

1-1-6　尺寸标注（二）。

1. 左图中尺寸标注有错误，请在右图中标注正确的尺寸。

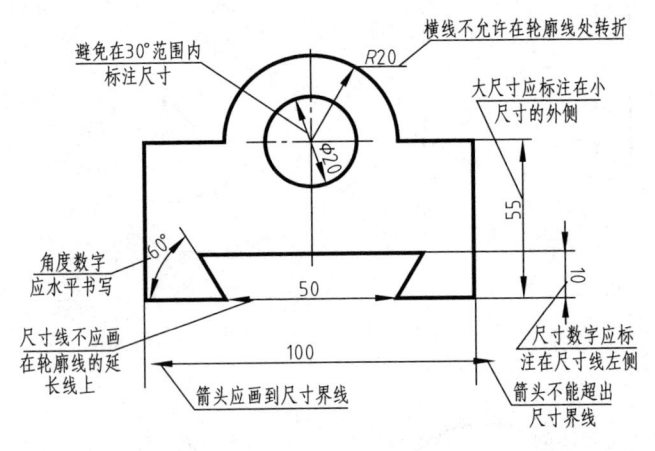
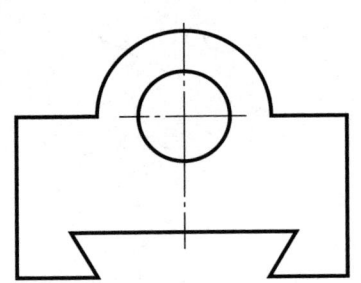

2. 指出左图中尺寸注法的错误之处，并在右图中标注正确的尺寸。

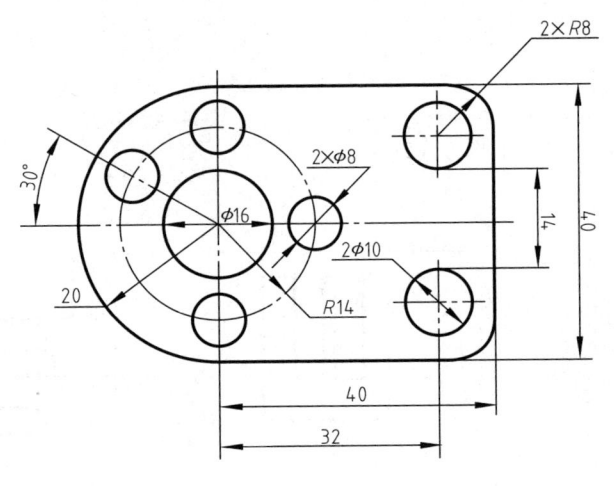
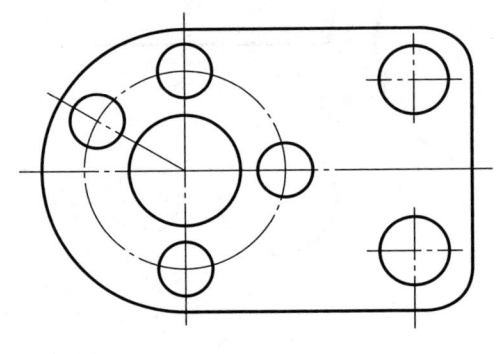

任务二　绘制简单的平面图形

1-2-1　基本作图练习（一）。

1. 将线段 *AB* 五等分。

2. 按右上角的图例，完成下列各图。

（1）

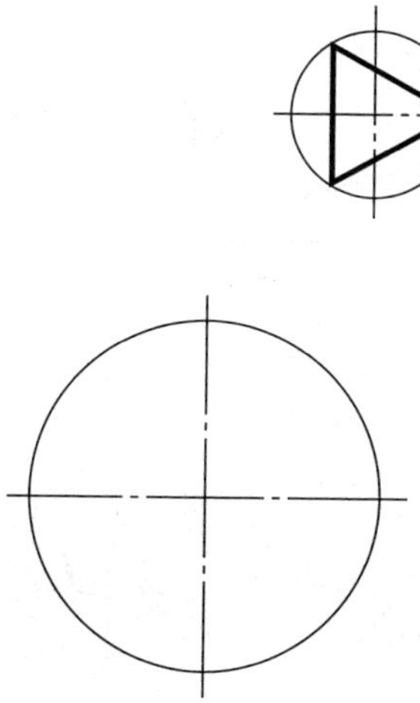

（2）

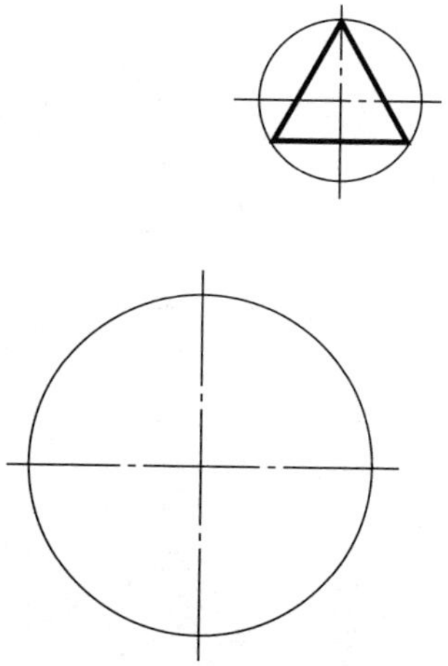

（3）

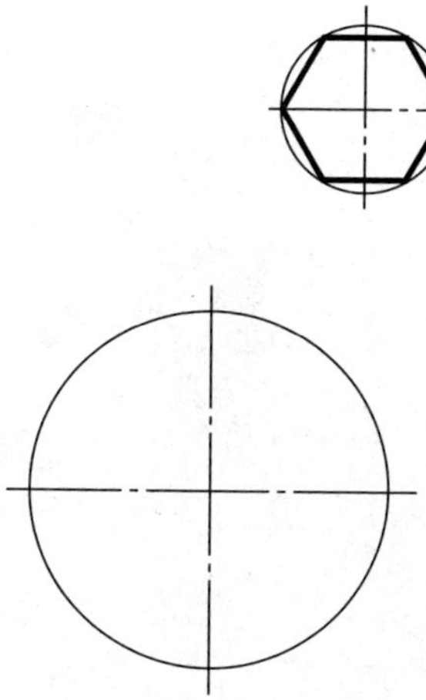

（4）

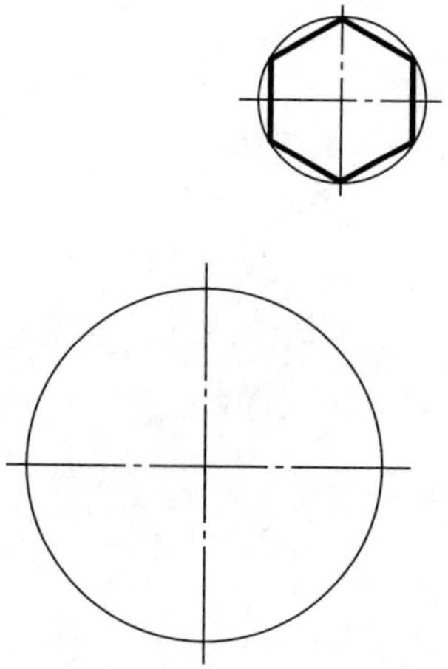

（5）

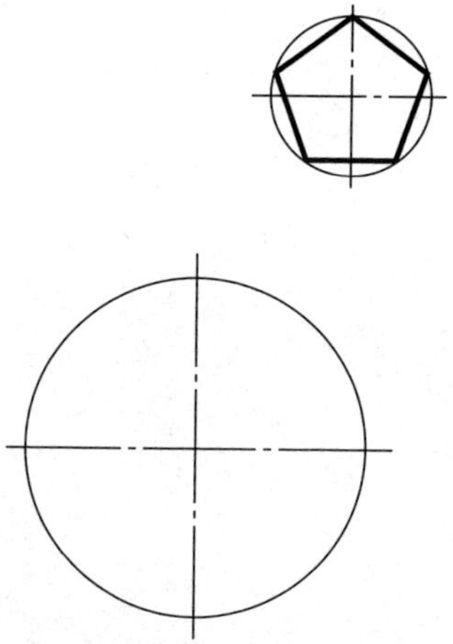

（6）

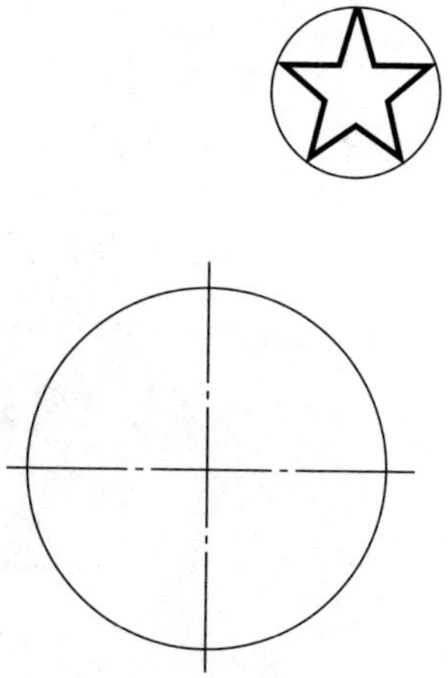

班级__________　姓名__________　学号__________

1-2-2 基本作图练习（二）。

按1:1的比例抄画下列图形，并标注尺寸和符号。

（1）

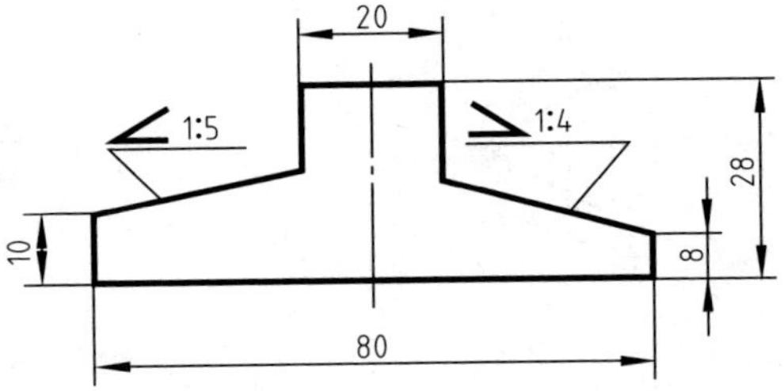

（2）

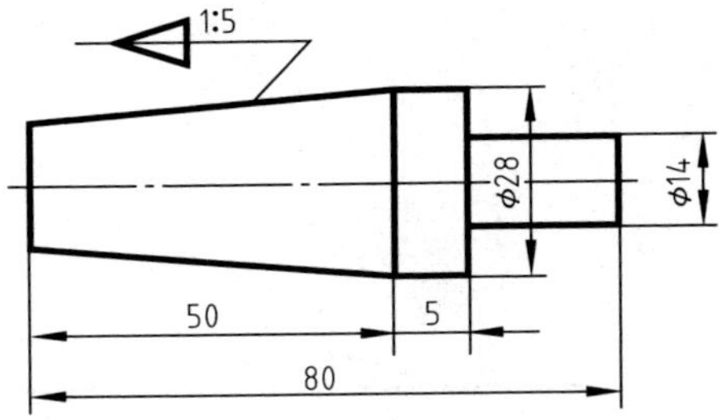

1-2-3 基本作图练习（三）。

1. 按给定的长、短轴，用四心圆法画近似椭圆。	2. 参照图例，用给定的尺寸作圆弧连接。	
	（1）	（2）

1-2-4 基本作图练习（四）。

按给定的图形，完成线段与圆弧的连接（比例1:1），并标出连接弧的圆心和切点。

1.

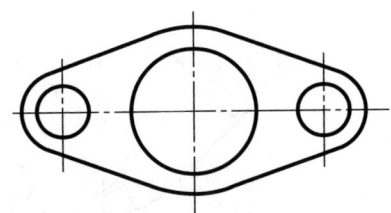

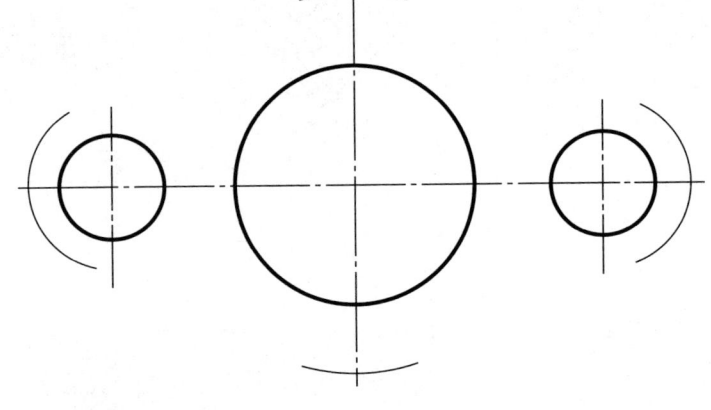

2.

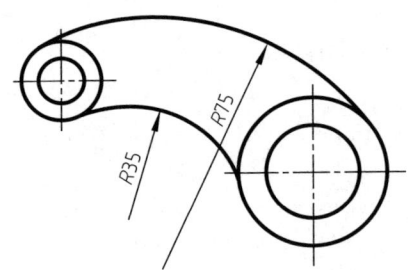

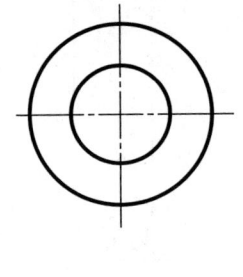

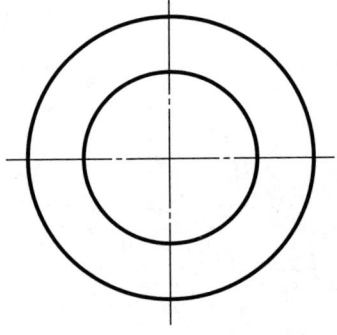

-10-

班级_____ 姓名_____ 学号_____

1-2-5 基本作图练习（五）。

按给定的图形，以比例1∶1完成线段与圆弧的连接（保留作图线）。

1.

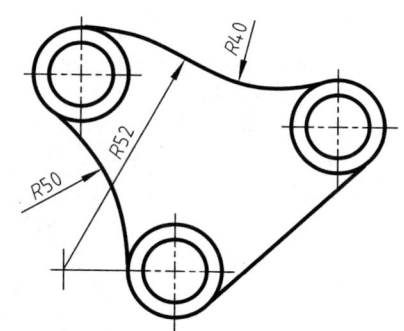

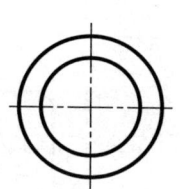

2.

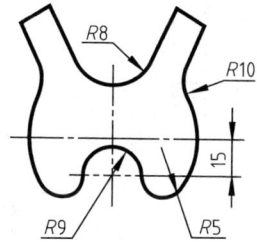

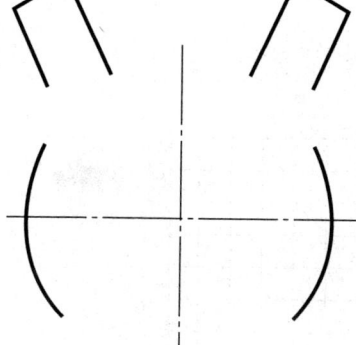

1-2-6 徒手绘制平面图形，并抄注尺寸。

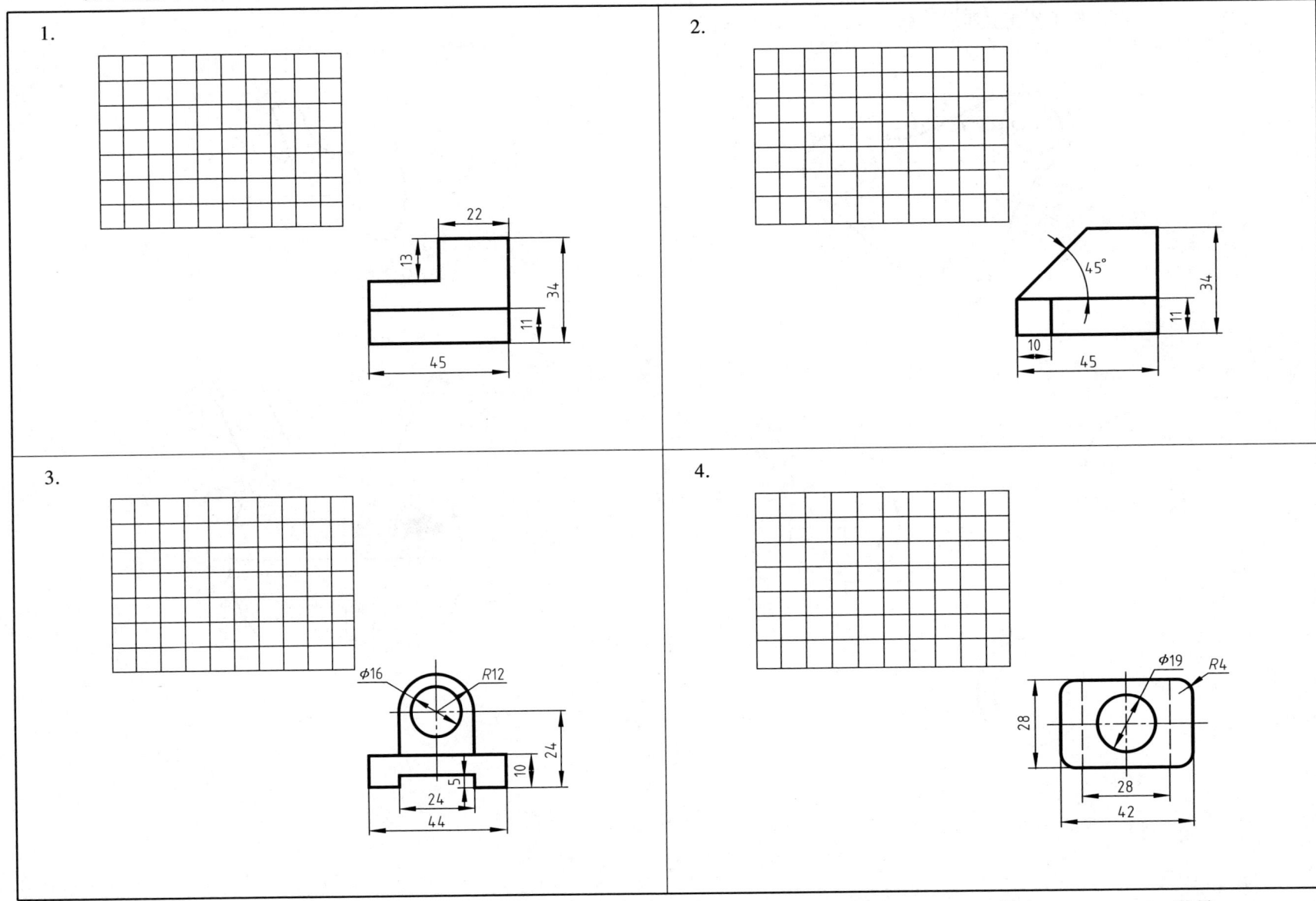

任务三 绘制与识读复杂的平面图形

1-3-1 平面图形的分析与作图（一）。

分析下列图形，并填空。再按 1∶2 的比例，把图形抄画在右边的空白处，并标注尺寸。

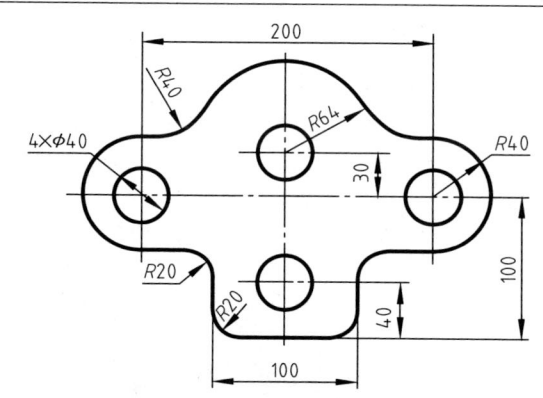

1. 在图中指出长度和高度方向的尺寸基准。

2. 尺寸 30mm 是（定形、定位）_____尺寸，R20mm 是_____尺寸，4×φ40mm 表示有_____个直径为_____mm 的孔。

3. R64mm 圆弧的圆心的定位尺寸是_____属于_____线段；R20mm 圆弧的圆心的定位尺寸是_____，属于_____线段。

4. 该图形的总长是_____，总高是_____。

1-3-2 平面图形的分析与作图（二）。

分析下列图形，并填空。再按 1:1 的比例，把图形抄画在右边的空白处，并标注尺寸。

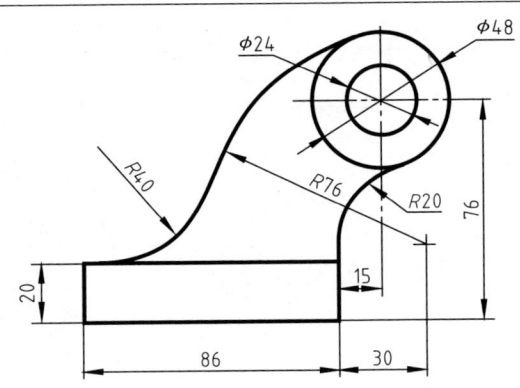

1. 指出图中长度和高度方向的尺寸基准。

2. 尺寸 30mm 是（定形、定位）_____尺寸，R76mm 是_____尺寸，20mm 是_____尺寸。

3. ϕ48mm 有_____个方向的定位尺寸，分别是_____和_____，所以 ϕ48mm 是_____线段；R76mm 有_____个定位尺寸，缺少_____方向的定位尺寸，所以 R76mm 是_____线段；R40mm 有_____个定位尺寸，所以是_____线段。

项目二　绘制与识读立体的三视图

任务一　认知投影法及三视图

2-1-1　对照轴测图，在尺寸线的（　　）内填写长、宽、高的尺寸。

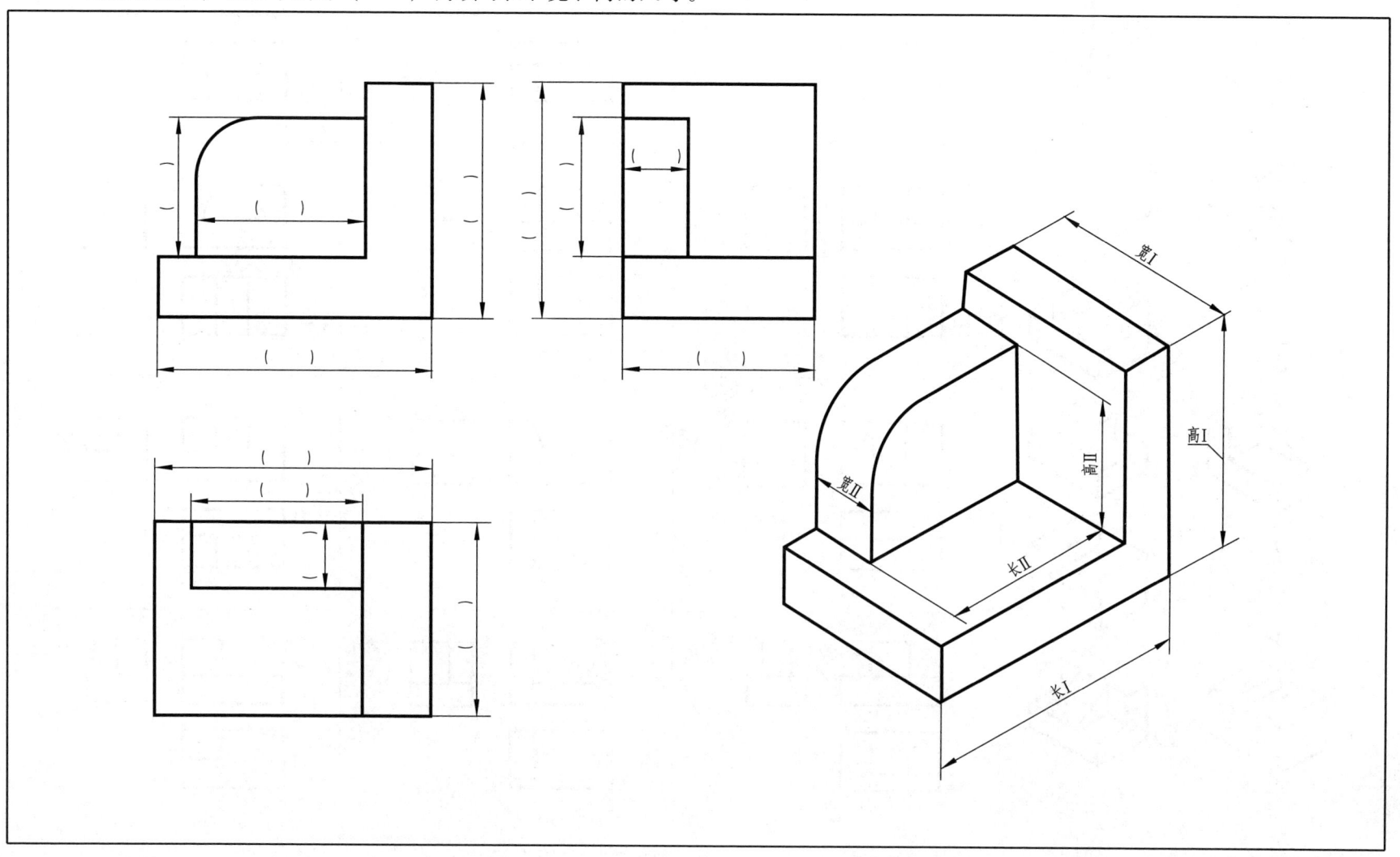

2-1-2 根据物体的轴测图，找出对应的三视图，在（　）内填写相应的序号。

2-1-3 根据物体的三视图，找出对应的轴测图，在（ ）内填写相应的序号。

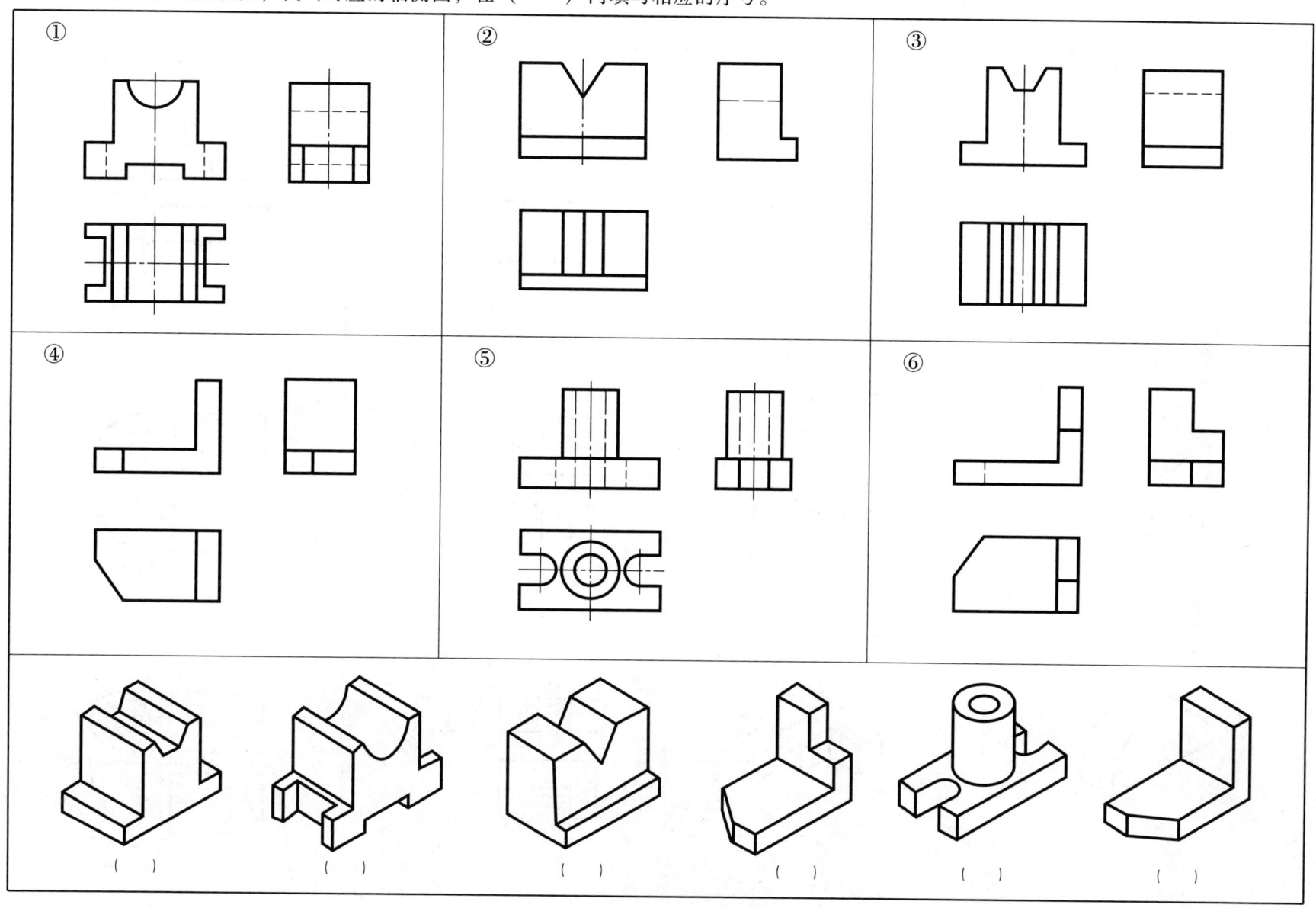

2-1-4 根据物体的轴测图，找出对应的三视图，在（　）内填写相应的字母，并在轴测图上找出主视图的投射方向，在箭头上填写"主视"二字。

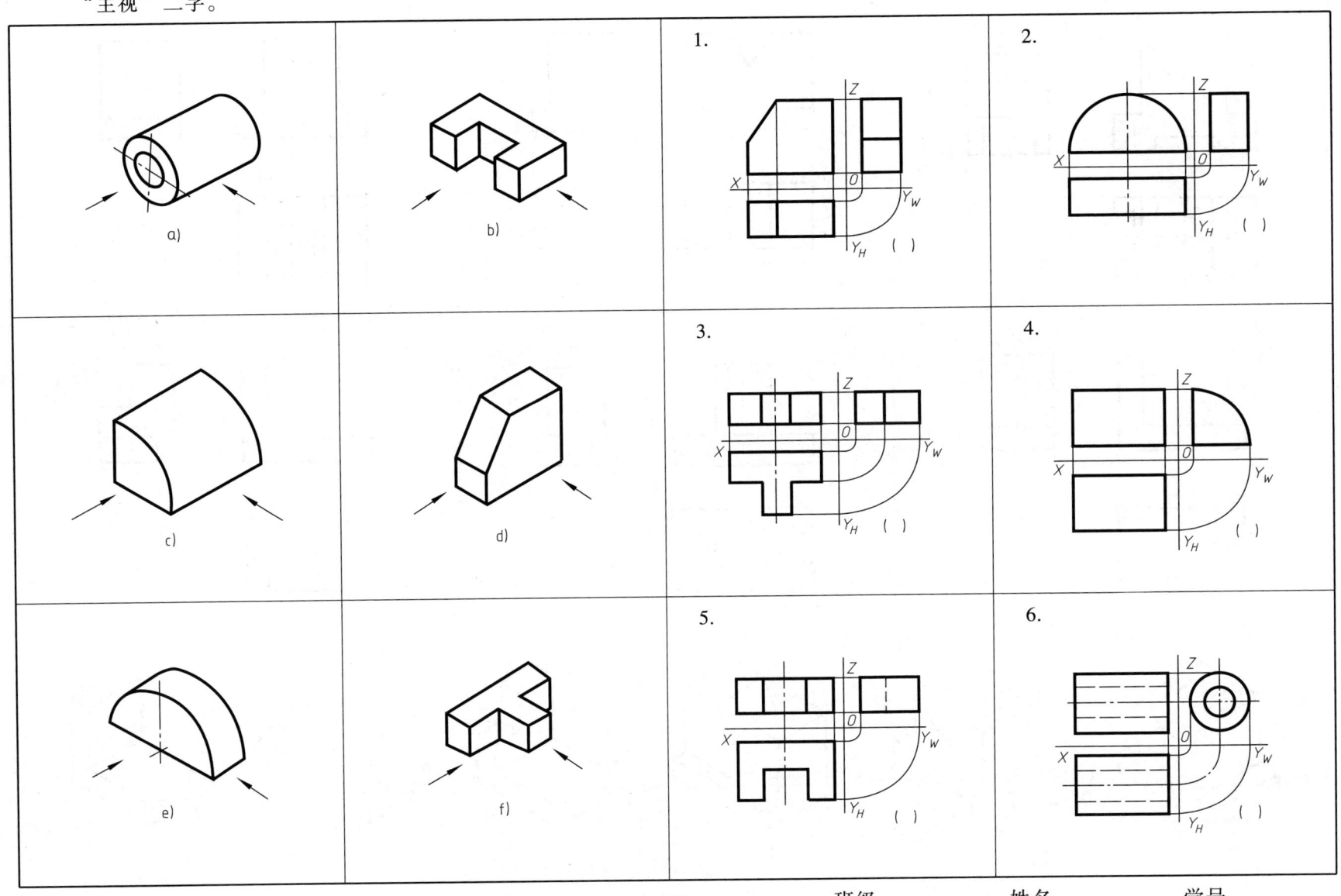

2-1-5 根据物体的三视图及轴测图，将对应各视图的图号填入表中。

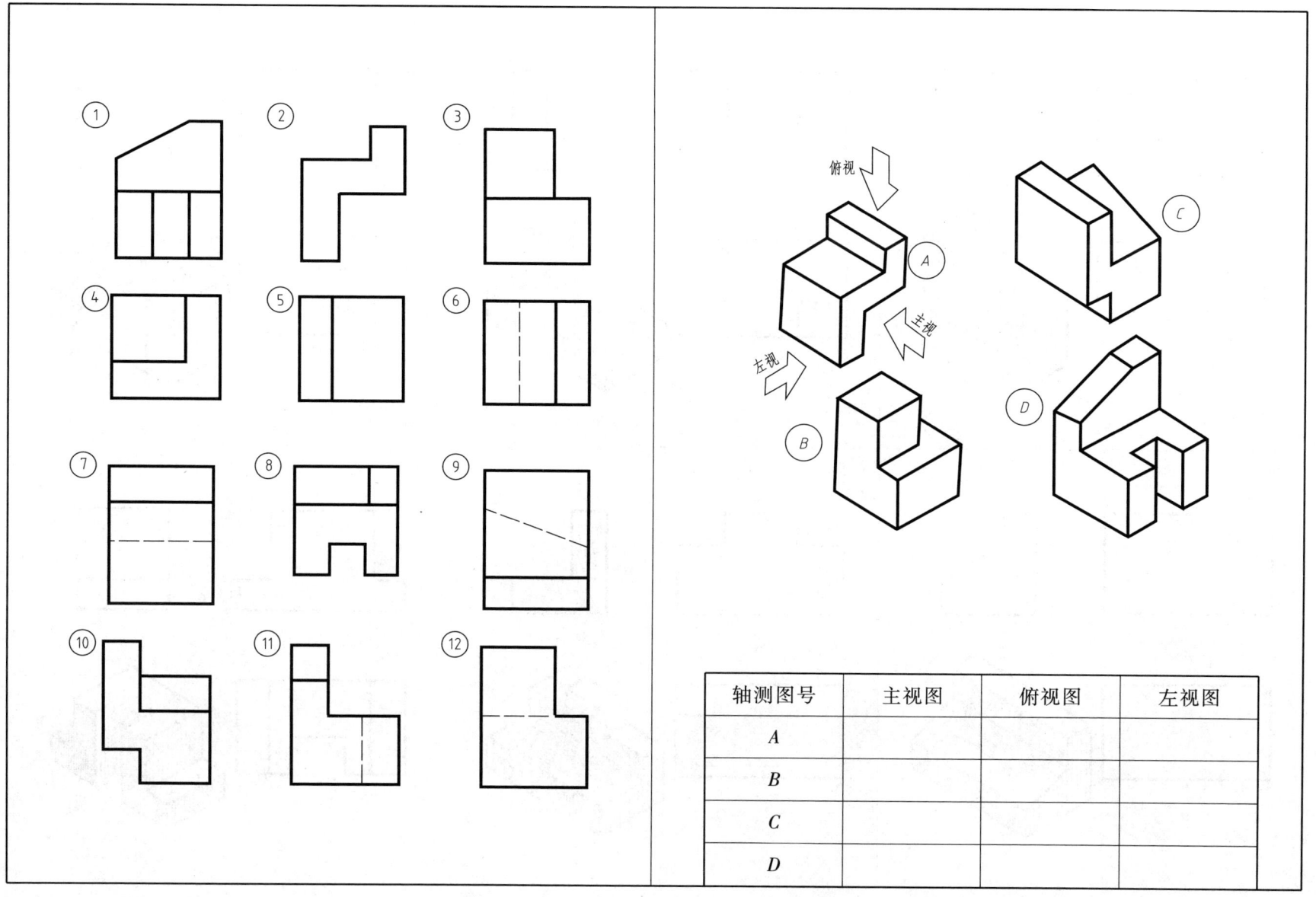

2-1-6　根据物体的三视图及轴测图，在箭头上填写“主视”“俯视”或“左视”，并补画视图中漏画的图线。

1.

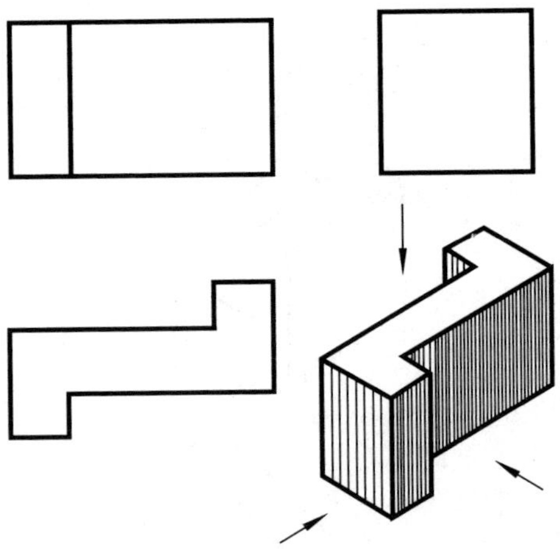

2.

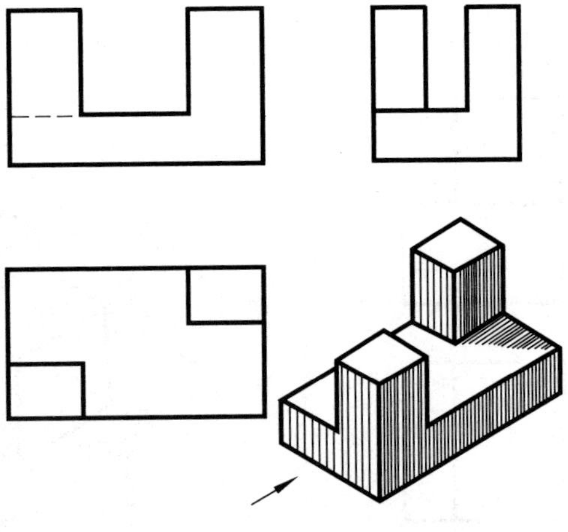

3.

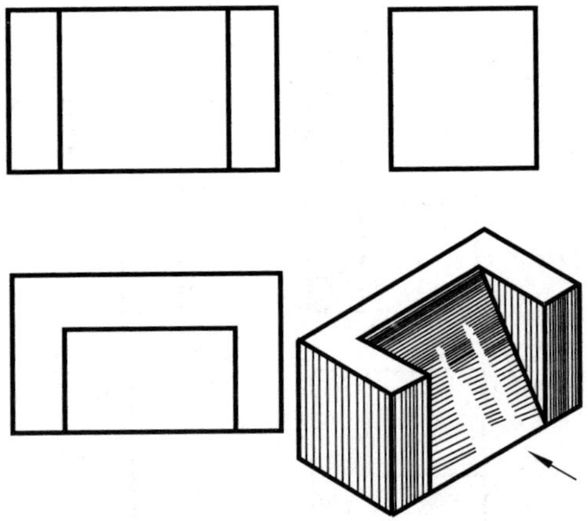

4.

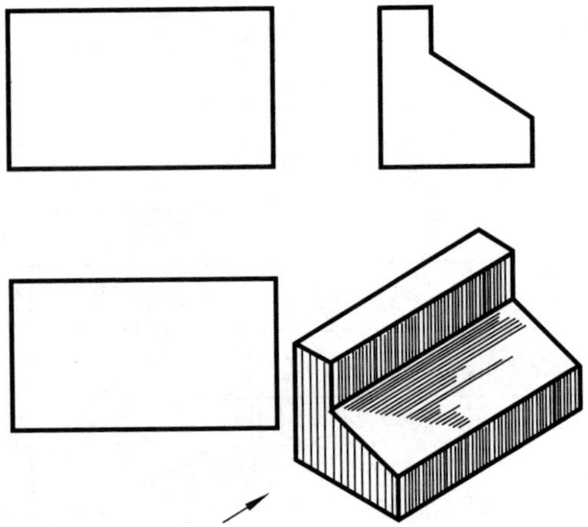

5.

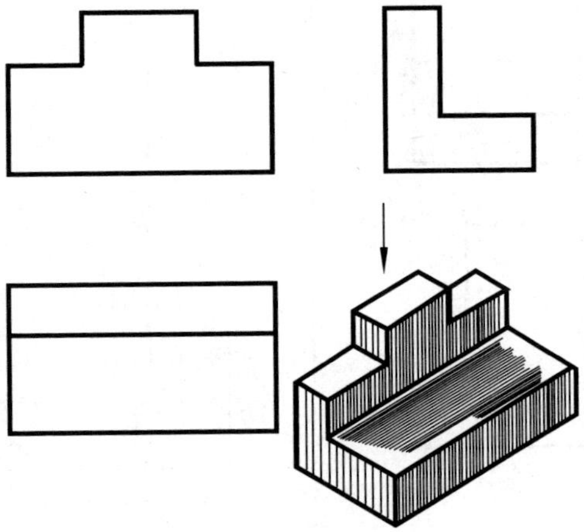

6.

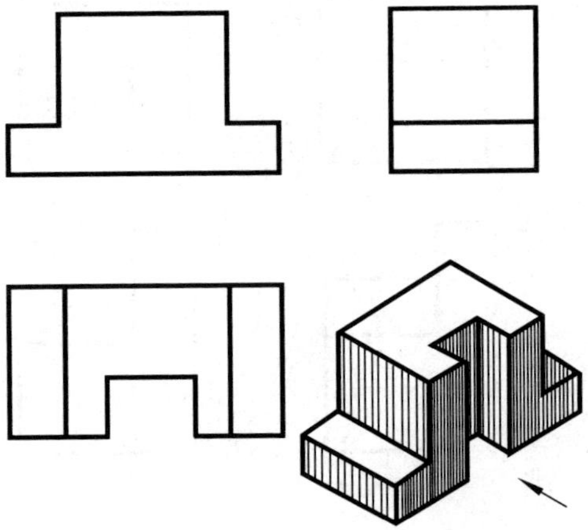

班级__________　姓名__________　学号__________

2-1-7 根据给出的三视图，并参照轴测图，补画视图中漏画的图线并填空。

1.

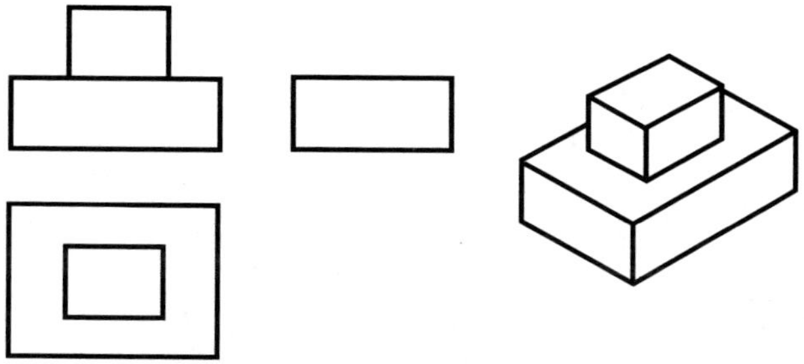

主视图与俯视图长____。
主视图与左视图高____。
俯视图与左视图宽____。

2.

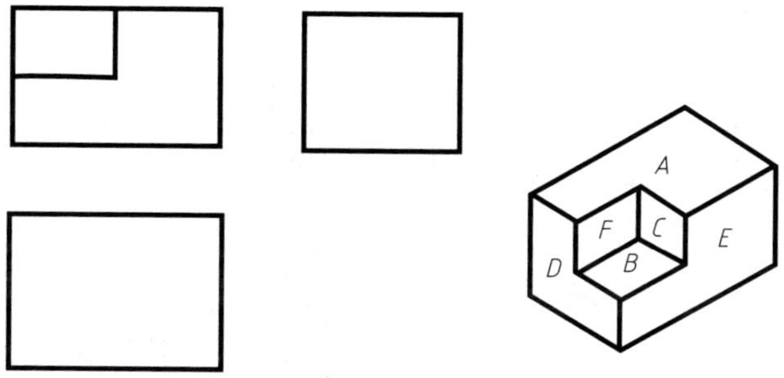

比较上下：A 面在____，B 面在____。
比较左右：C 面在____，D 面在____。
比较前后：E 面在____，F 面在____。

3.

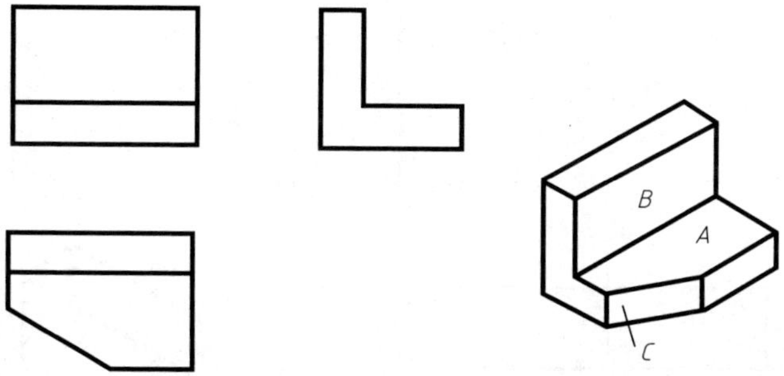

A 面平行于____面。
B 面平行于____面。
C 面垂直于____面，在____面投影积聚成直线。

4.

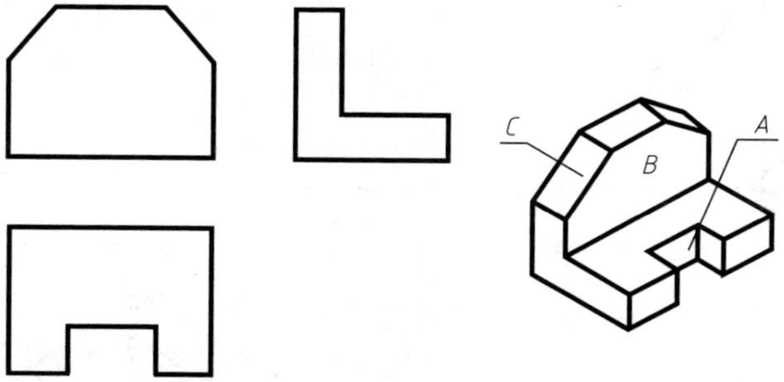

A 面与 B 面平行于____面。
C 面垂直于____面，在____面投影积聚成直线。

2-1-8 根据给出的两视图，并参照轴测图，补画第三视图（一）。

1.

2.

3.

4.

-22-   班级_____ 姓名_____ 学号_____

2-1-9 根据给出的两视图，并参照轴测图，补画第三视图（二）。

1.

2.

3.

4.

2-1-10 根据给出的轴测图，徒手画出三视图（可选若干题画出）。

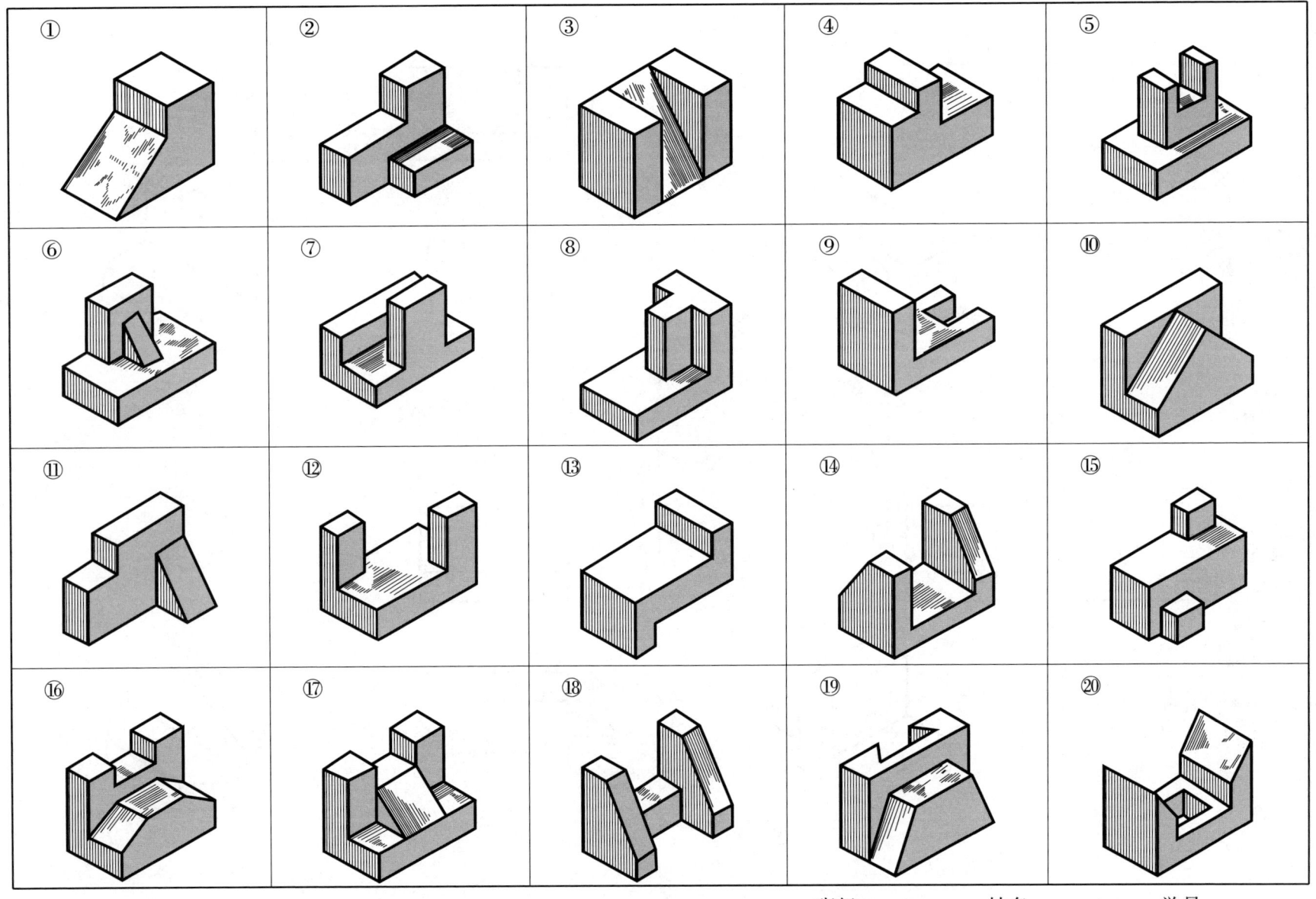

2-1-11 根据 2-1-10 给出的轴测图，徒手画出三视图（在左上角空白处写出轴测图的序号）。

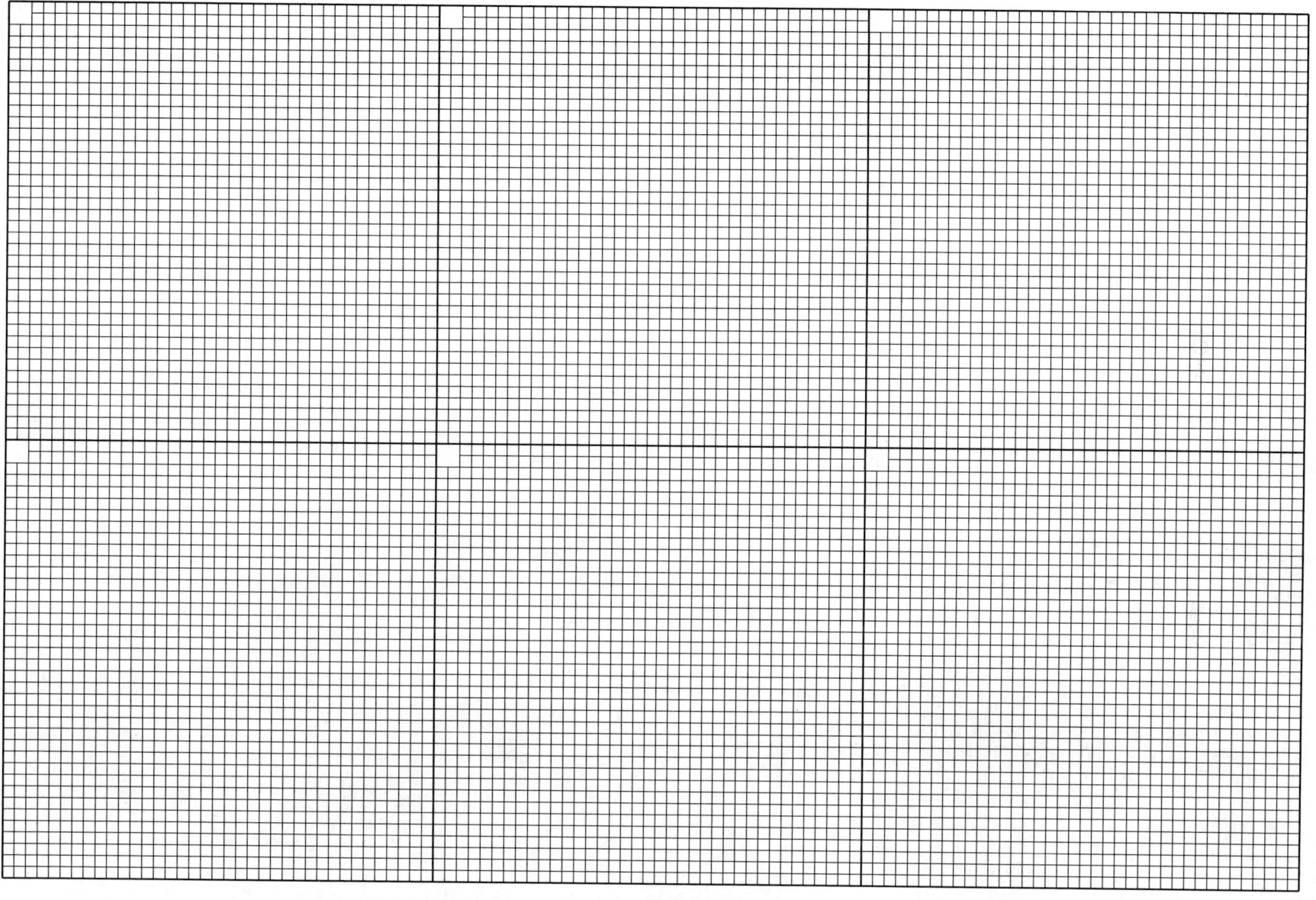

2-1-12 根据 2-1-10 给出的轴测图,徒手画出三视图(续前页)。

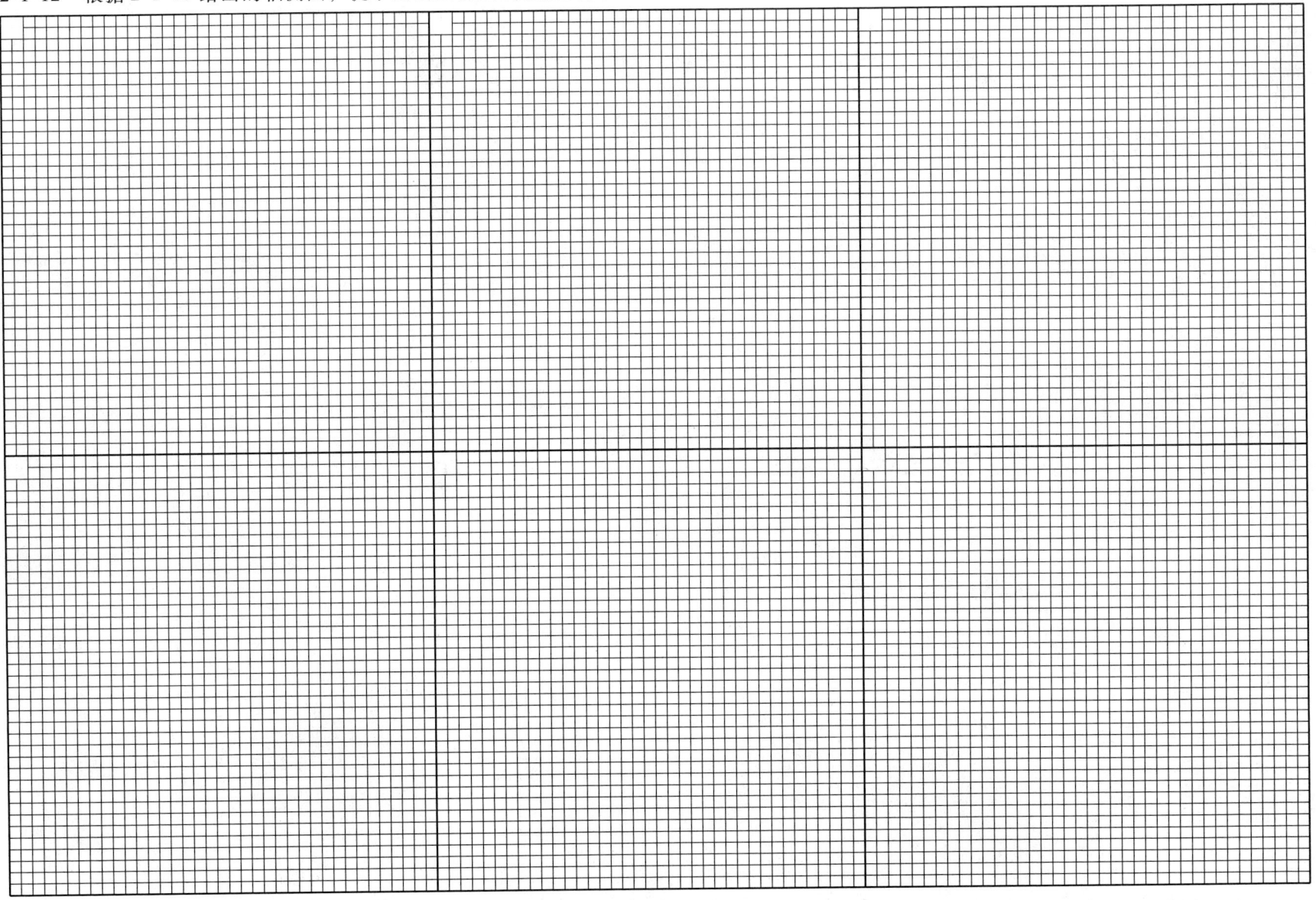

2-1-13 根据 2-1-10 给出的轴测图，徒手画出三视图（续前页）。

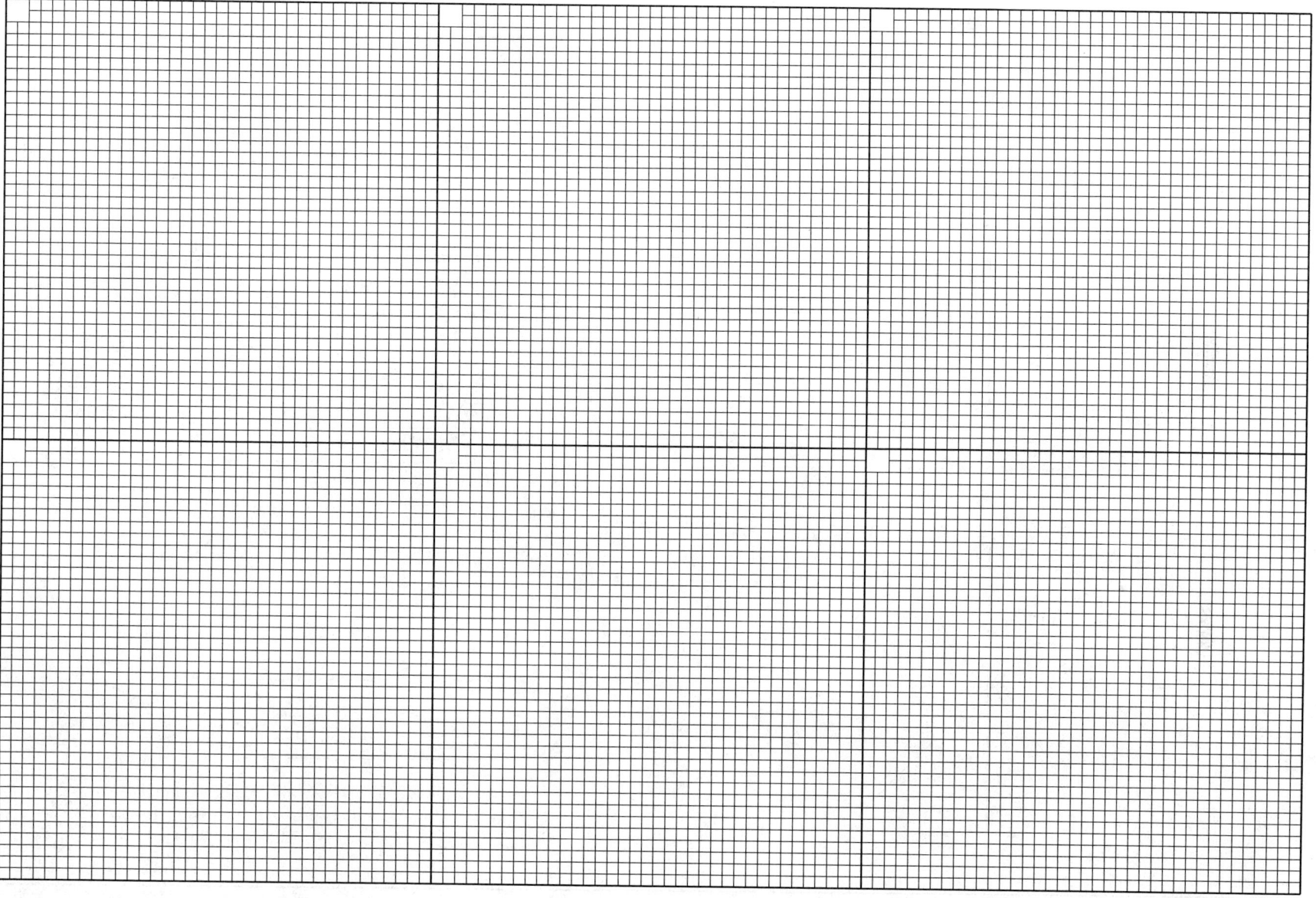

任务二 认知物体上点、线、面的投影

2-2-1 点的投影（一）：已知下列各点的两面投影，求作第三投影。

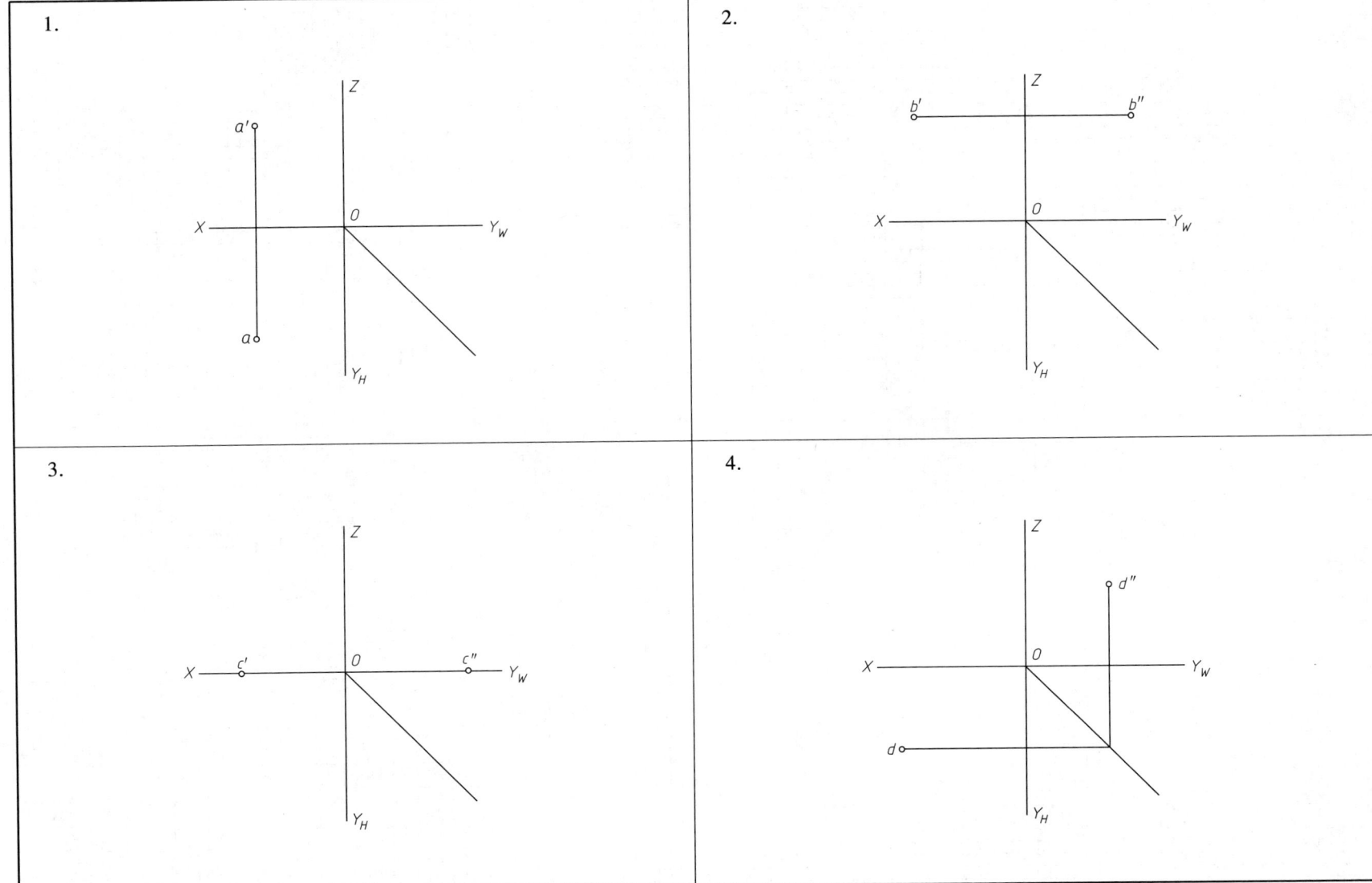

2-2-2 点的投影（二）。

1. 作出 A（20，16，10）、B（15，0，20）两点的三面投影。	2. 根据 A 点的轴测图作其三面投影（尺寸从图中量取，取整数）。
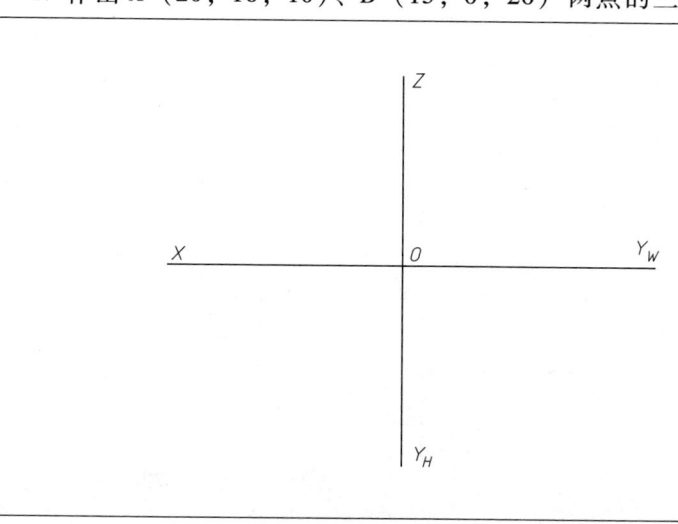	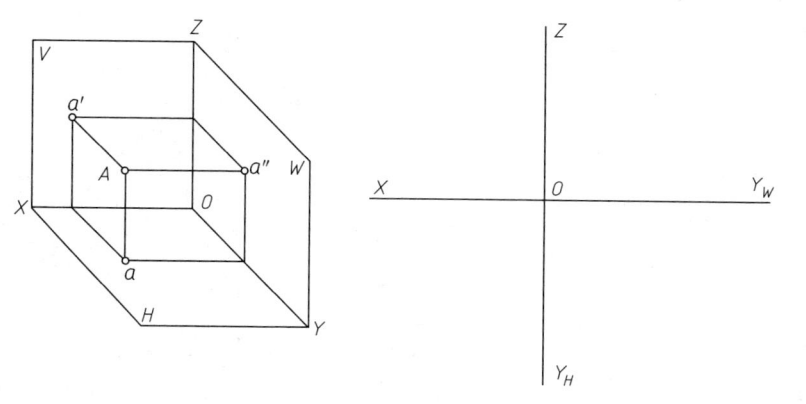
3. 已知 D 点到正面的距离为 10mm，到水平面的距离为 18mm，到侧面的距离为 15mm，画出 D 点的三面投影。	4. 比较 A、B 两点的相对位置。
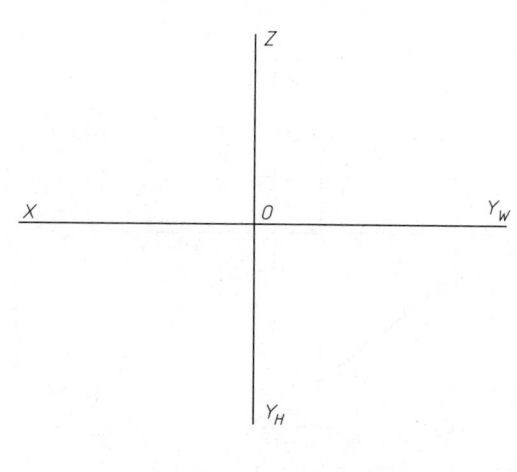	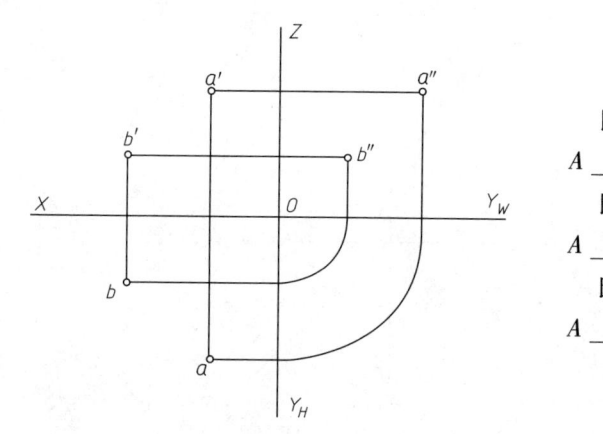 比高低 A____ B____ 比左右 A____ B____ 比前后 A____ B____

2-2-3 直线的投影（一）：根据已知条件，作出直线的投影。

1. 已知线段两端点分别为 A（20，12，6）和 B（5，5，20），求作 AB 的三面投影。

2. 已知线段 AB 的端点 A 在 H 面上方 5mm、V 面前方 5mm、W 面左方 20mm；端点 B 在 A 点右方 12mm、前方 10mm、比 A 点高 15mm，求作 AB 的三面投影。

3. 已知直线的两面投影，求作第三面投影。

（1）

（2）

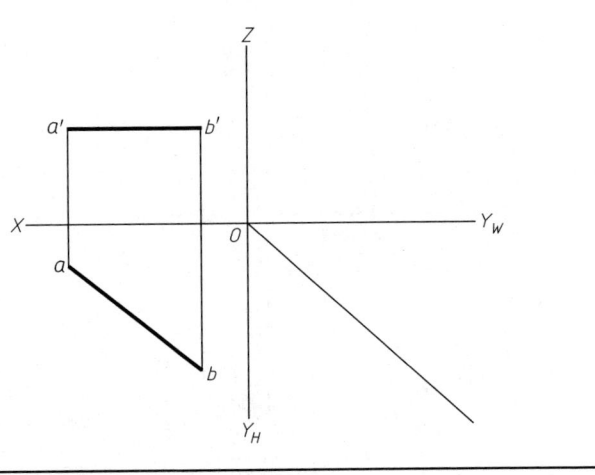

2-2-4 直线的投影（二）：根据已知条件，完成填空和作图。

4. 看图分析直线 AB 对投影面的相对位置，并按要求填空，以（1）为例。

（1）
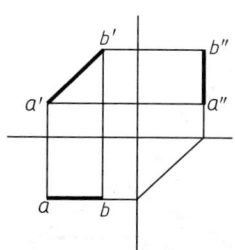
AB 与 V 面 平行，与 H 面 倾斜，与 W 面 倾斜。AB 是 正平 线，$a'b'$ 为实长。

5. 已知点 A 的投影，试过 A 点按给定条件作出直线 AB 的三面投影，长度及对投影面的倾斜度自定，以（1）为例。

（1）作侧平线。
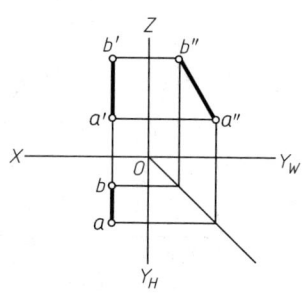

（2）
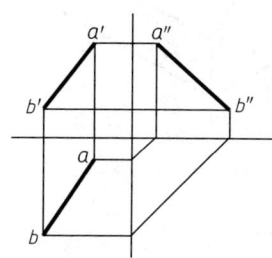
AB 与 V 面 ____，与 H 面 ____，与 W 面 ____。AB 是 ____ 线，____ 实长。

（2）作铅垂线。
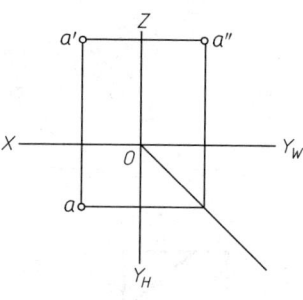

（3）
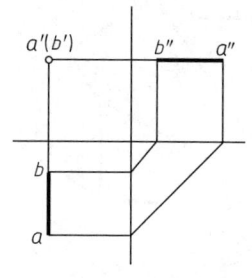
AB 与 V 面 ____，与 H 面 ____，与 W 面 ____。AB 是 ____ 线，____ 为实长。

（3）作一般位置线。
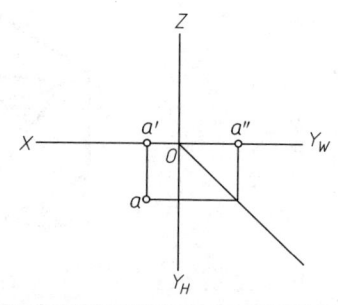

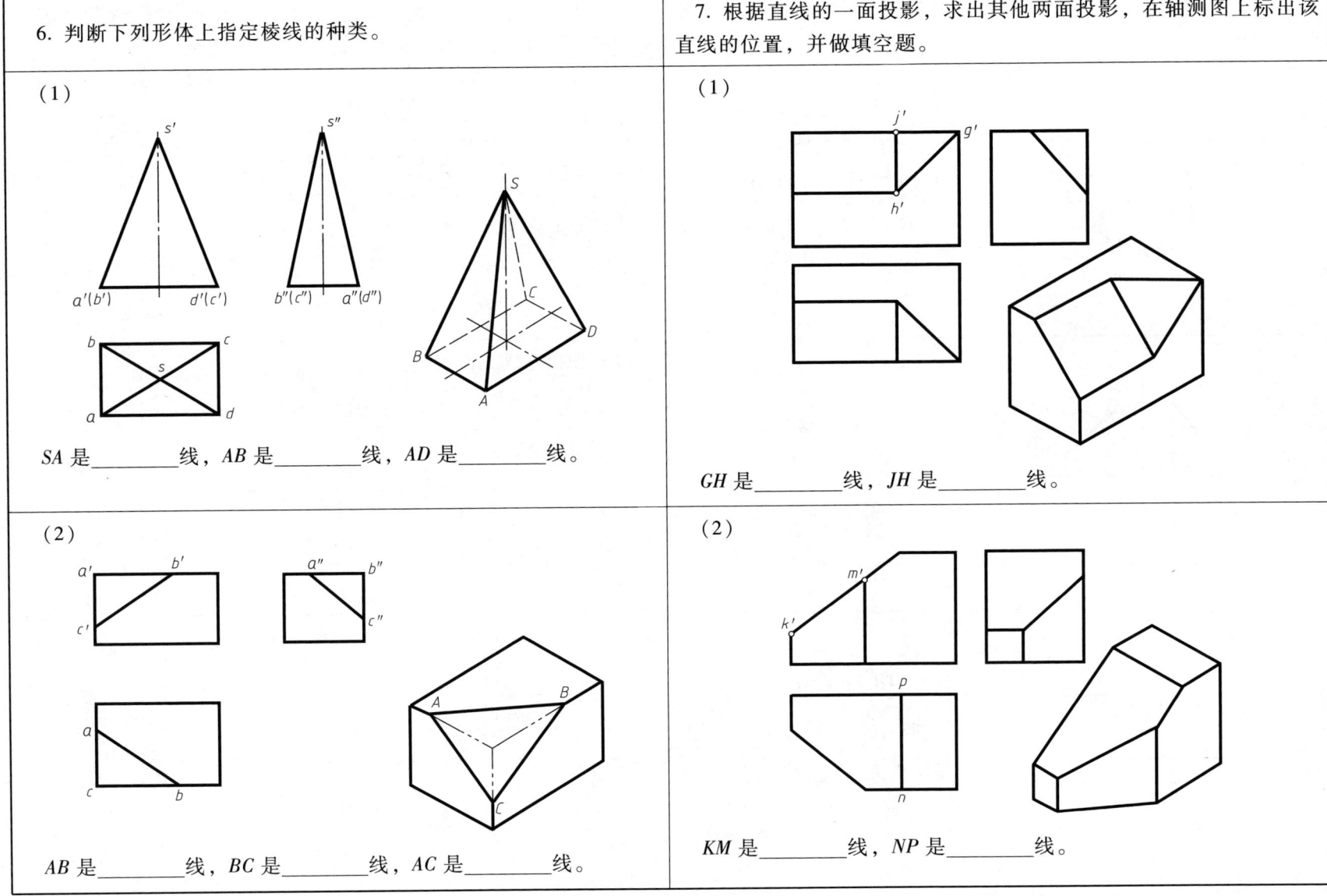

2-2-6 平面的投影（一）。

1. 求平面的第三面投影，并判断它们的空间位置。

（1）

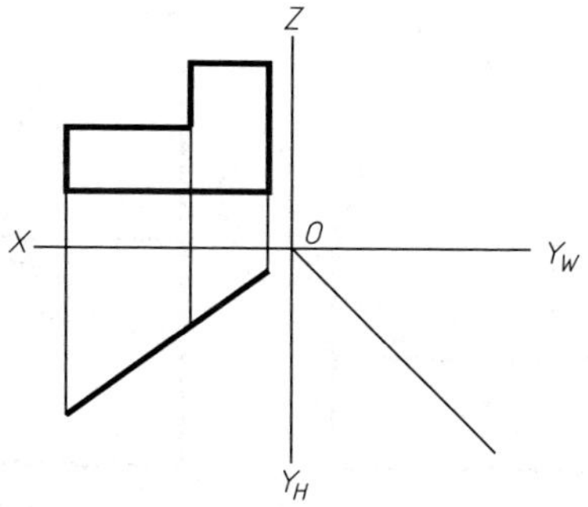

平面是_____面。

（2）

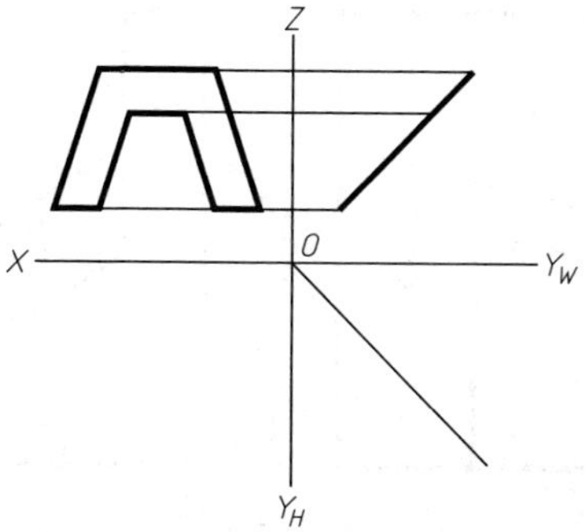

平面是_____面。

（3）

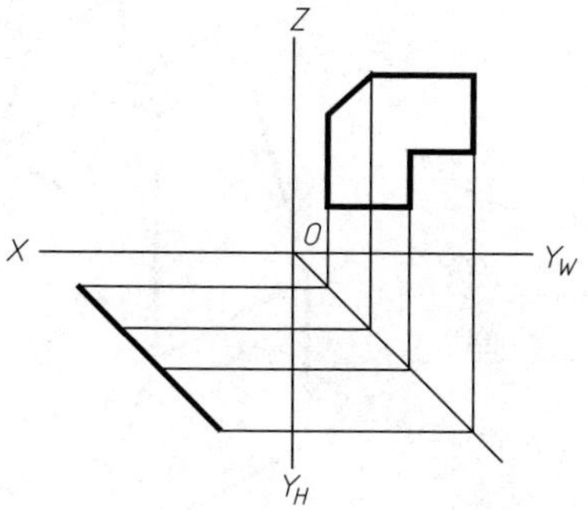

平面是_____面。

（4）

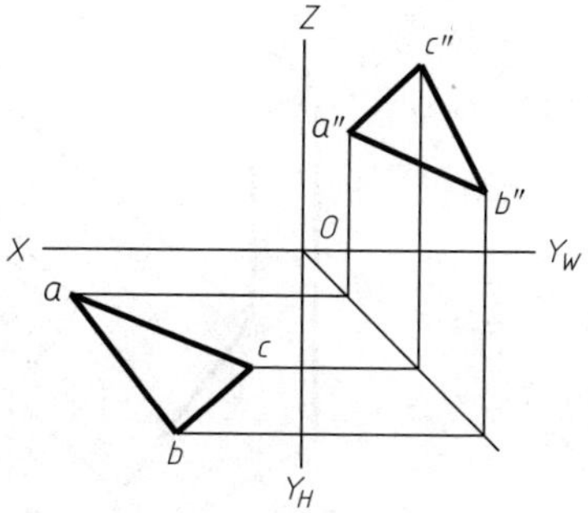

ABC 面是_____面。

2-2-7 平面的投影（二）。

2. 用不同颜色涂出下列物体上表面 A、B、C（实线轮廓）的三面投影，在轴测图中相应的表面也涂出相同的颜色，并说明它们各是什么位置平面。

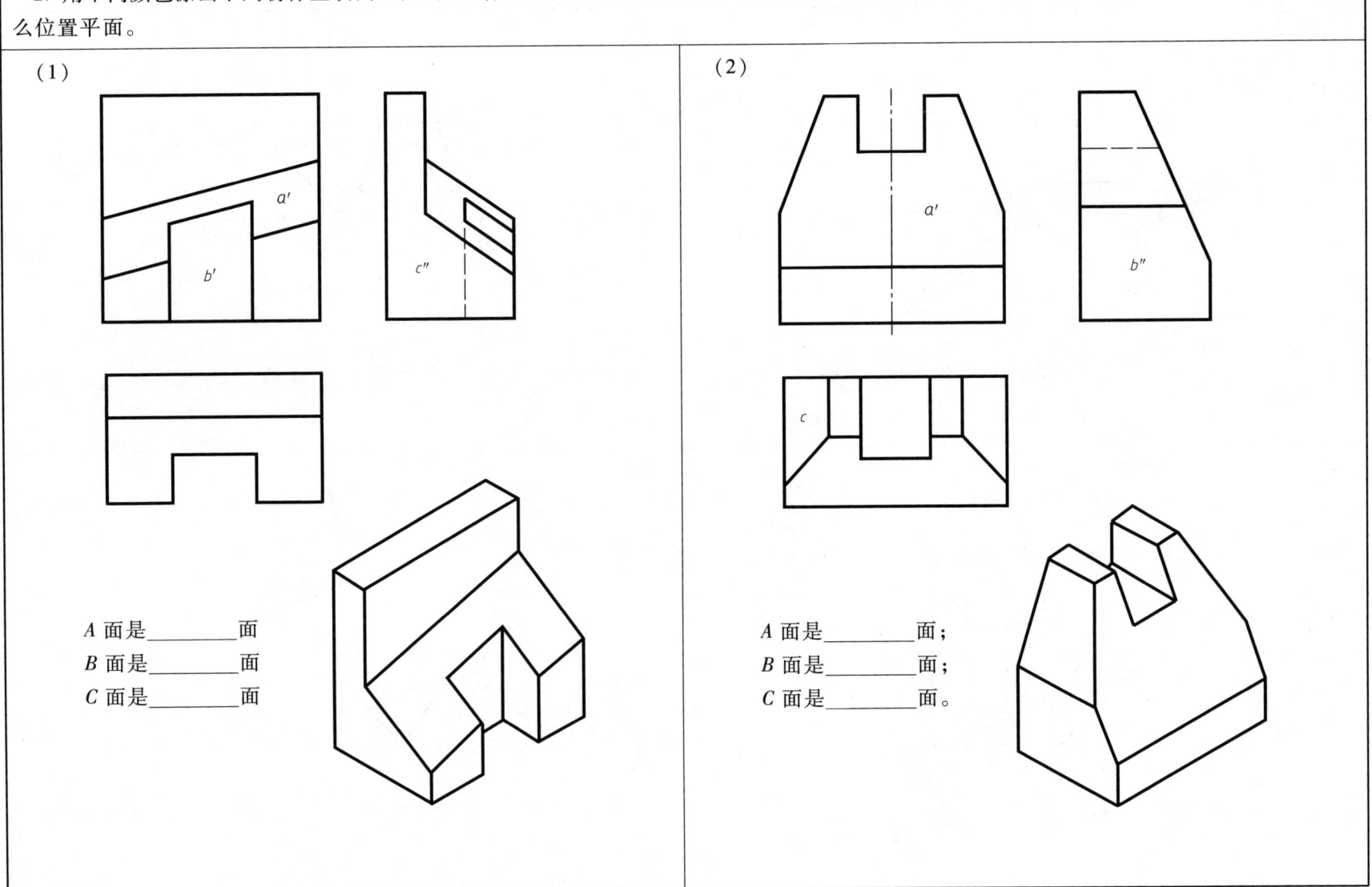

（1）

A 面是_____面
B 面是_____面
C 面是_____面

（2）

A 面是_____面；
B 面是_____面；
C 面是_____面。

2-2-8 平面的投影（三）。

3. 正四棱柱的左端面为一铅垂面，试完成该棱柱的 V 面投影。

4. 正六棱柱的上端面为一正垂面，试完成该棱柱的 W 面投影。

5. "工"字形棱柱左端面为一正垂面，试完成该棱柱的 H 面投影。

6. 四棱柱的前端面为一侧垂面，底部开有槽，试完成该棱柱的 H 面投影。

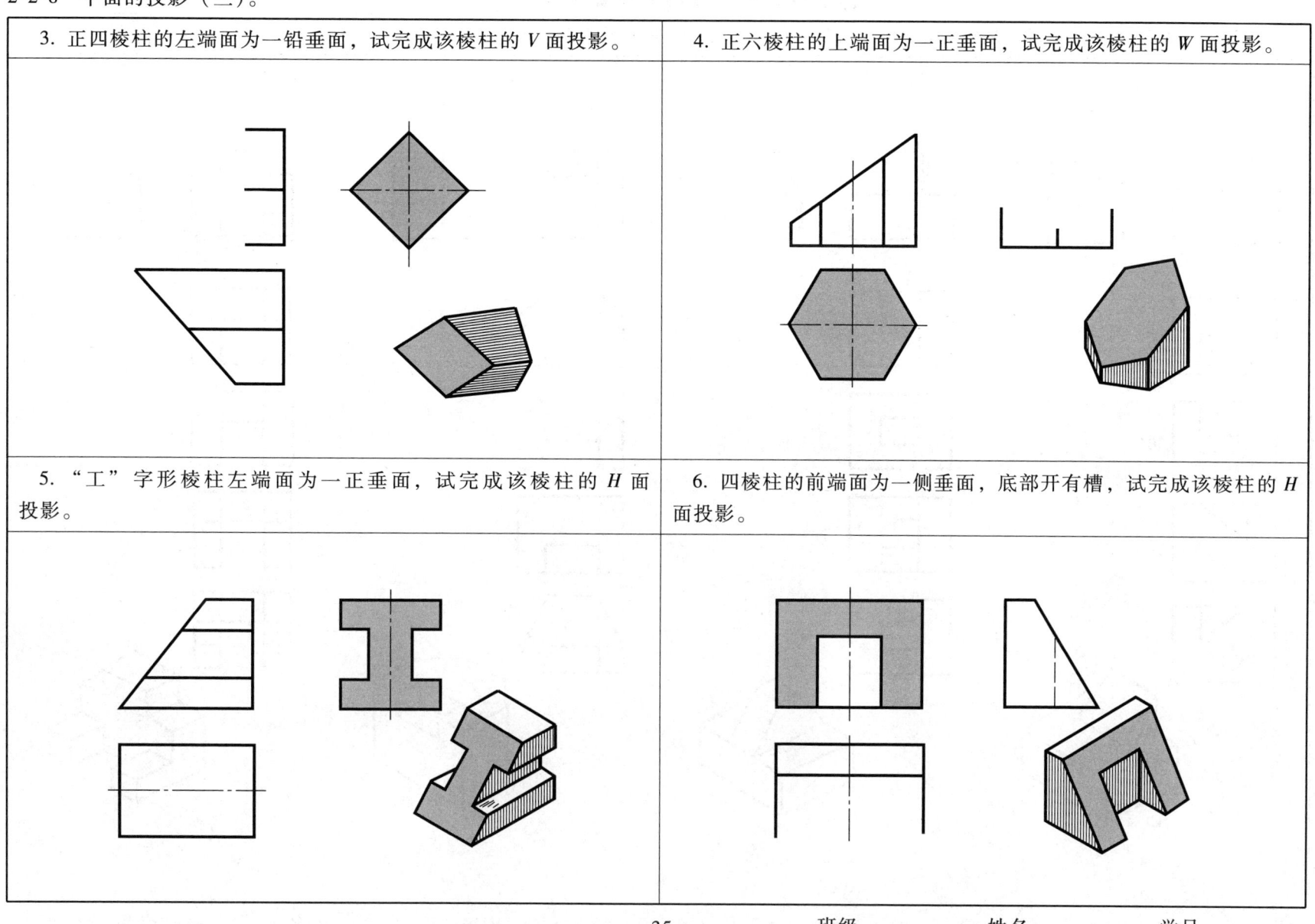

任务三　绘制与识读基本体的三视图

2-3-1　根据已知的主、左视图，并参照轴测图，选择正确的俯视图，将正确答案写在题号后的（　　）内。

1.（　　）　　　2.（　　）　　　3.（　　）　　　4.（　　）

2-3-2 根据给定的条件，完成棱柱体的三视图。

1. 正六棱柱，长 30mm。	2. 三棱柱，宽 12mm。
3. 三棱柱。	4. 五棱柱。

班级_____ 姓名_____ 学号_____

2-3-3 根据给定的条件，完成棱锥（台）体的三视图。

1. 正四棱锥。

2. 三棱锥。

3. 正四棱台。

4. 六棱锥。

2-3-4 根据已知的主、俯视图，选择正确的左视图，将正确答案写在题号后的（   ）内。

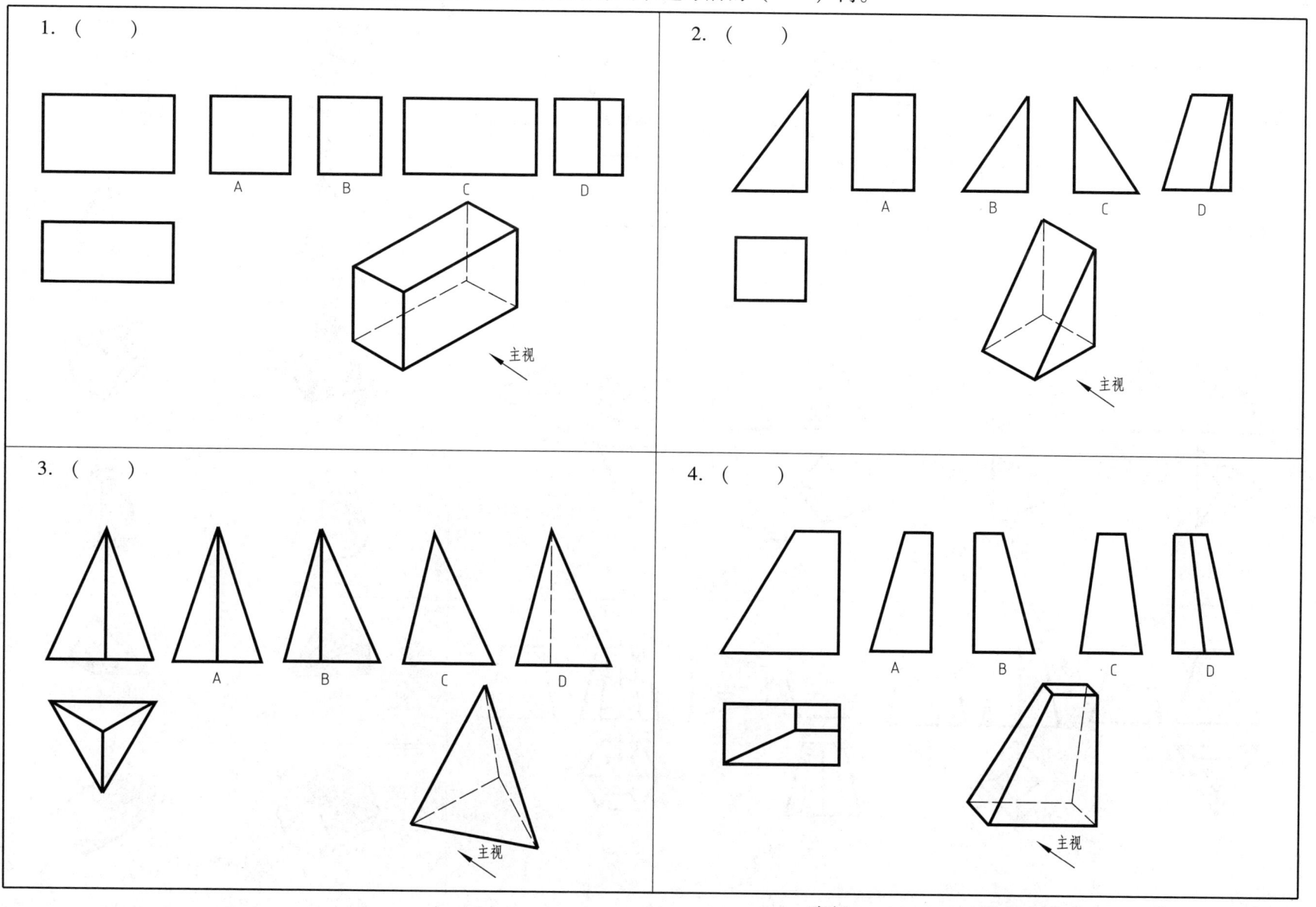

2-3-5 根据三视图想象几何体的形状，补画视图中所缺的图线，选择正确的轴测图，将正确答案写在题号后的（　　）内。

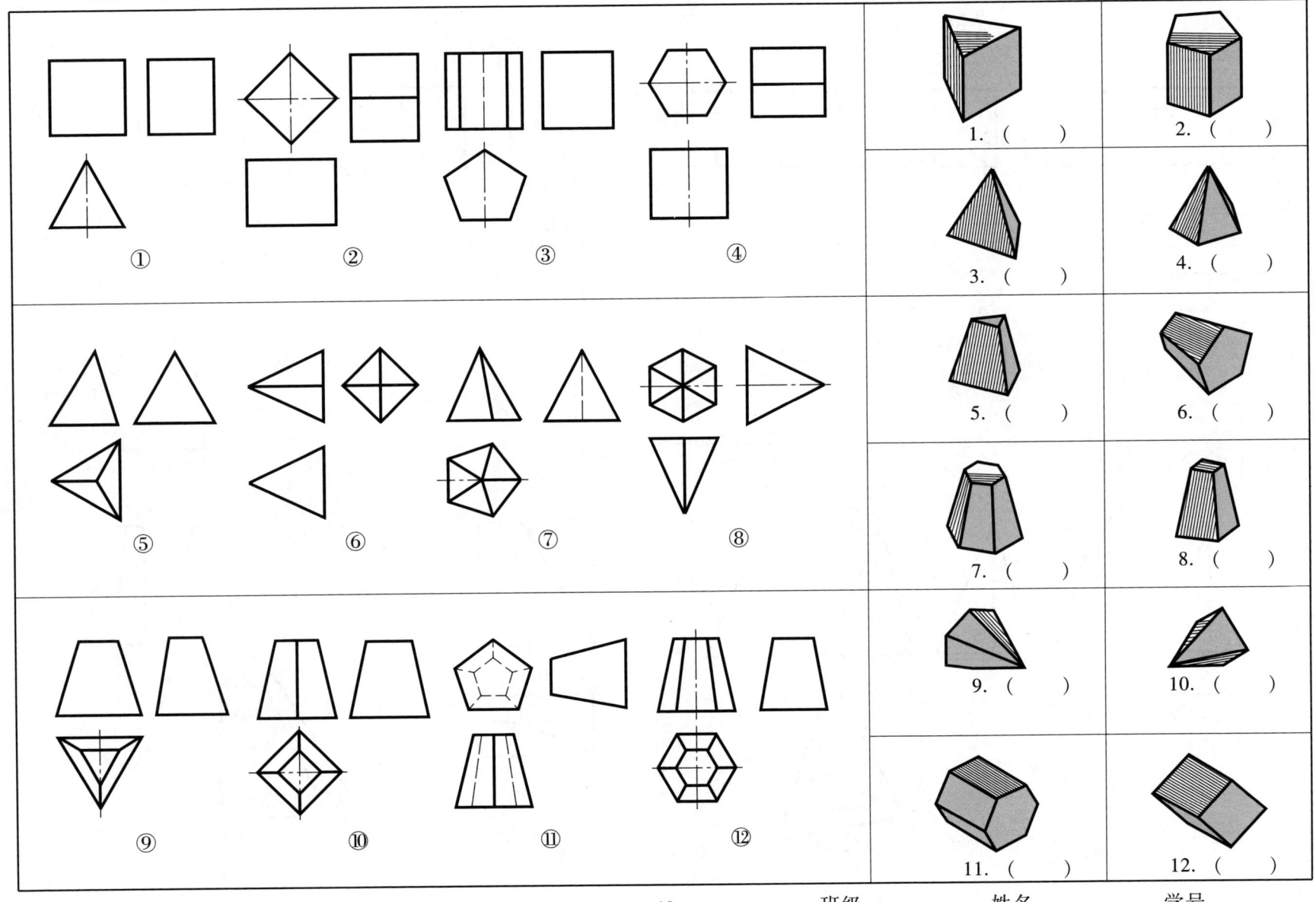

2-3-6 根据给定的条件，完成圆柱体的三视图。

1. 根据给定圆柱体的左视图，补画主、俯两面视图，长 30mm。	2. 根据给定的两面视图，补画俯视图。
3. 根据轴测图画三视图。	4. 根据给定的两面视图，补画左视图。

2-3-7 根据给定的条件，完成圆锥（台）体的三视图。

1. 已知圆锥体高 28mm，根据俯视图补画主、左视图。

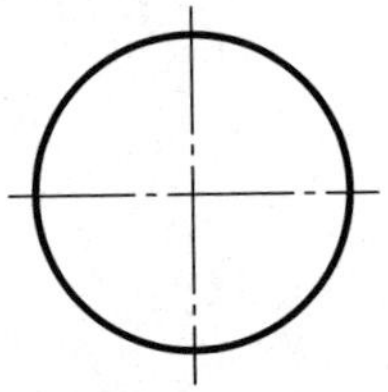

2. 根据主、俯视图，补画左视图。

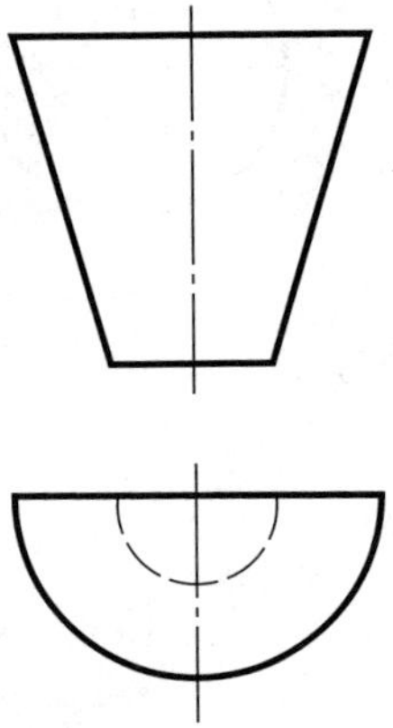

3. 根据轴测图画三视图。

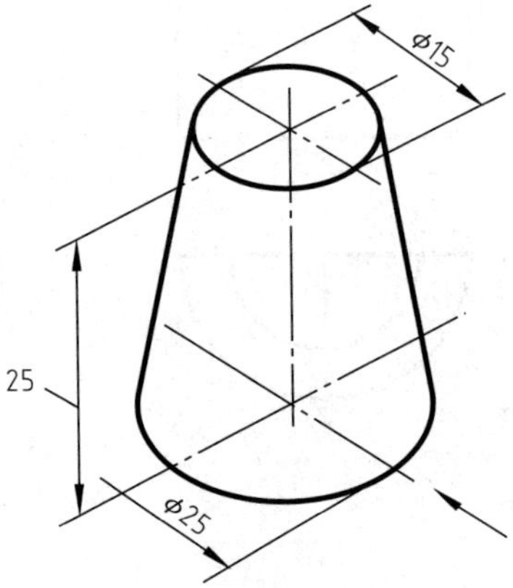

4. 根据主、左视图补画俯视图。

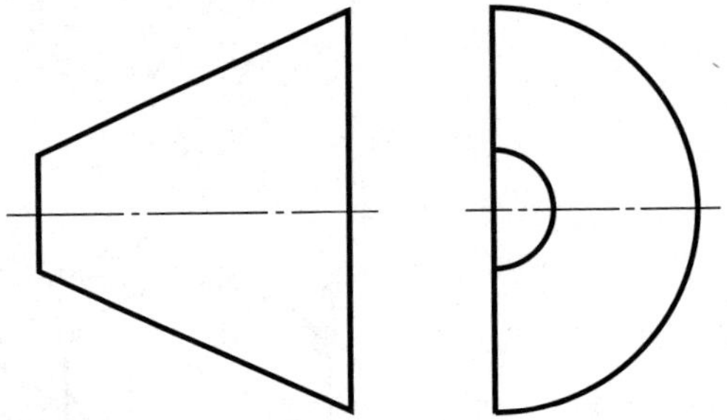

-42-

班级_____ 姓名_____ 学号_____

2-3-8 根据给定的条件，完成圆球体的三视图或标注尺寸。

1. 标注圆球体的尺寸（尺寸从图中量取，取整数）。	2. 根据主、俯视图补画左视图。
3. 根据主、俯视图补画左视图。	4. 根据主、俯视图补画左视图。

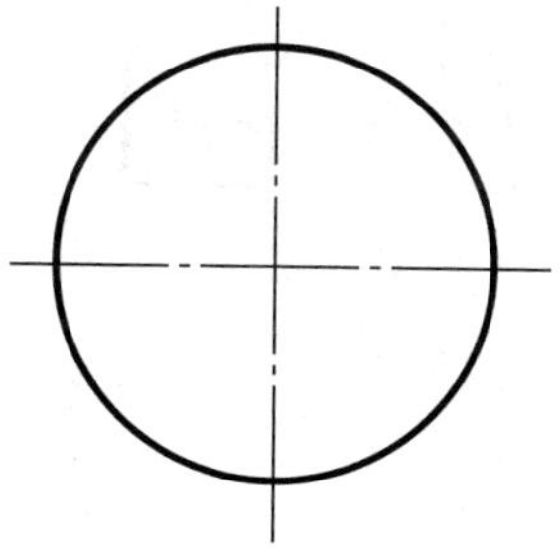

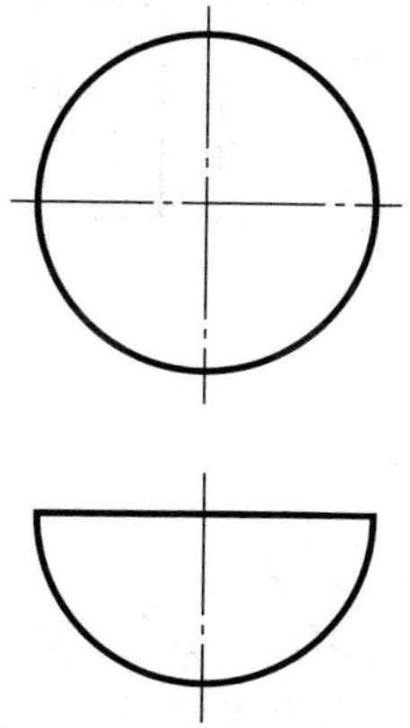

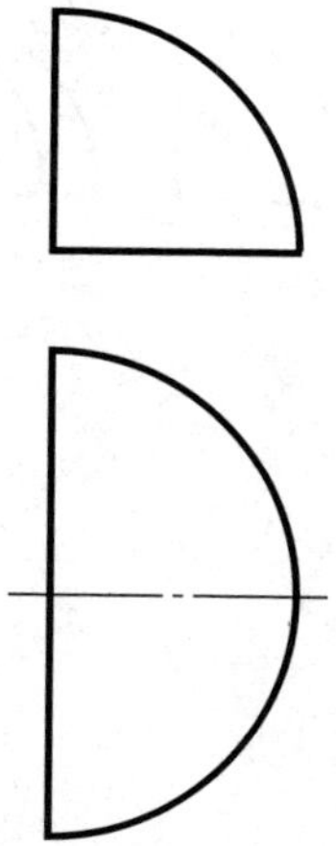

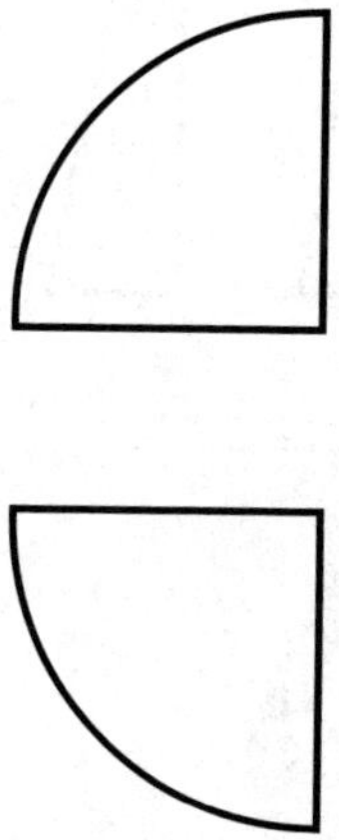

班级_____ 姓名_____ 学号_____

2-3-9 根据已知的主、俯视图，选择正确的左视图，将正确答案写在题号后的（ ）内。

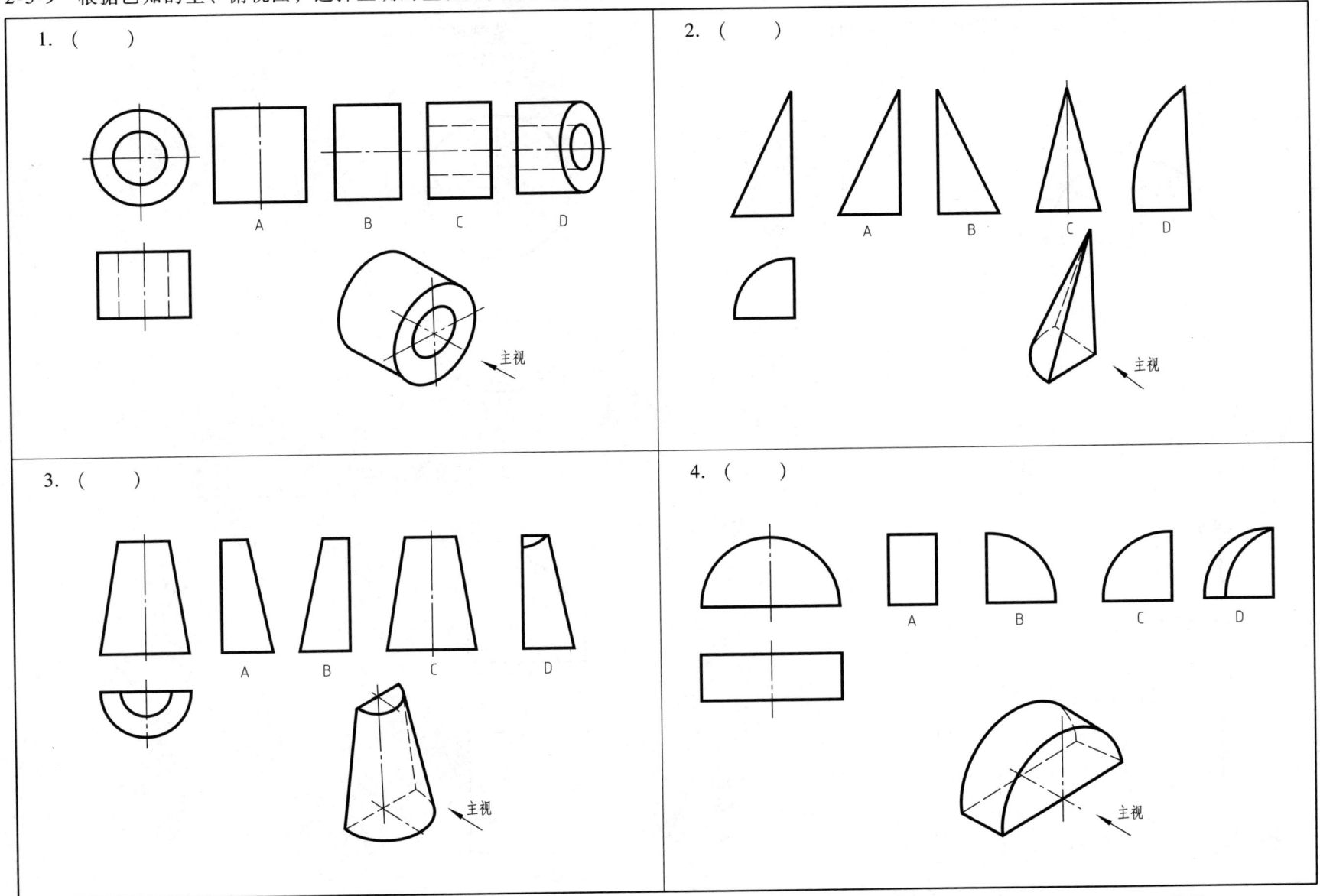

2-3-10 根据轴测图想象几何体的三视图,将正确答案写在题号后的(　　)内。

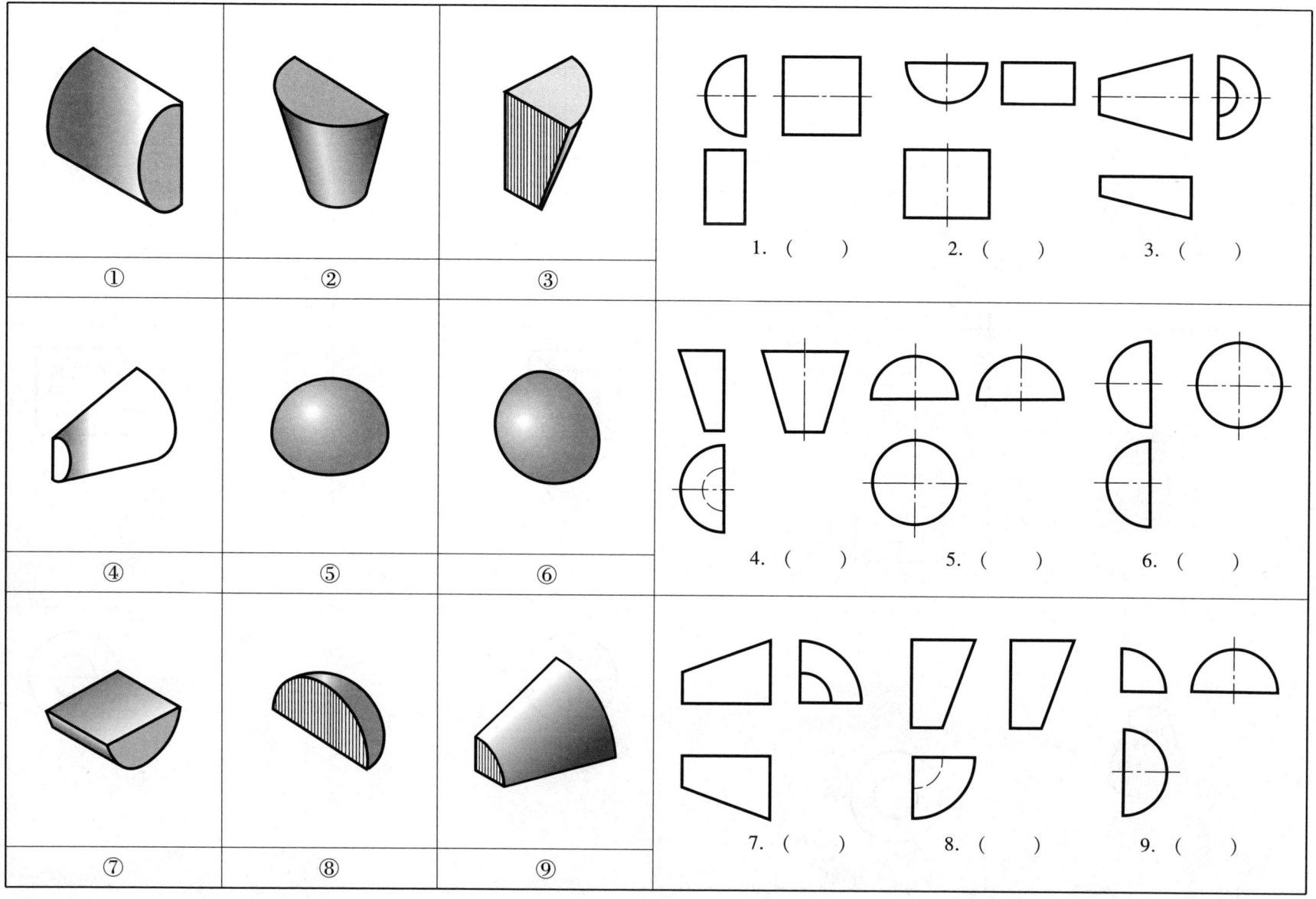

2-3-11 根据轴测图及已知的一面视图，徒手画出其他两面视图。

轴测图	已知俯视图	已知主视图	已知左视图

任务四　绘制与识读平面切割体的三视图

2-4-1　切割体的投影作图（一）：切割棱柱体，完成三视图。

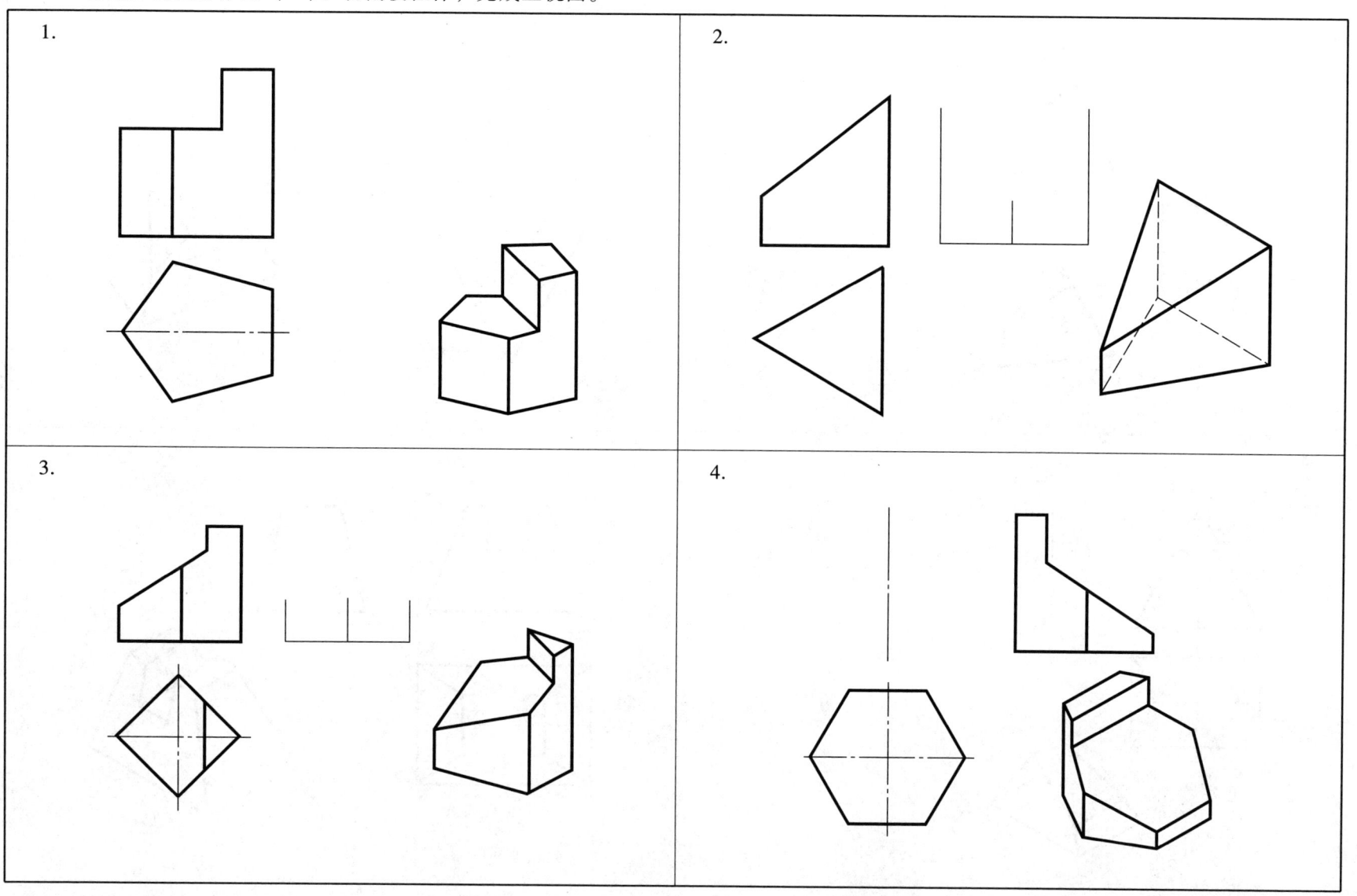

2-4-2 切割体的投影作图（二）：切割棱锥体，完成三视图。

1.

2.

3.

4.

班级＿＿＿＿＿＿　姓名＿＿＿＿＿＿　学号＿＿＿＿＿＿

任务五　绘制与识读曲面切割体的三视图

2-5-1 切割体的投影作图（三）：切割圆柱体，完成三视图。

1.

2.

3.

4.

2-5-2 根据已知的主、左视图，选择正确的俯视图，将正确答案写在题号后的（　　）内。

1. （　）

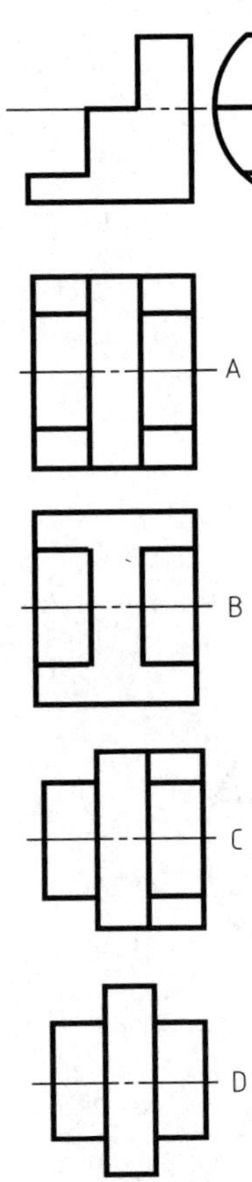

2. （　）

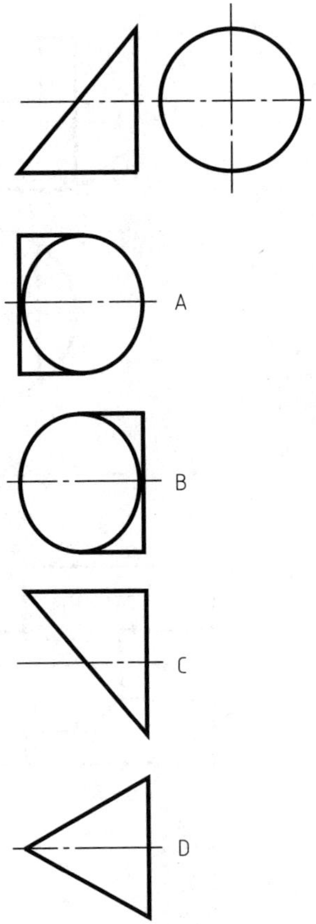

3. （　）

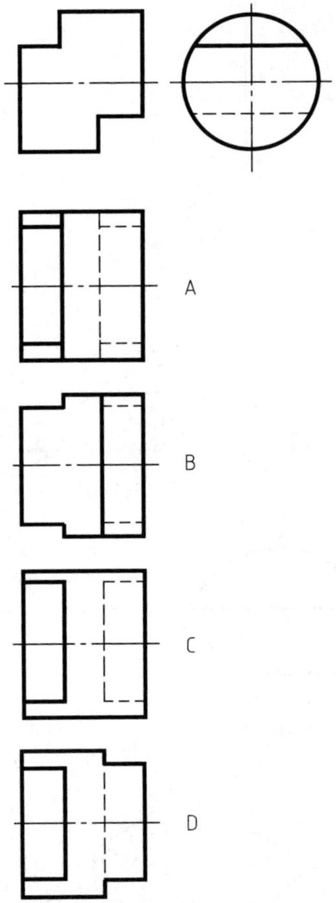

4. （　）

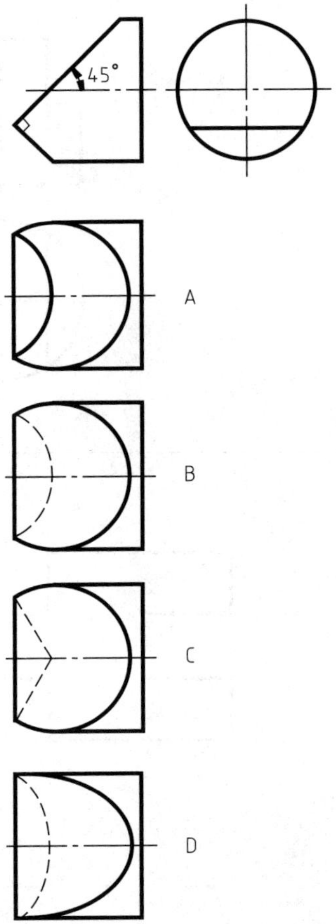

2-5-3 根据已知的主、左视图，选择正确的俯视图，将正确答案写在题号后的（　　）内。

1. （　　）

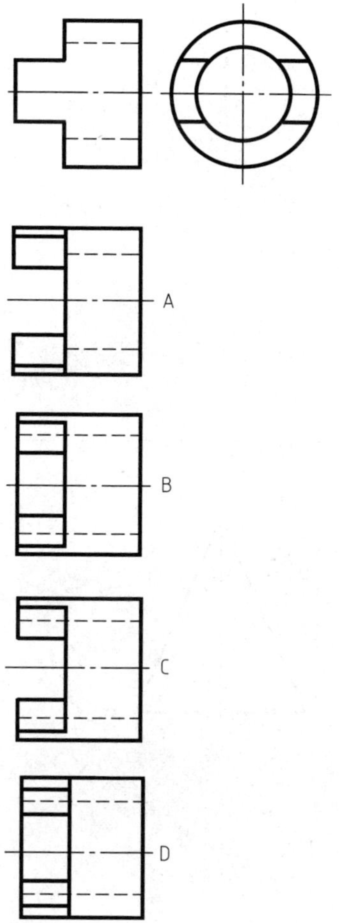

2. （　　）

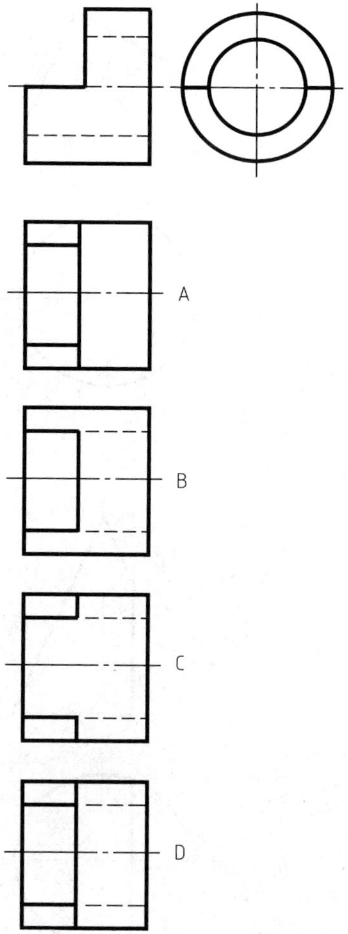

3. （　　）

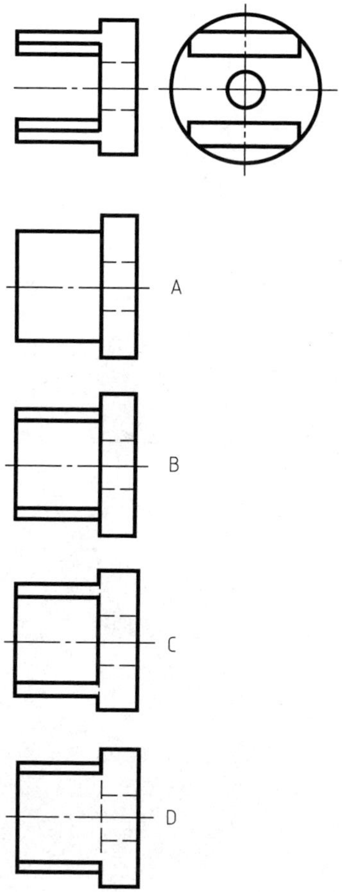

4. （　　）

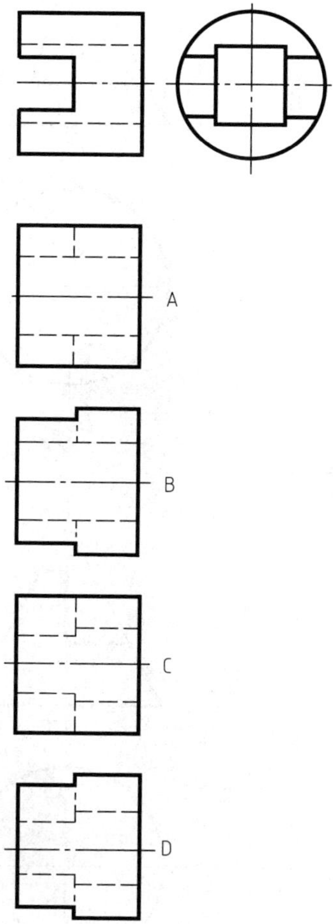

2-5-4 切割体的投影作图（四）：切割圆锥体，完成三视图。

1.

2.

3.

4.

班级_____ 姓名_____ 学号_____

2-5-5 切割体的投影作图（五）：切割圆球体，完成三视图。

1.

2.

2-5-6 切割体的投影作图（六）：完成下列切割体的三视图。

1.
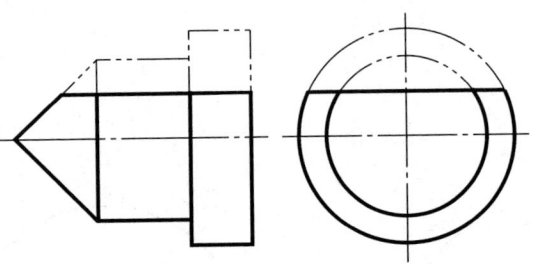

2.
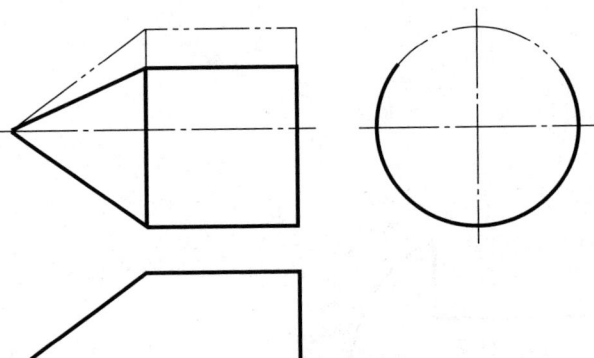

3.
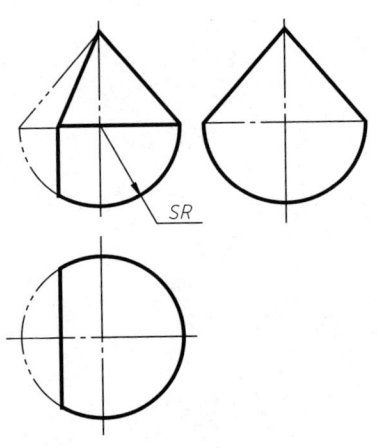

4.
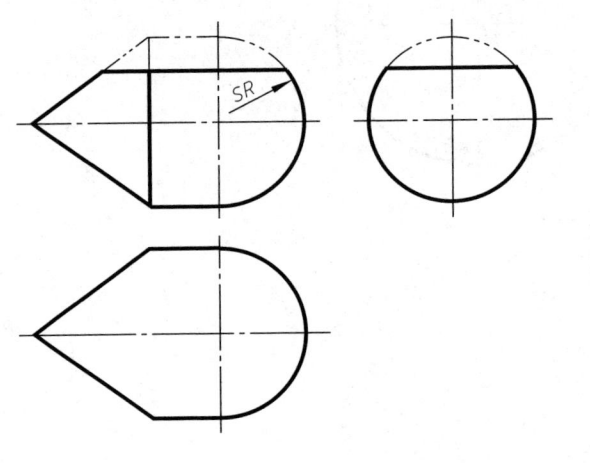

2-5-7 根据已知的主、俯视图，选择正确的左视图，将正确答案写在题号后的（　　）内。

1.（　　）

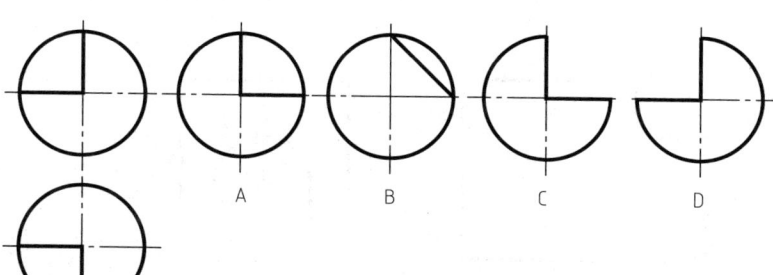

2.（　　）

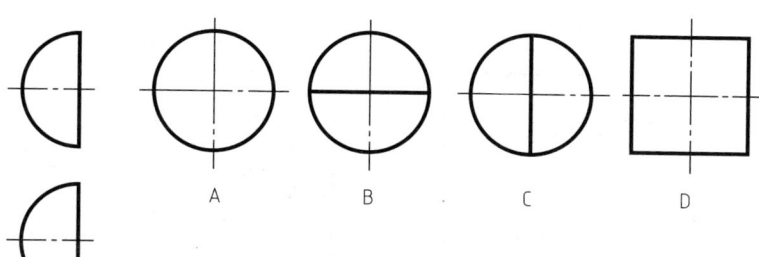

3.（　　）

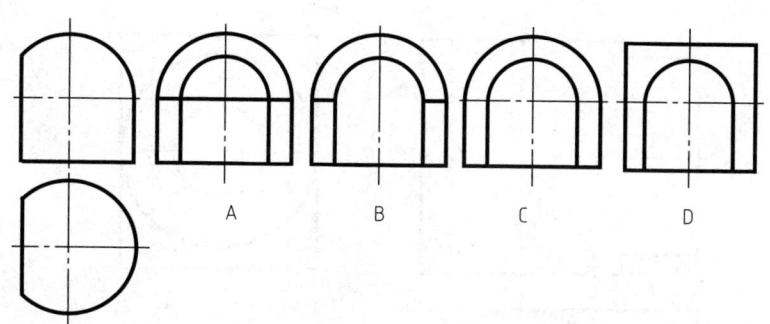

4.（　　）

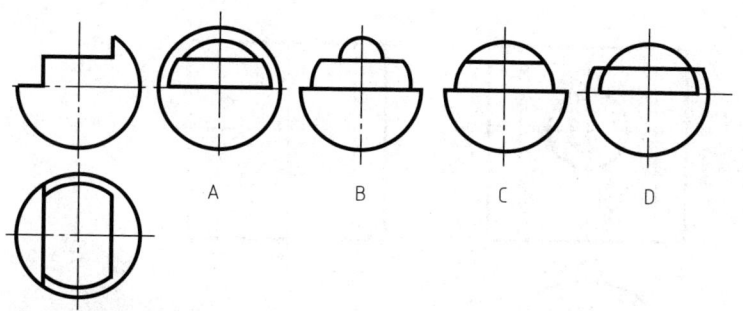

任务六 绘制与识读相贯体的三视图

2-6-1 相贯体的投影作图（一）：补画图中相贯线的投影。

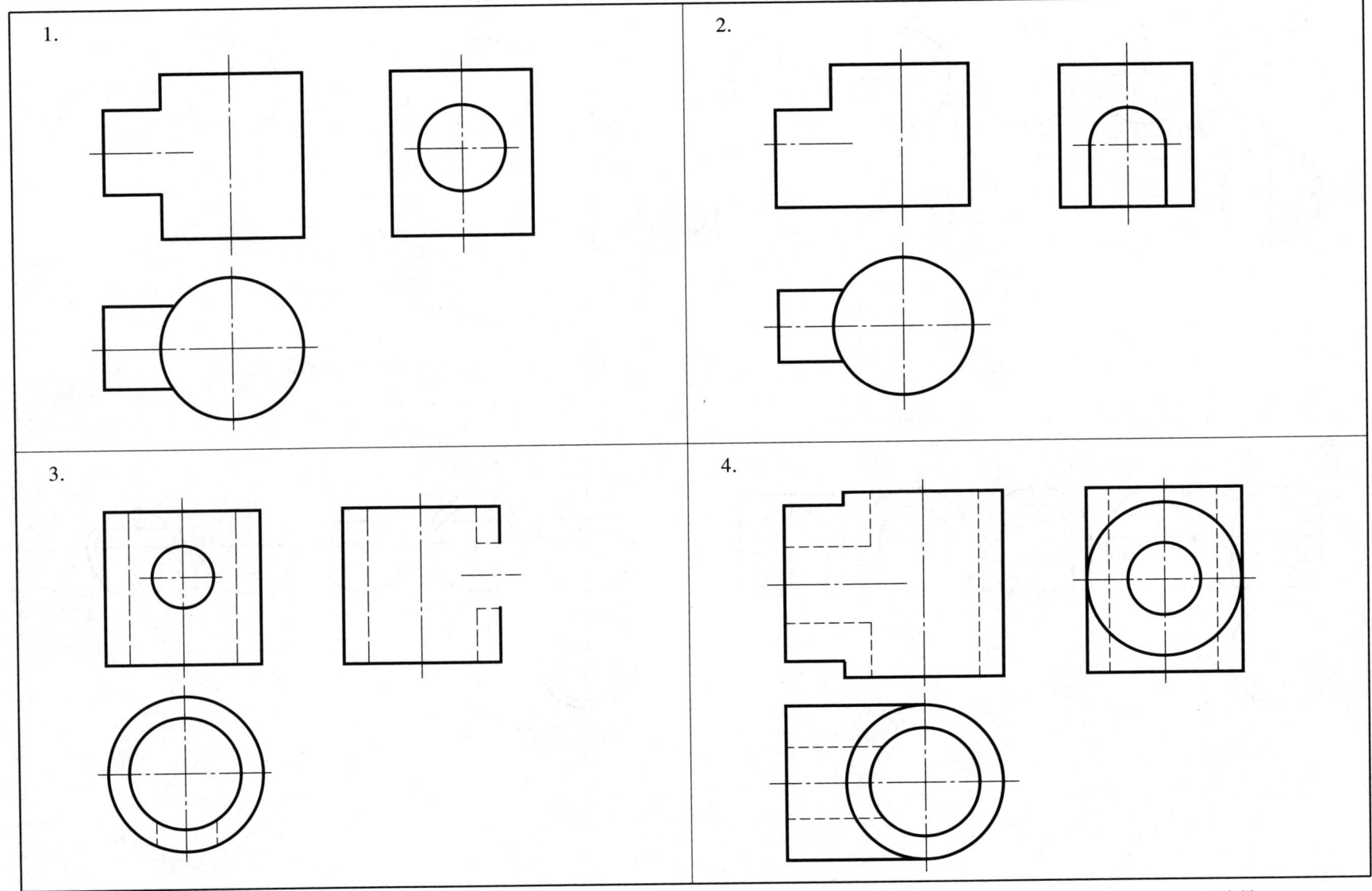

2-6-2 相贯体的投影作图（二）：补画图中相贯线的投影。

1.

2.

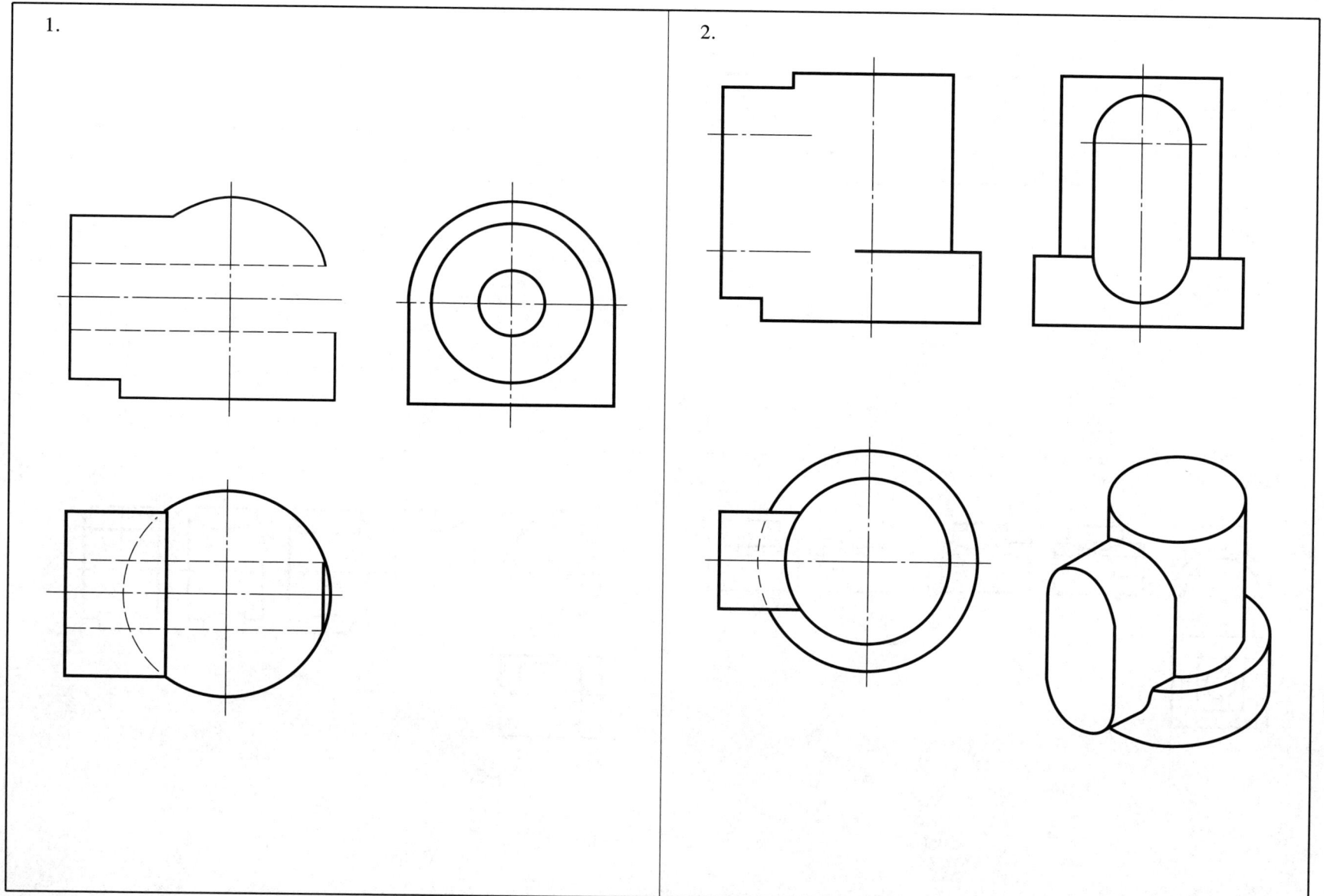

2-6-3 根据已知的主、俯视图，选择正确的左视图，将正确答案写在题号后的（ ）内。

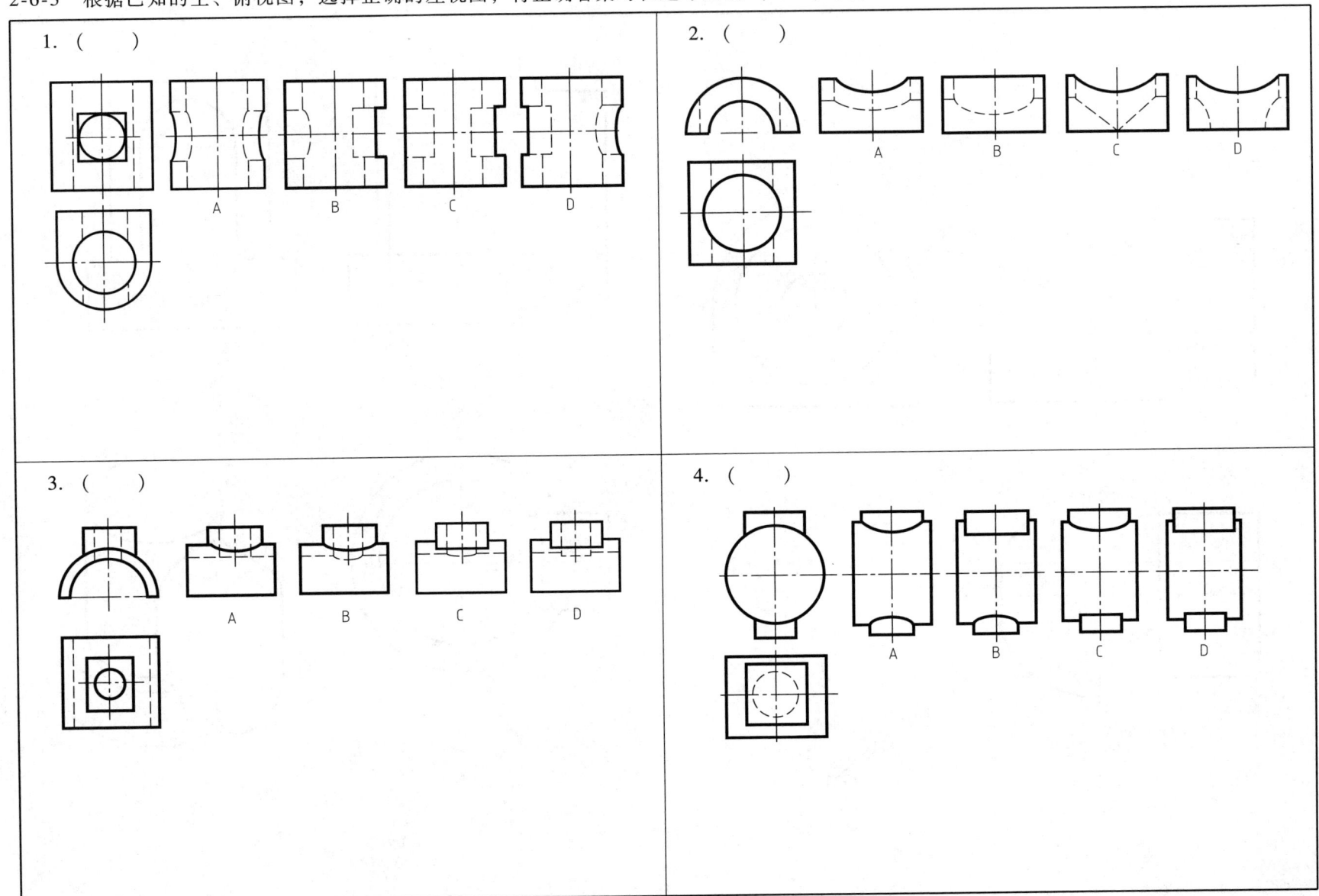

项目三　绘制轴测图
任务一　绘制平面立体的正等轴测图

3-1-1　根据已知视图画平面体的正等轴测图。

1.

2.

3.

4.

3-1-2 根据物体特征视图的正等轴测投影及给定的方向，完成物体的正等轴测图（四个物体的厚度均为25mm）。

1.

2.

3.

4.

-60- 班级_____ 姓名_____ 学号_____

任务二 绘制曲面立体的正等轴测图

3-2-1 根据已知的两视图画出曲面立体的正等轴测图。

1.

2.

3.

4.

任务三 绘制斜二轴测图

3-3-1 根据已知视图，画斜二轴测图。

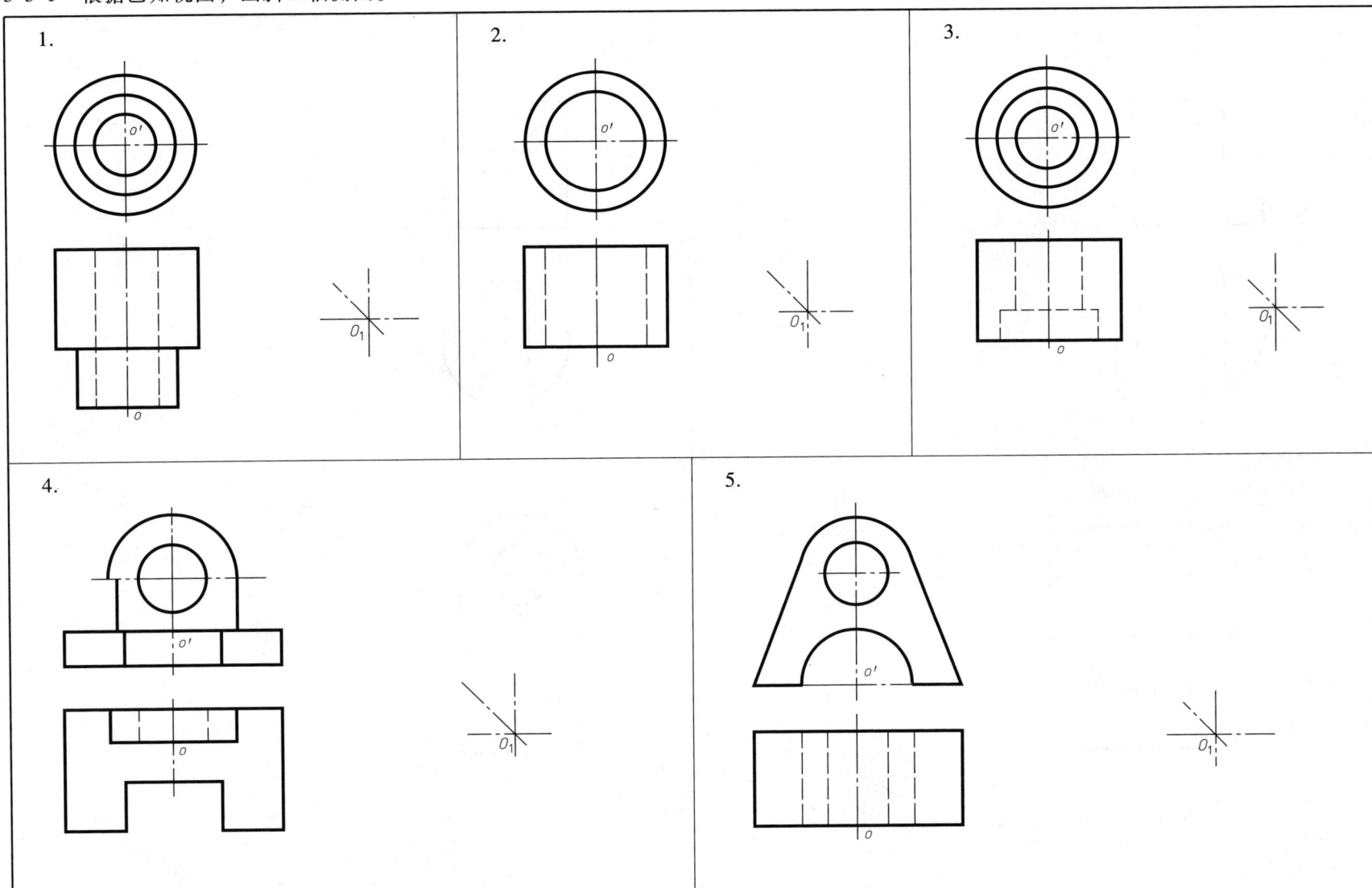

3-3-2 根据已知的两视图，徒手画轴测图（斜格内画正等轴测图，方格内画斜二轴测图）。

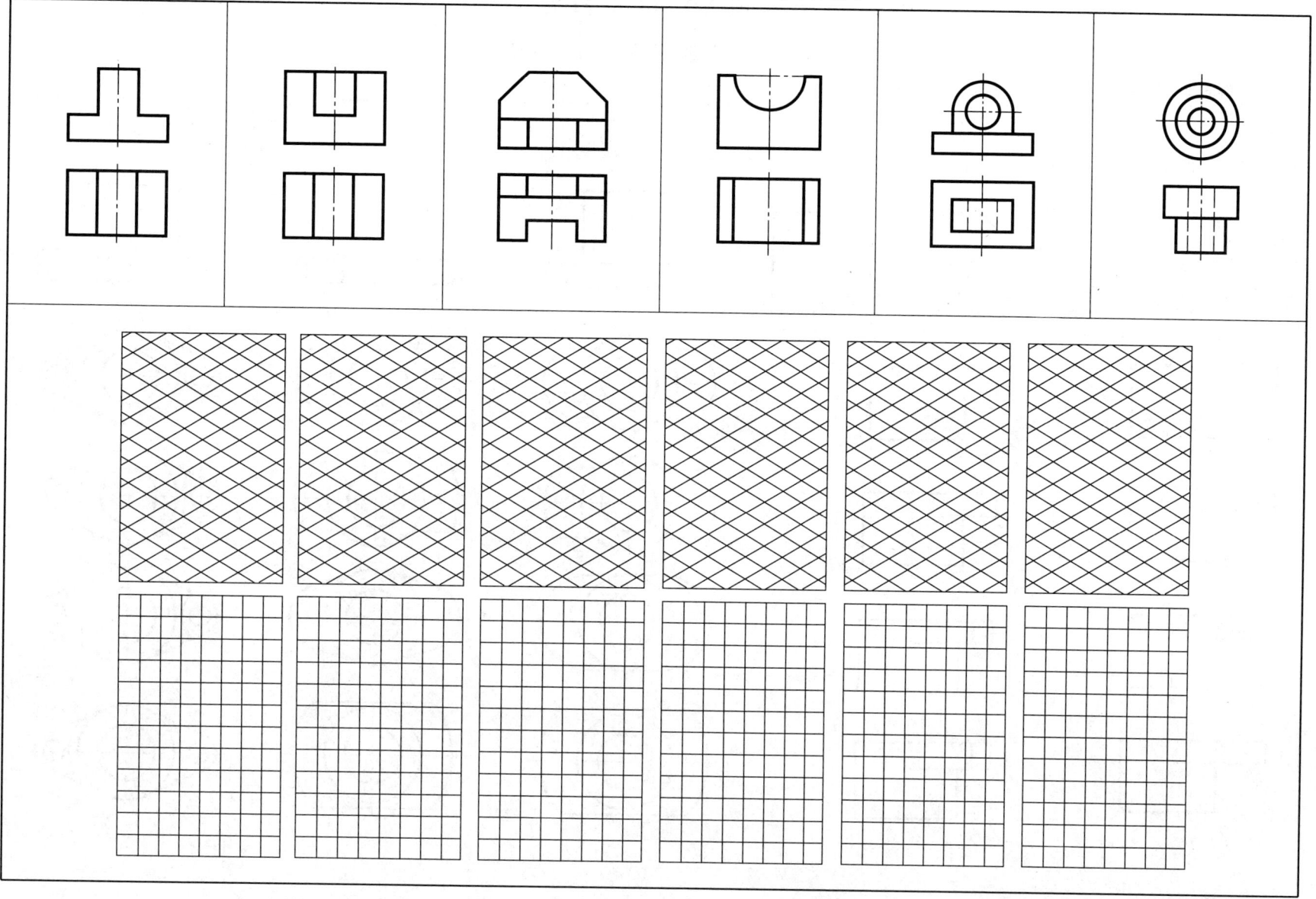

项目四　绘制与识读组合体的三视图

任务一　绘制组合体的三视图

4-1-1　根据已知的视图，选择正确的俯视图，将正确答案写在题号后的（　　）内。

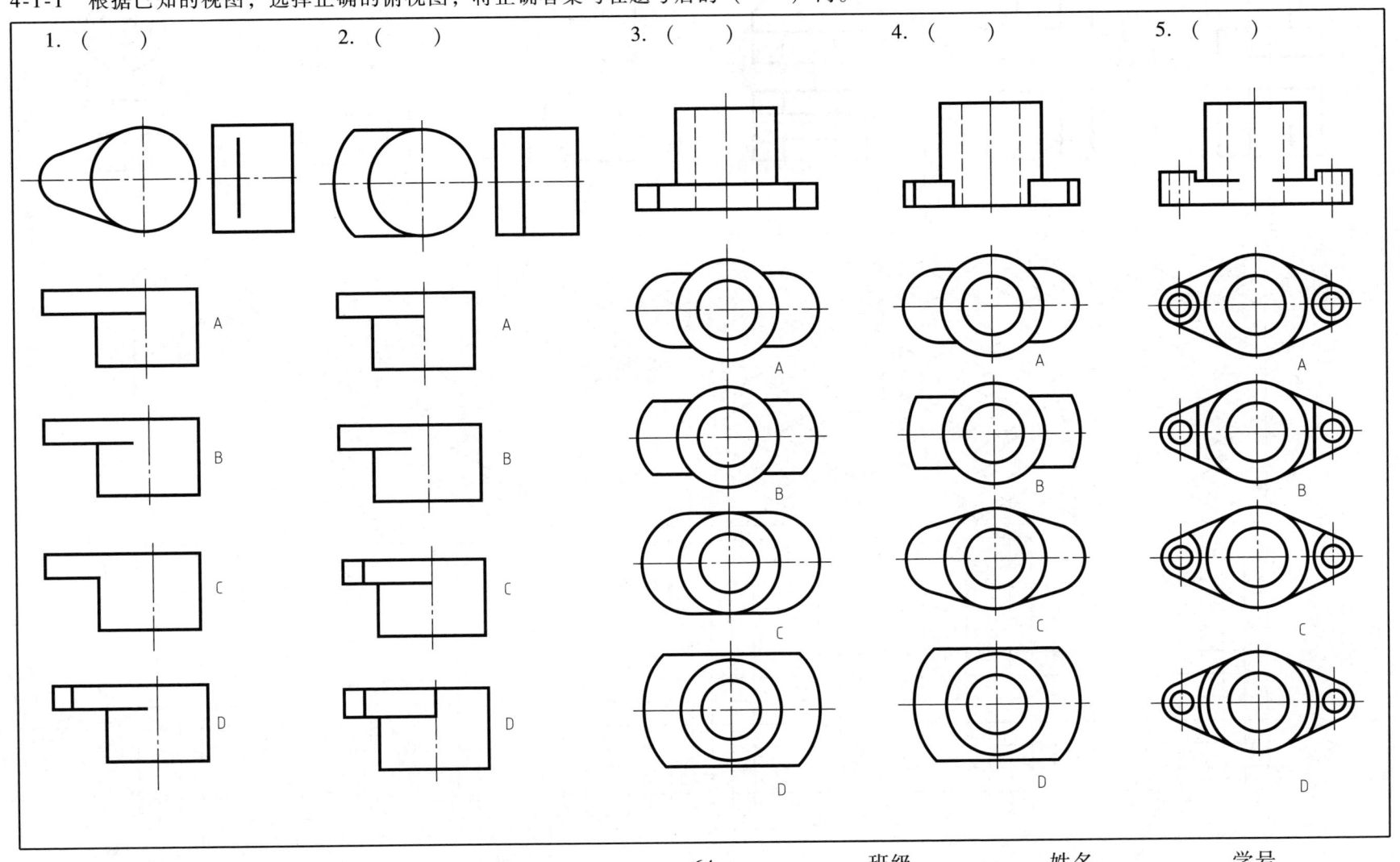

4-1-2 根据已知的主、俯视图，选择正确的左视图，将正确答案写在题号后的（　　）内。

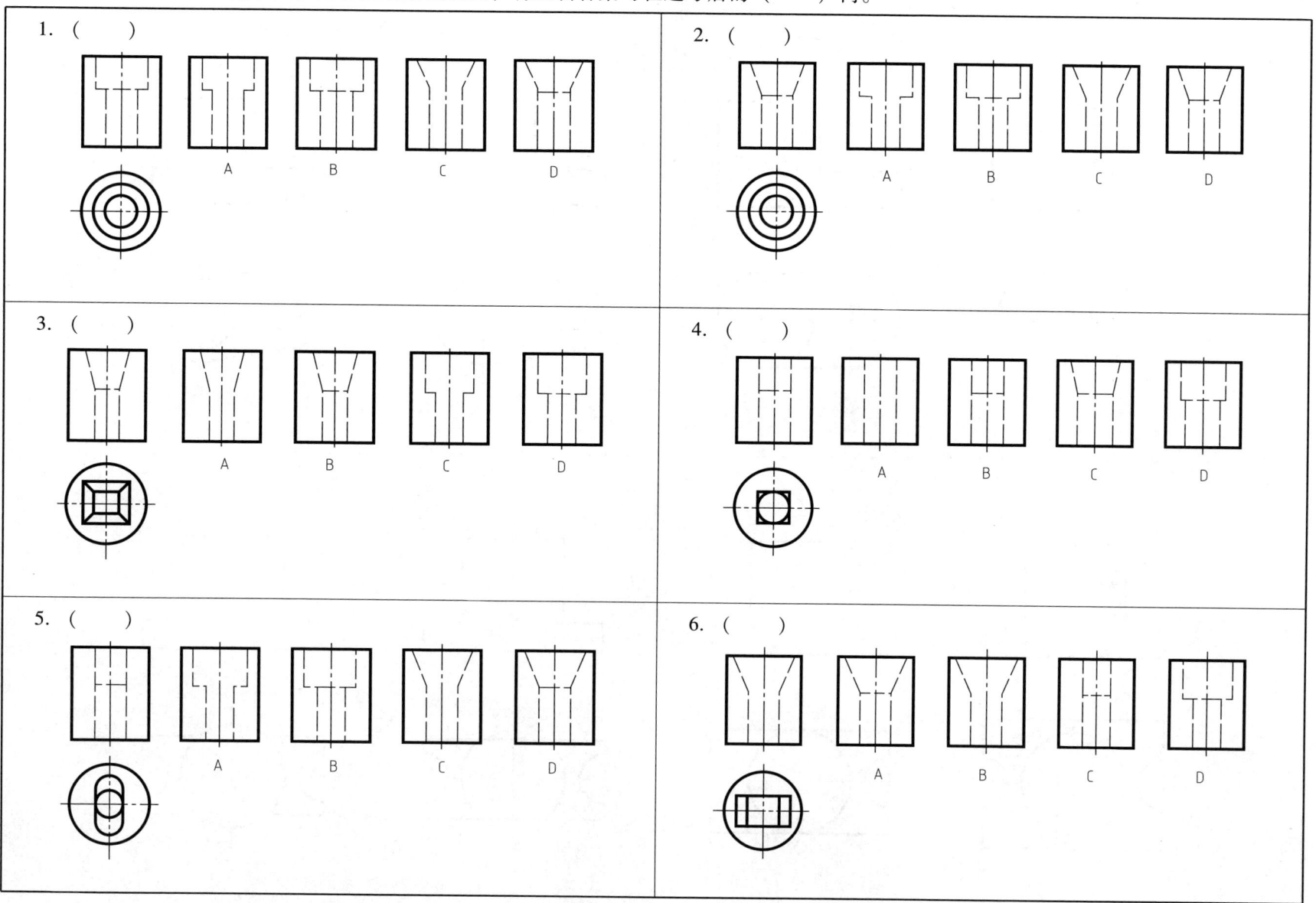

4-1-3 补画下列各组合体的表面交线。

1.

2.

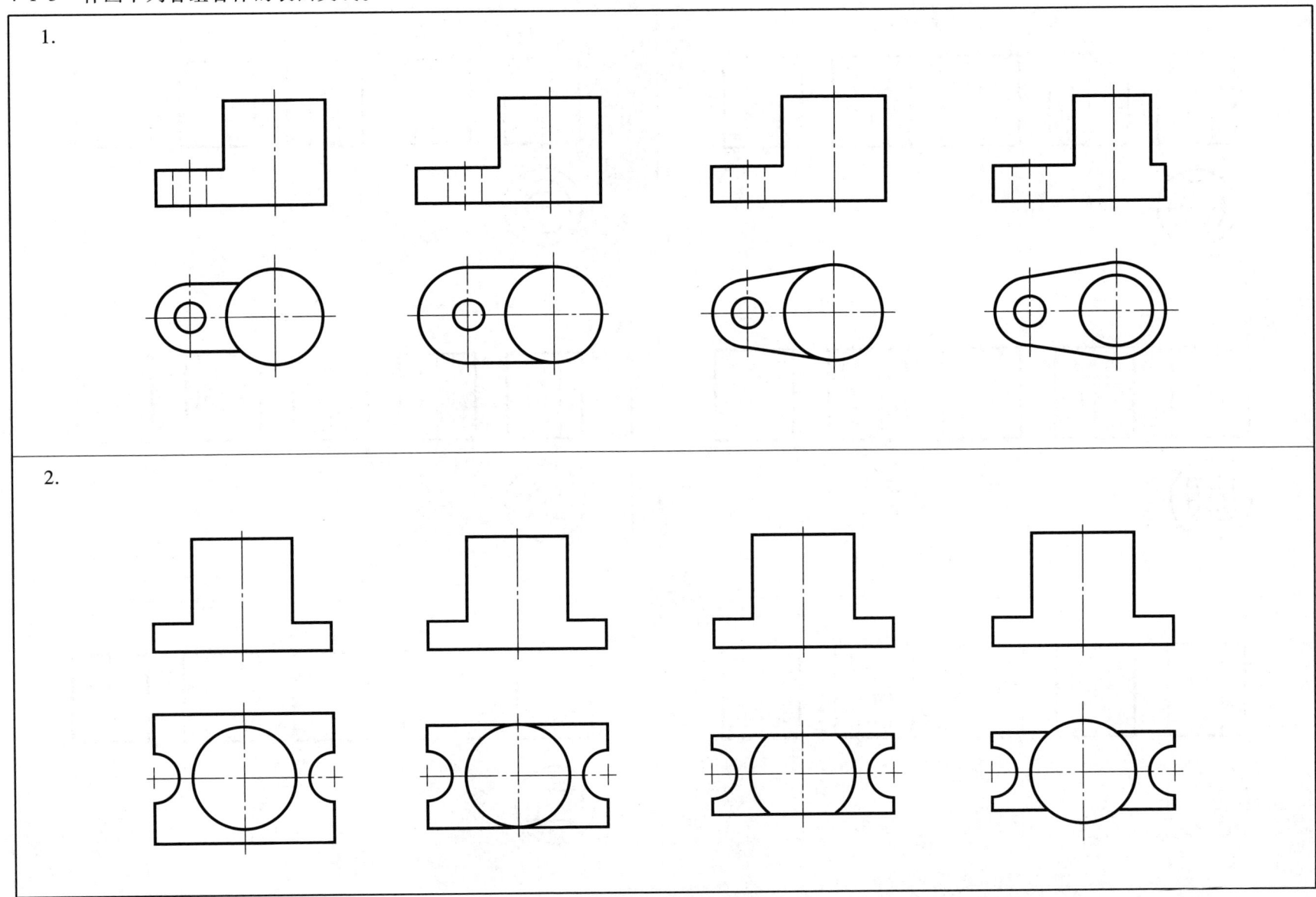

4-1-4 根据已知的主、左视图，选择正确的俯视图，将正确答案写在题号后的（　　）内。

1.（　　）　　　　2.（　　）　　　　3.（　　）　　　　4.（　　）

4-1-5 根据轴测图上箭头所指的投射方向，选择正确的视图，将正确答案写在题号后的（　　）内。

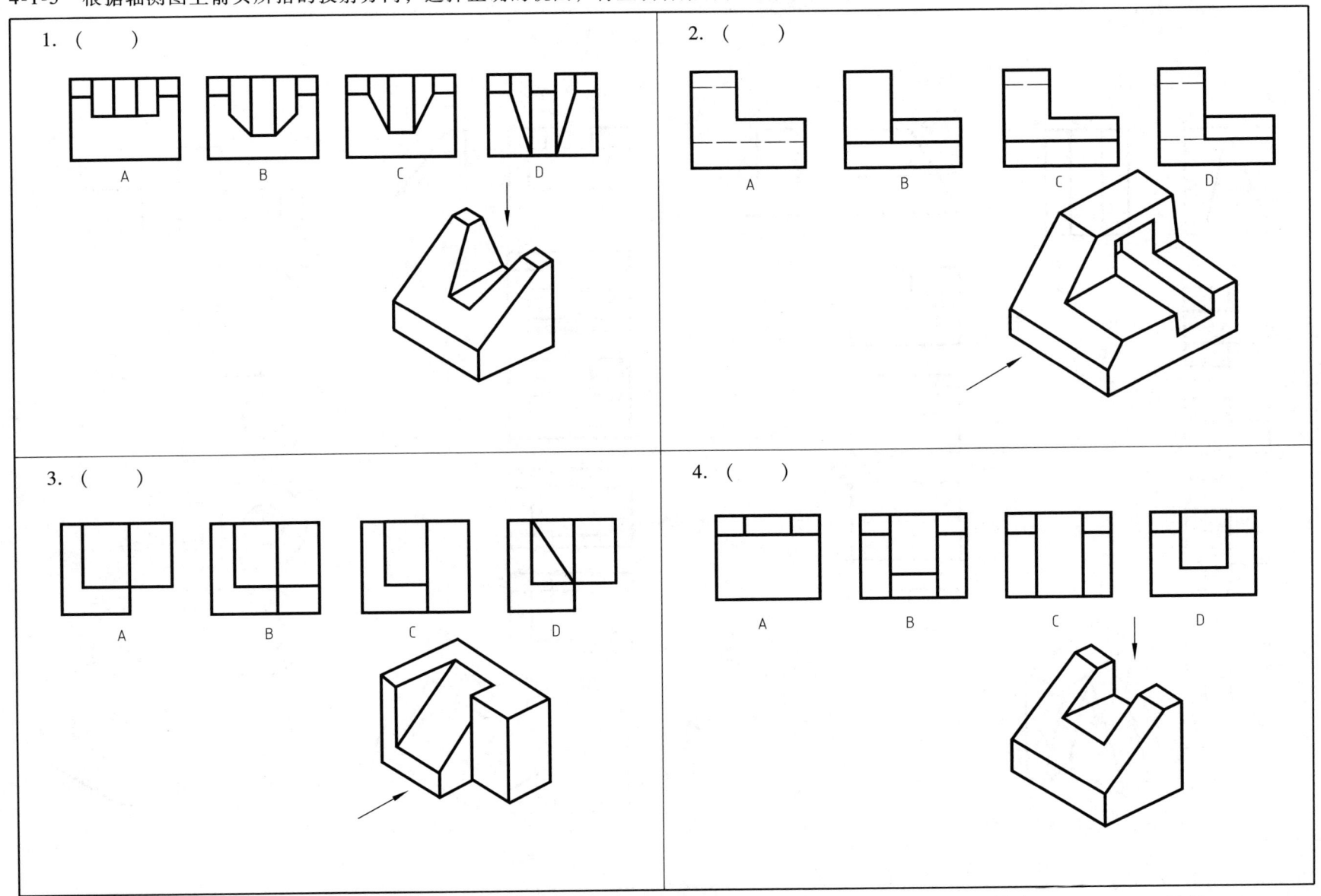

4-1-6 参考轴测图，按形体分析的方法，逐步画出组合体的左视图。

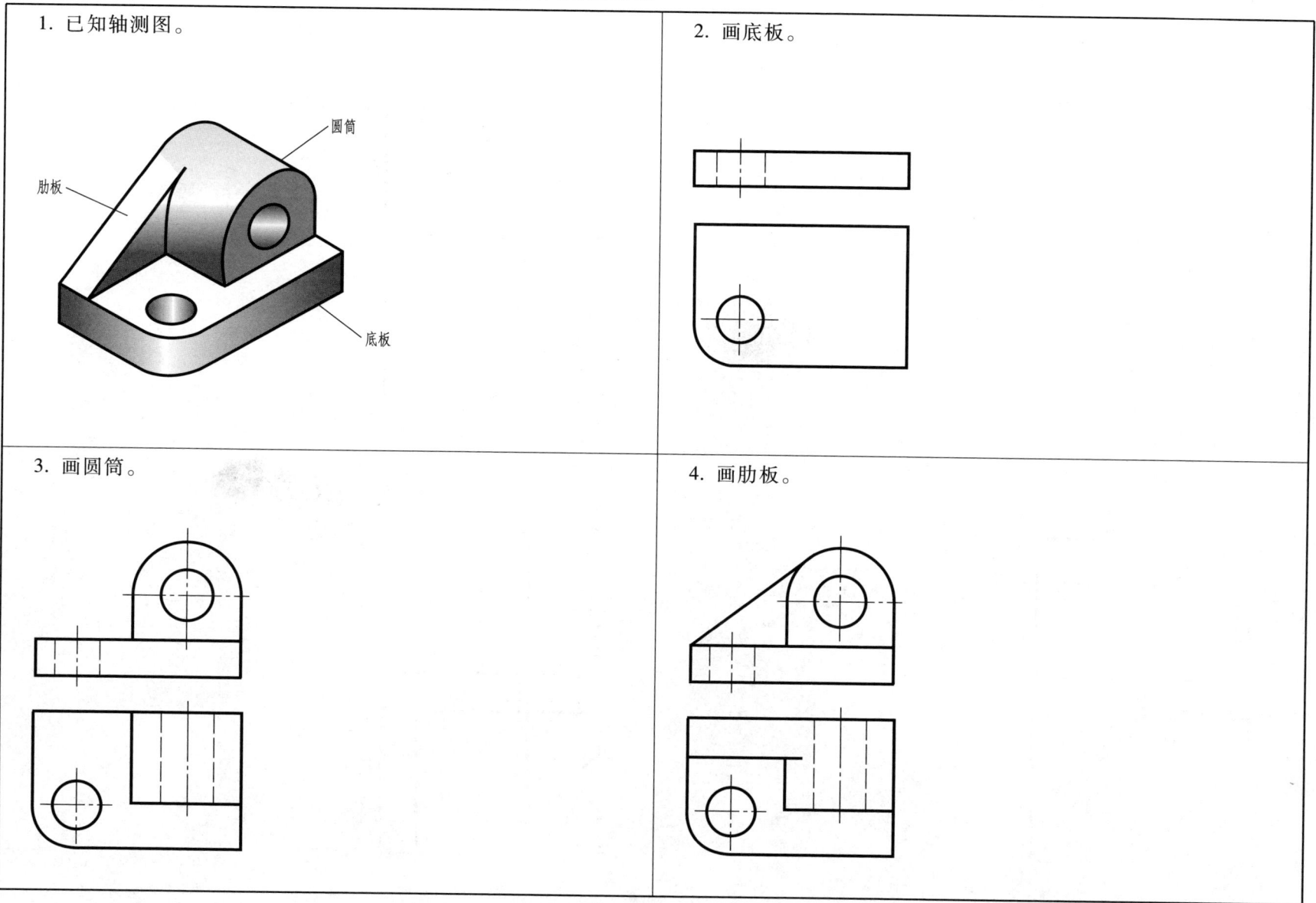

4-1-7 参考轴测图，按切割的顺序，逐步画出组合体的左视图。

1. 已知轴测图。

2. 第一次切割。

3. 第二次切割。

4. 第三次切割。

班级_____ 姓名_____ 学号_____

4-1-8 根据已知的轴测图，按 1:1 的比例画三视图（图中的孔和槽都是贯通的）。

1.

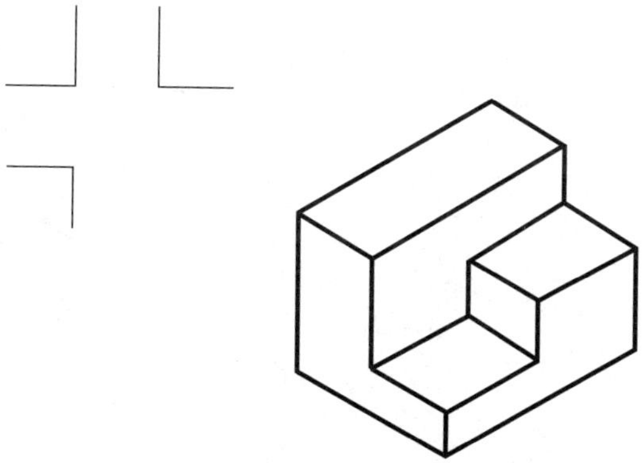

2.

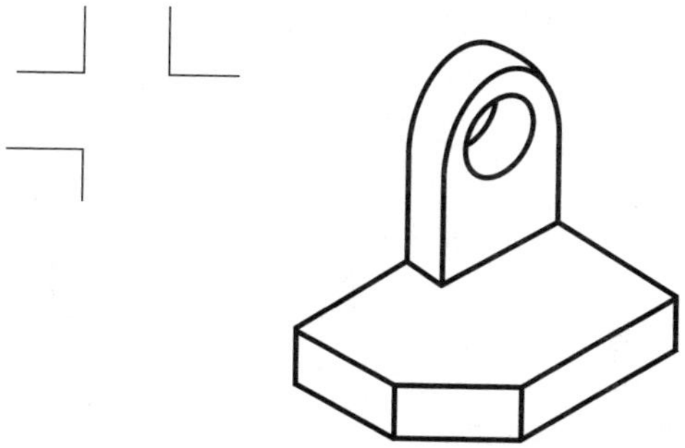

3.

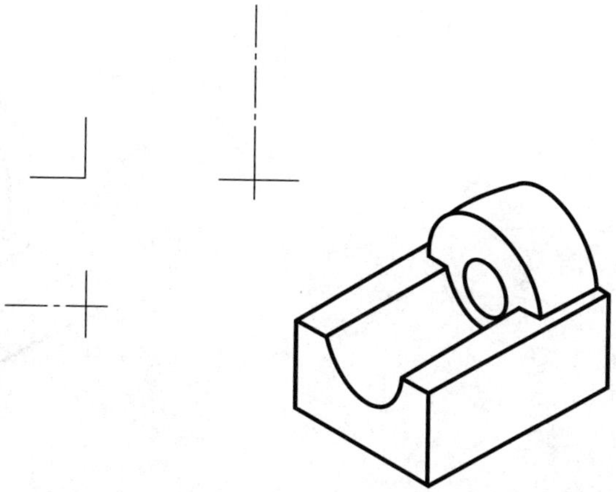

4.

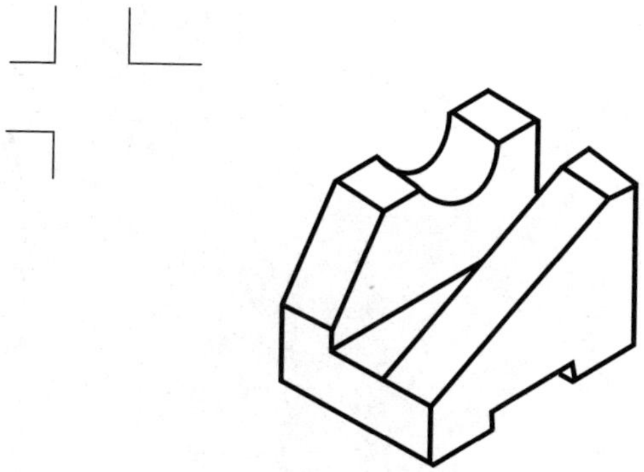

-71- 班级_____ 姓名_____ 学号_____

4-1-9 根据已知的轴测图，按 1∶1 的比例画三视图（图中的孔和槽都是贯通的）。

1.

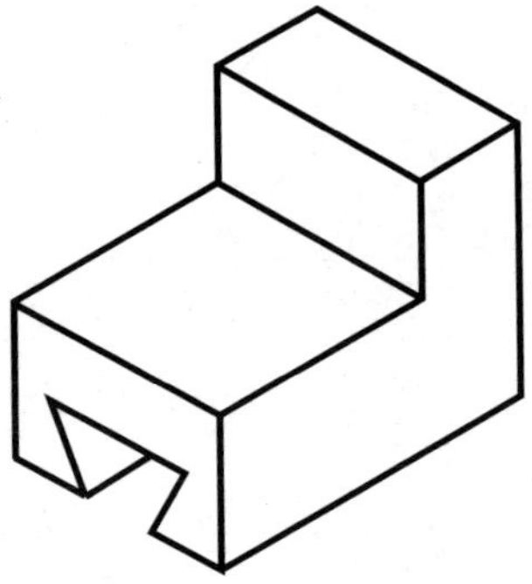

2.

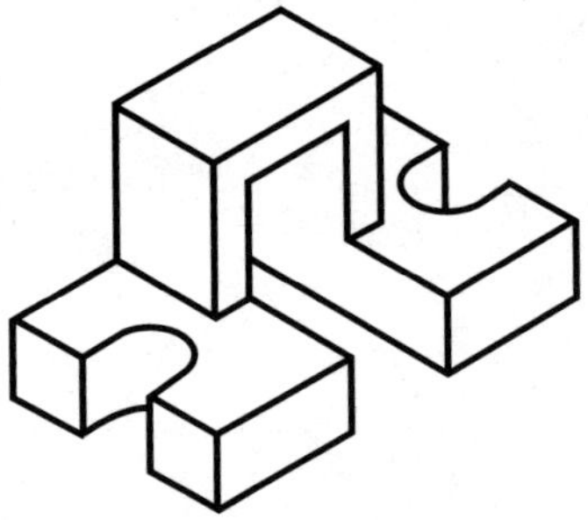

3.

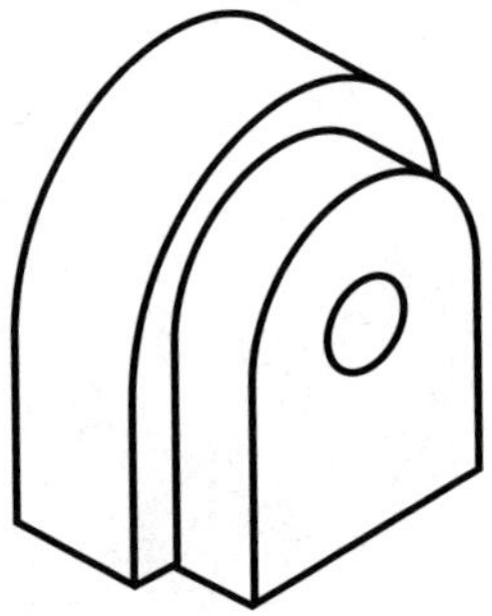

4.

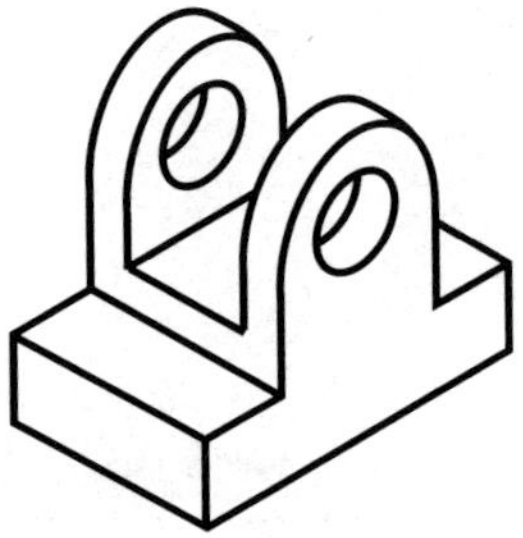

4-1-10 根据给出的轴测图，徒手画出三视图（可选若干题画出）。

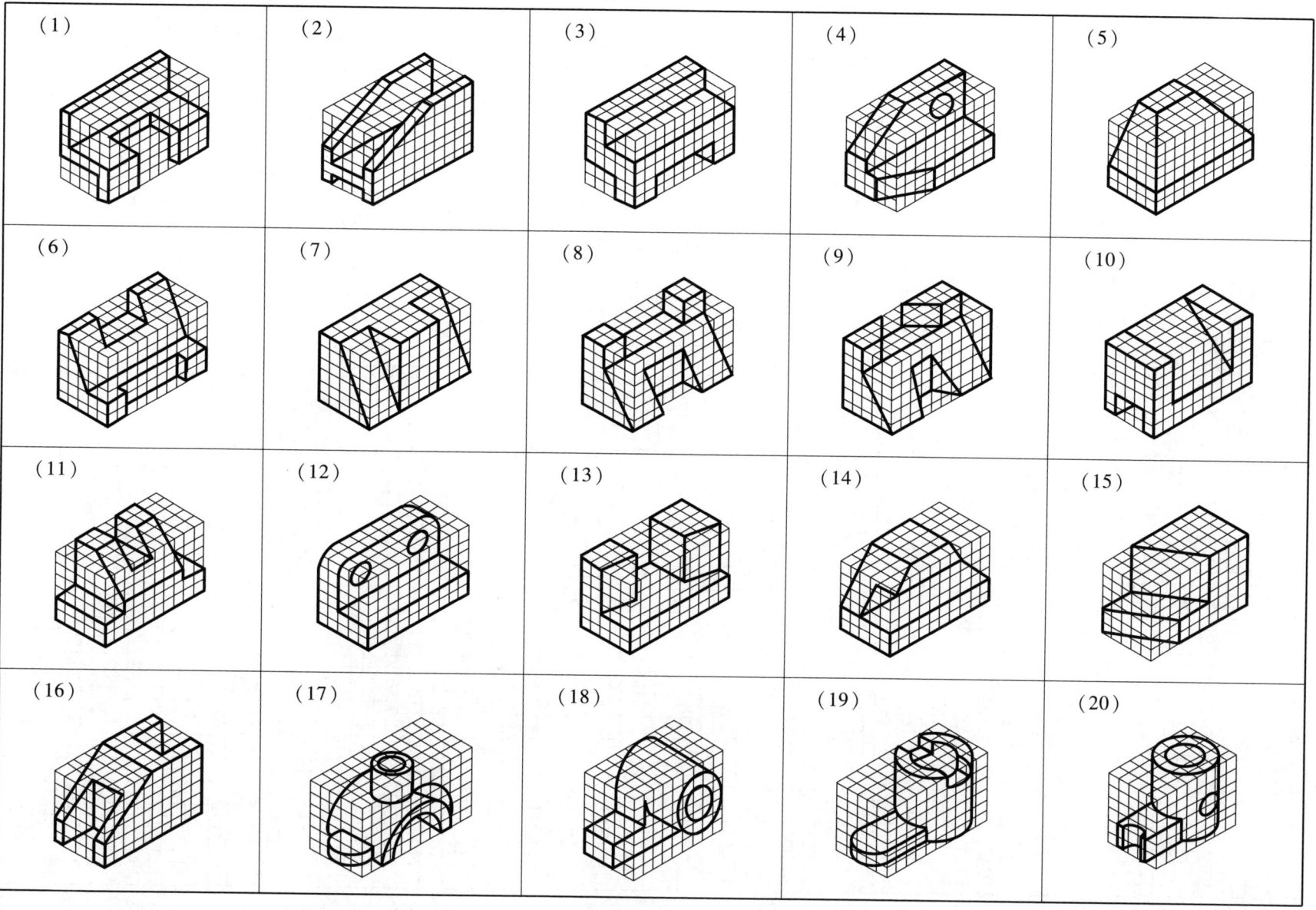

班级_____ 姓名_____ 学号_____

4-1-11 根据 4-1-10 给出的轴测图，徒手画出三视图（在左上角写出轴测图的序号）。

4-1-12 根据 4-1-10 给出的轴测图，徒手画出三视图（续前页）。

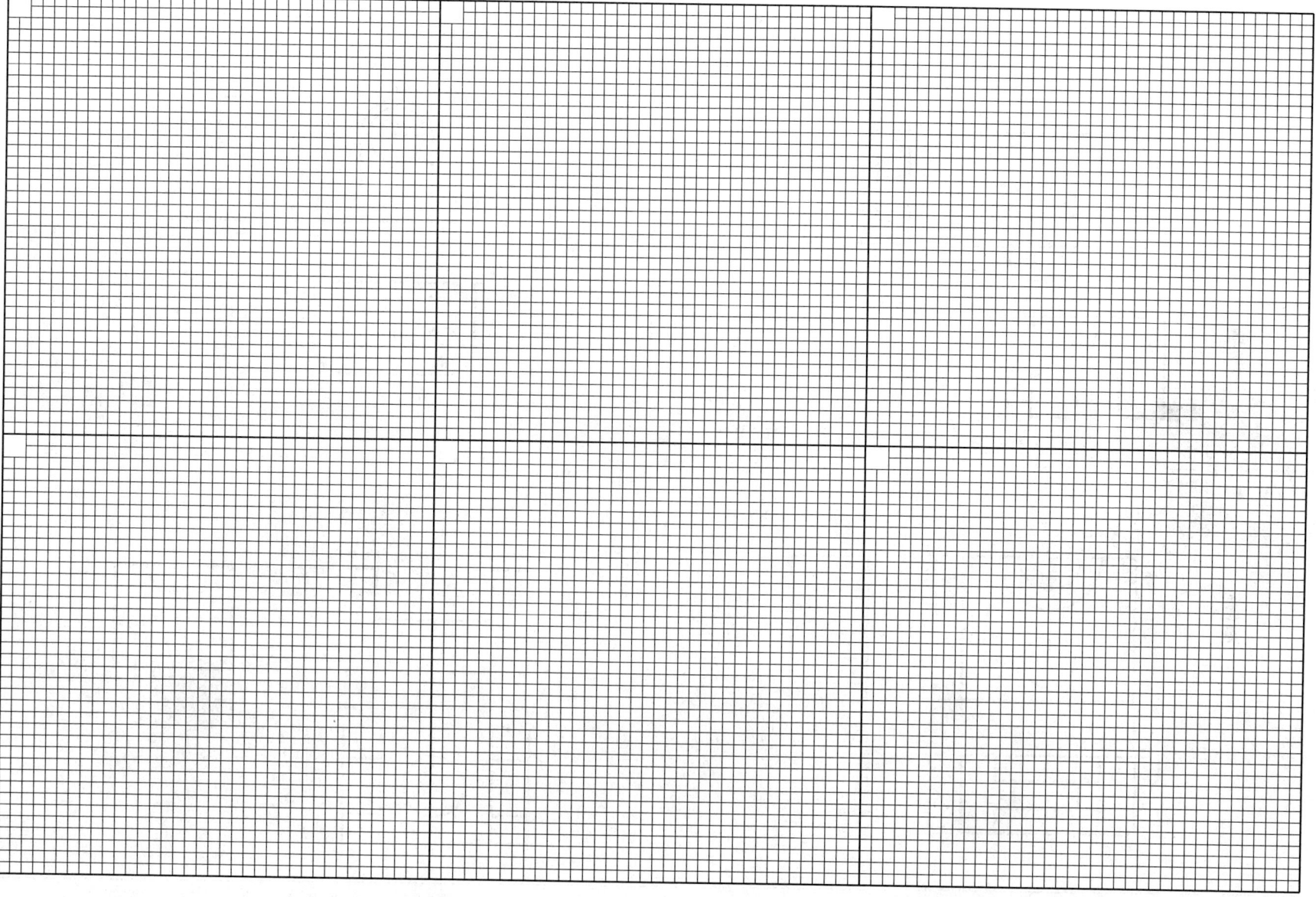

班级_____ 姓名_____ 学号_____

任务二 标注与识读组合体的尺寸

4-2-1 读懂三视图，标注漏注的尺寸（尺寸数值从图中量取，取整数）。

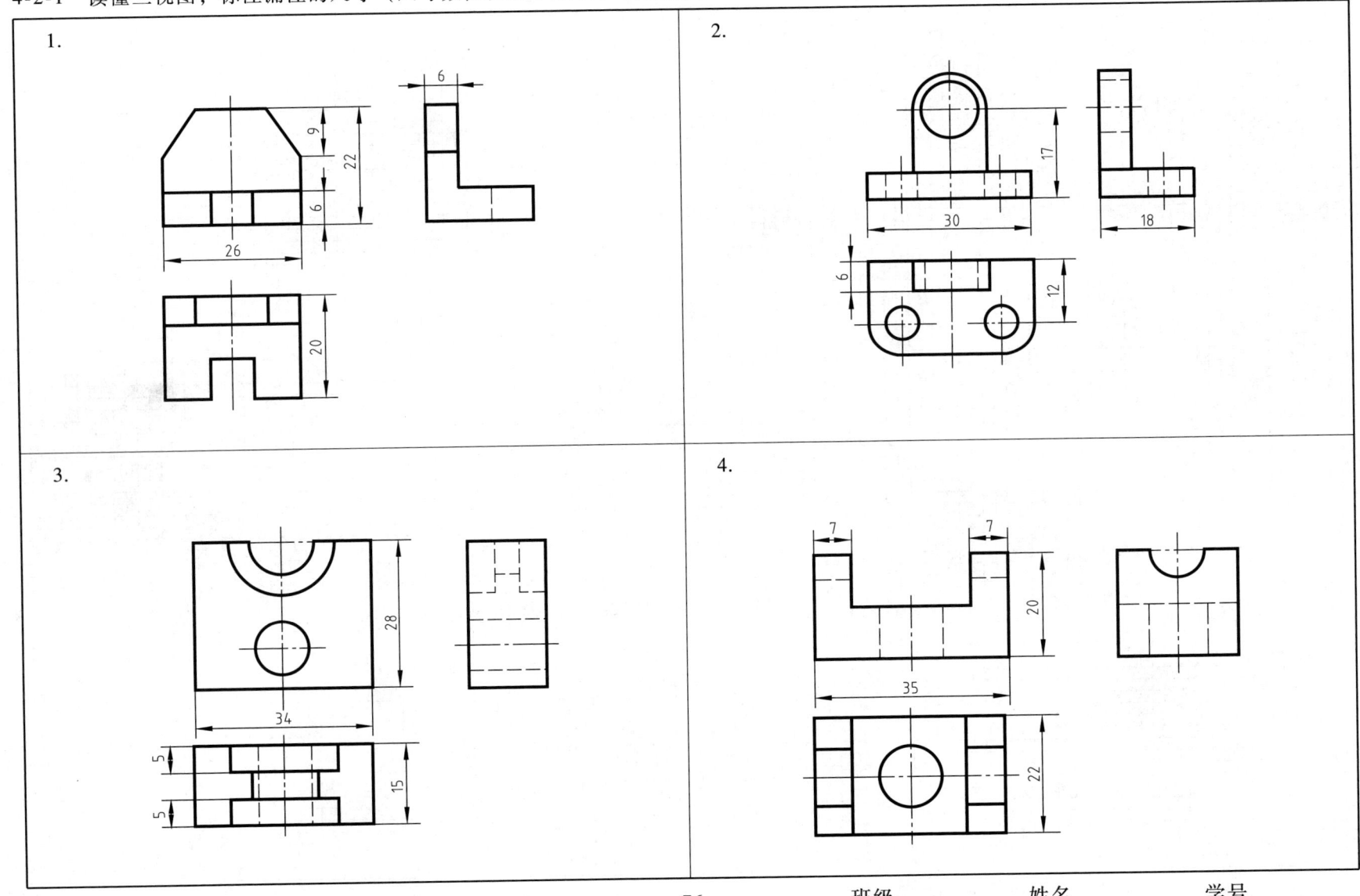

4-2-2 读懂三视图,分析尺寸,并填空。

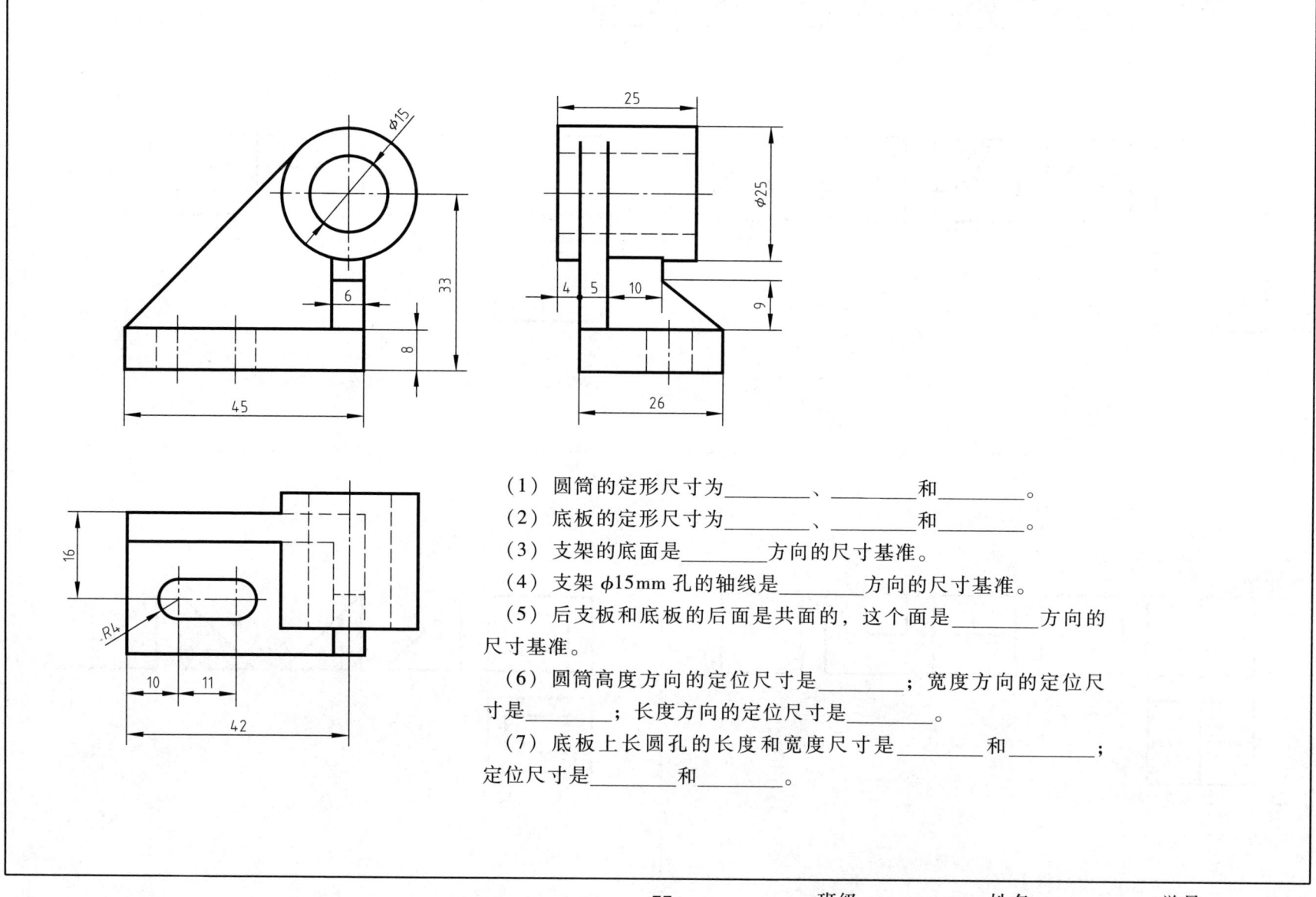

(1) 圆筒的定形尺寸为_____、_____和_____。
(2) 底板的定形尺寸为_____、_____和_____。
(3) 支架的底面是_____方向的尺寸基准。
(4) 支架 φ15mm 孔的轴线是_____方向的尺寸基准。
(5) 后支板和底板的后面是共面的,这个面是_____方向的尺寸基准。
(6) 圆筒高度方向的定位尺寸是_____;宽度方向的定位尺寸是_____;长度方向的定位尺寸是_____。
(7) 底板上长圆孔的长度和宽度尺寸是_____和_____;定位尺寸是_____和_____。

任务三　识读组合体的视图

4-3-1　根据已知的主、俯视图，选择正确的左视图，将正确答案写在题号后的（　　）内。

1.（　　）

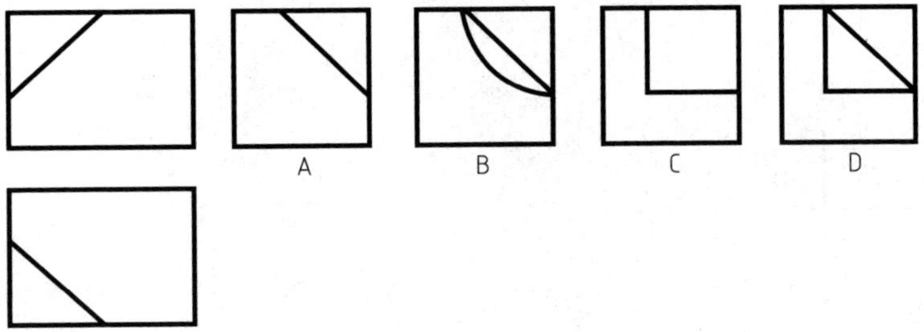

2.（　　）

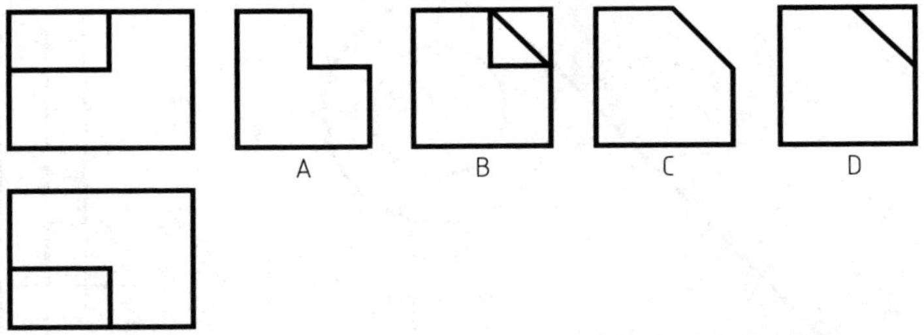

3.（　　）

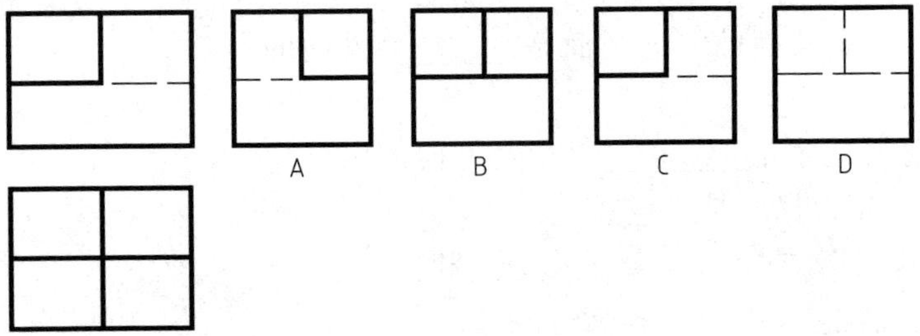

4.（　　）

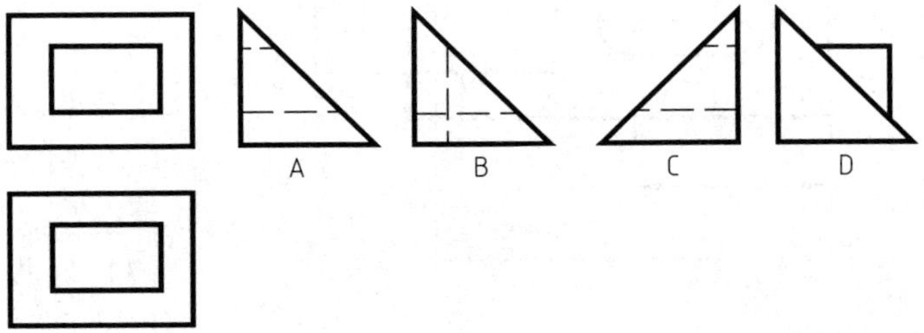

4-3-2 根据已知的主、俯视图，选择正确的左视图，将正确答案写在题号后的（　　）内。

1. （　　）

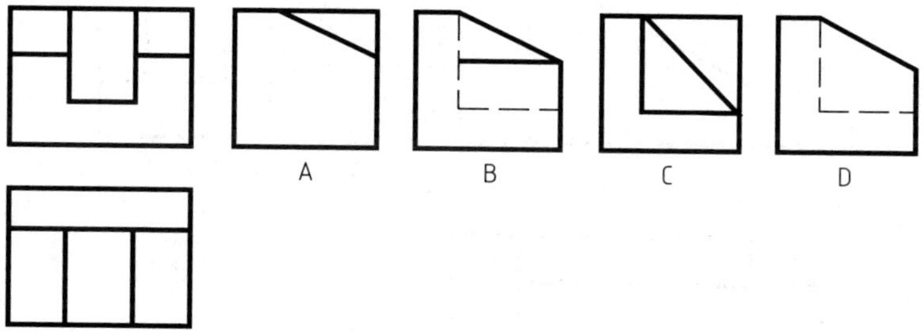

2. （　　）

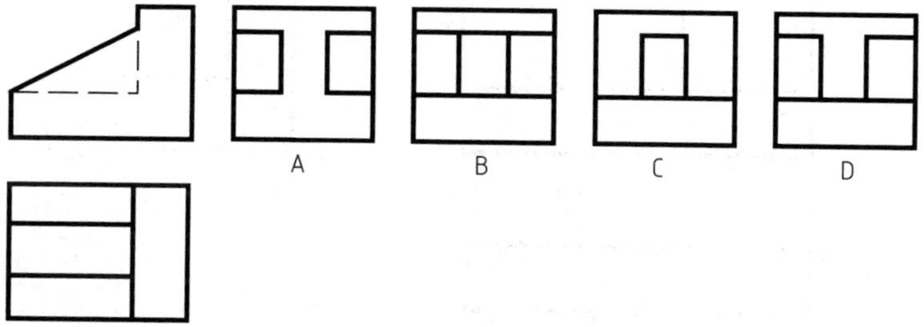

3. （　　）

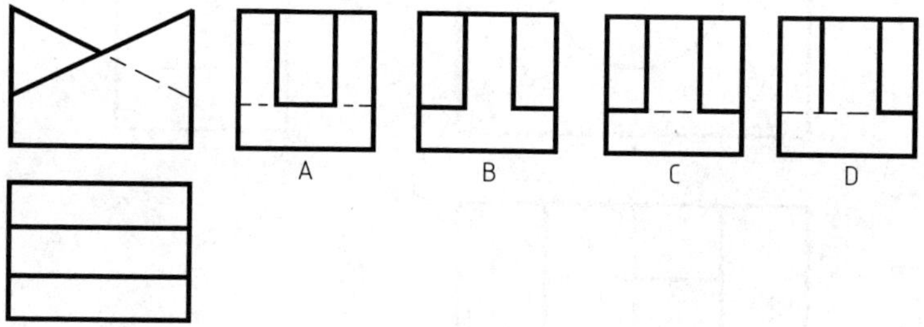

4. （　　）

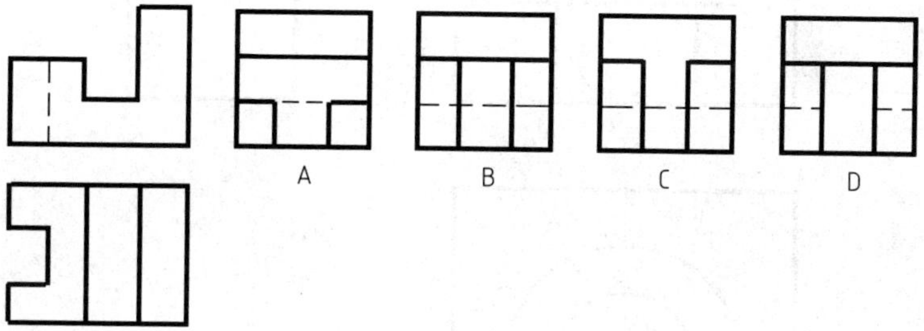

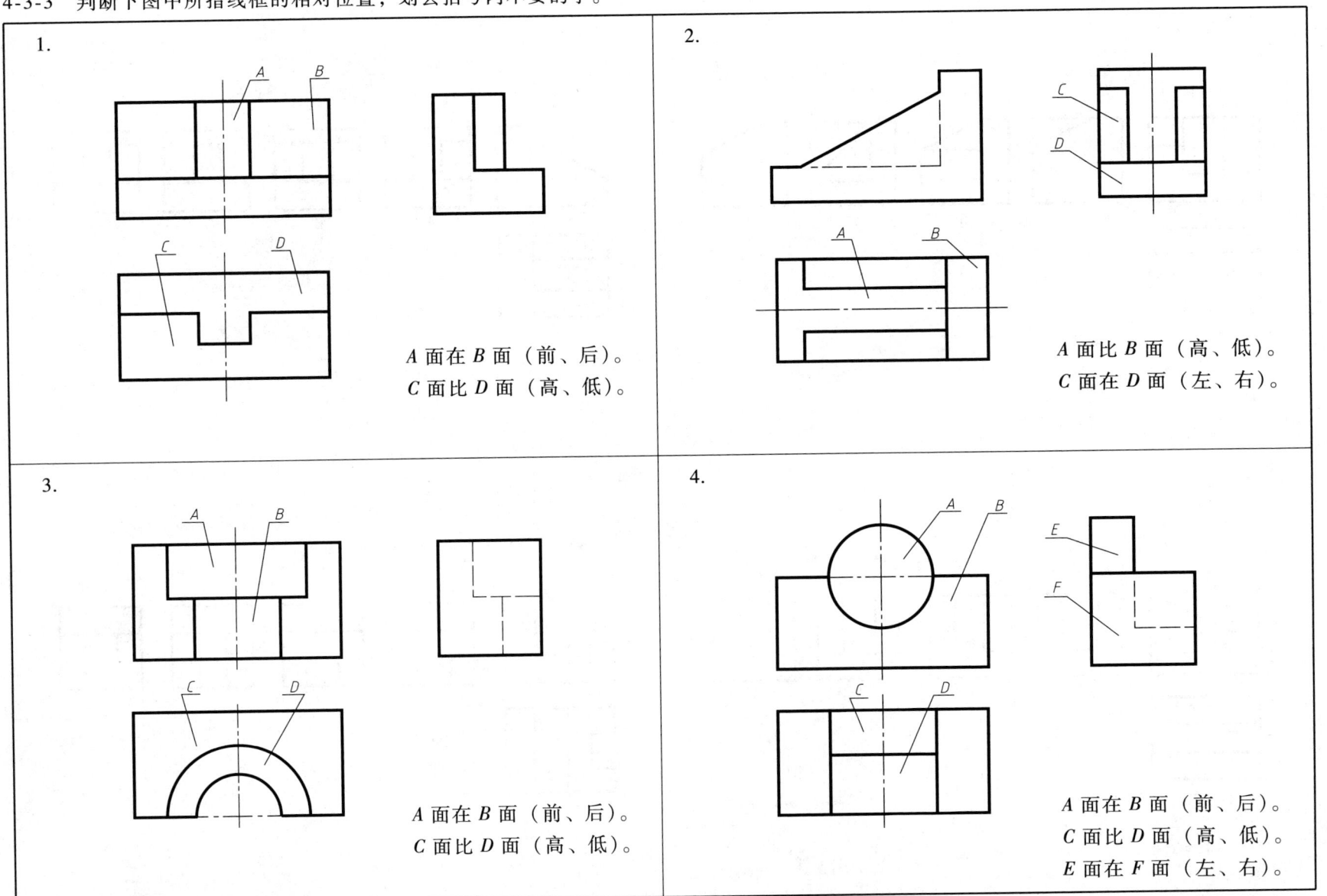

4-3-4 根据已知的两视图，补画第三视图。

1.

2.

3.

4.

4-3-5　根据已知的两视图，补画第三视图。

1.

2.

3.

4.

4-3-6 根据已知的两视图，补画第三视图。

1.

2.

3.

4.

4-3-8 根据已知的两视图，想象物体的形状，补画第三视图。

1. 根据给定的主、俯视图，想象出多种不同的形体，并画出它们的左视图（至少画出四个）。

（1）

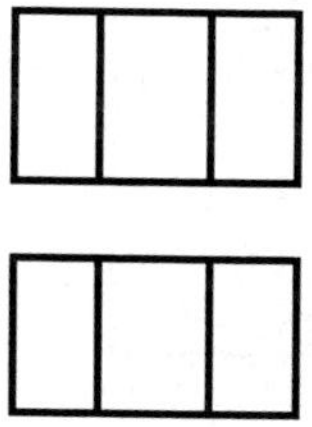

（2）

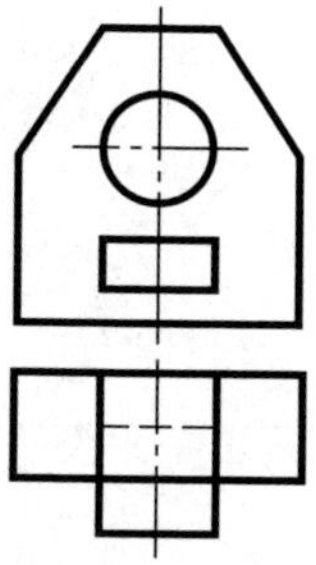

2. 看懂题（1）的三视图，若主视图不变，想象出另外两种形体，在题（2）、（3）处画出俯、左视图。

（1）　　　　　　　　　　　　　　　　（2） 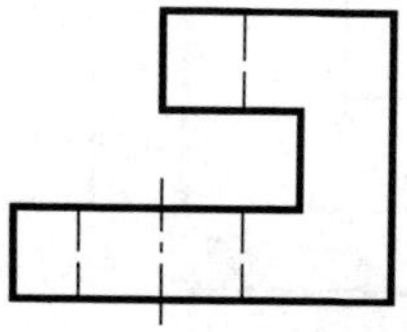　　　　　　　　　　　　　（3）

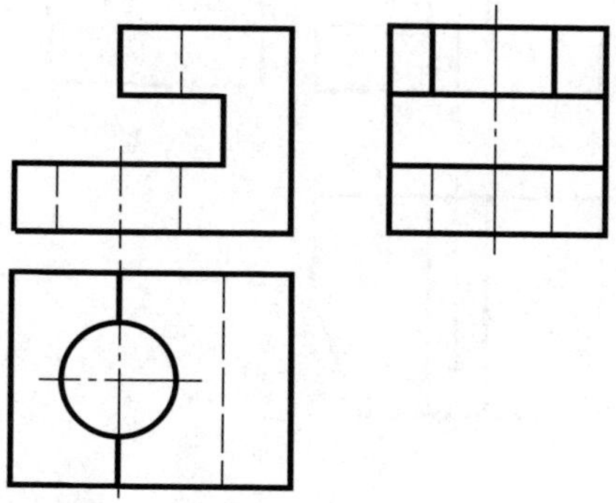

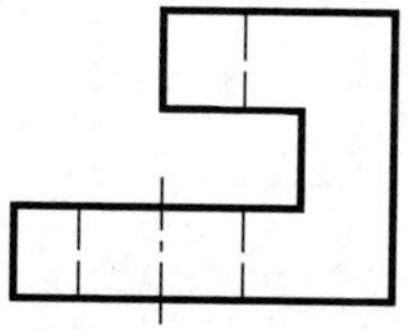

班级_____　姓名_____　学号_____

4-3-9 分析已知视图，补画视图中漏画的线。

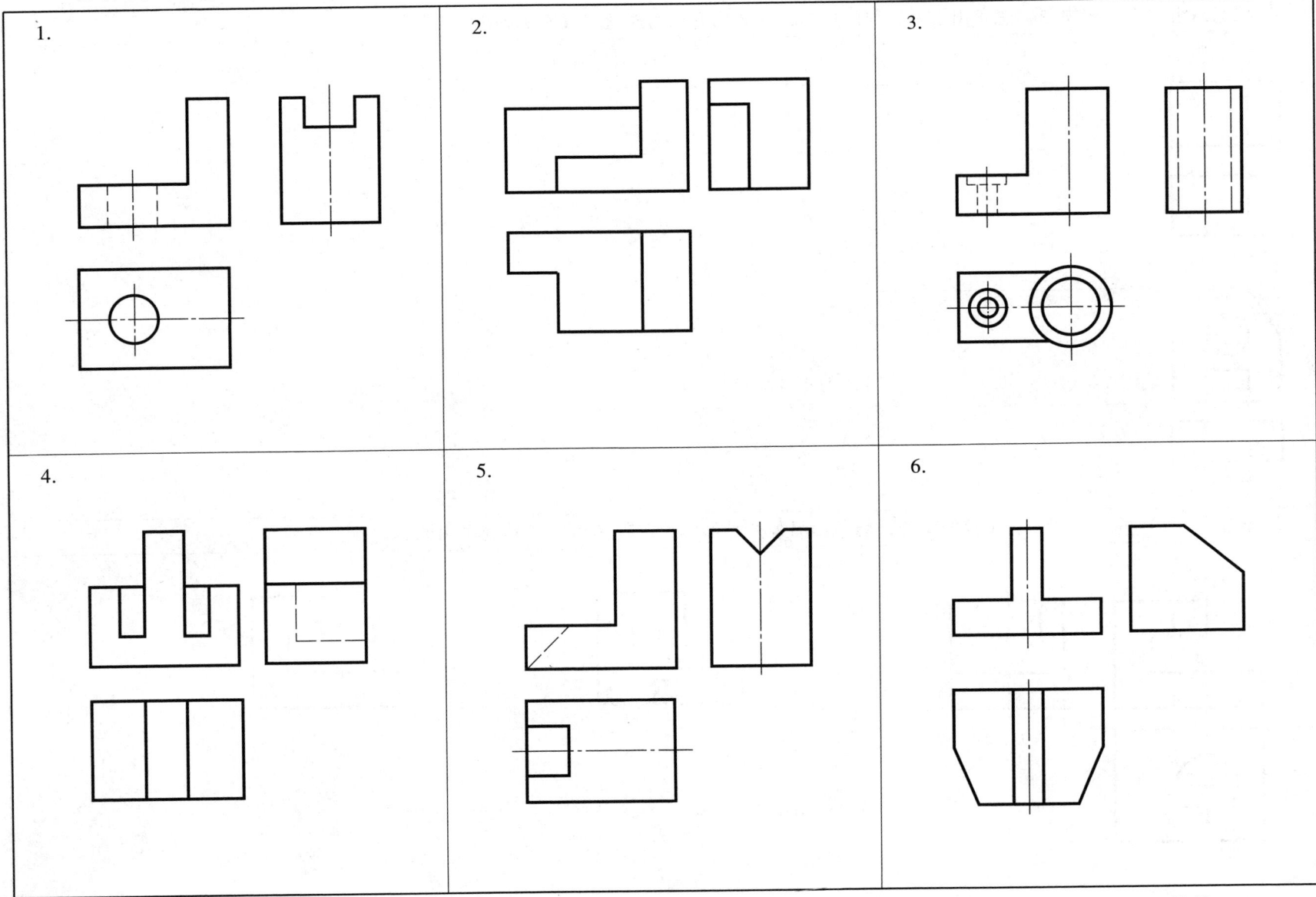

4-3-10 分析已知视图，补画视图中漏画的线。

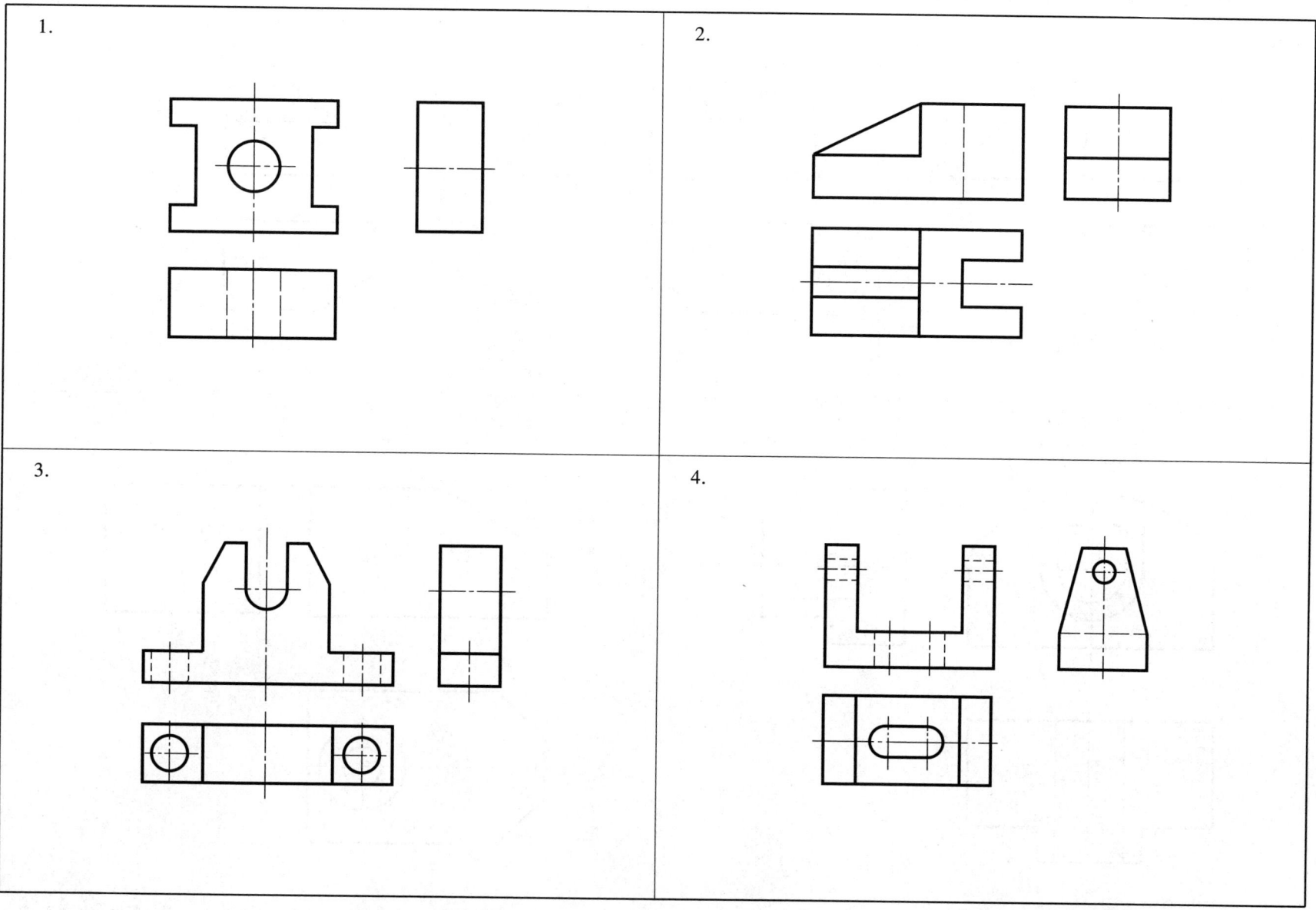

4-3-11 分析已知视图，补画视图中的漏线。

1.
2.
3.
4.
5.

项目五 选择与识读机件的基本表达方法

任务一 选择与识读机件的视图表达方法

5-1-1 视图（一）。

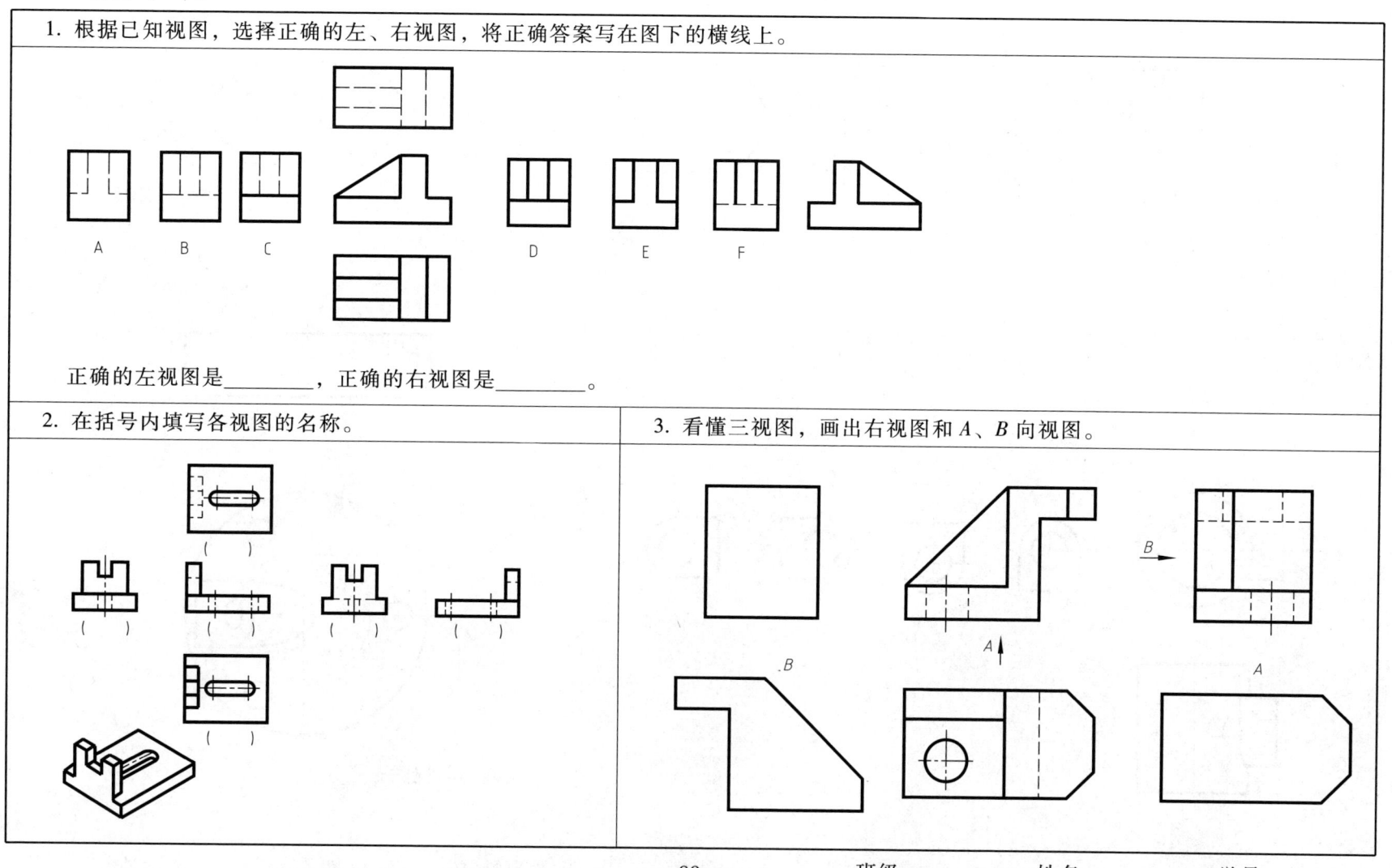

5-1-2 视图（二）：将正确答案写在题号后的（　　）内或图下的横线上。

1. 根据已知视图，选择正确的向视图或局部视图。

(1) (　　)

(2) (　　)

2. 根据已知视图，选择正确的斜视图。

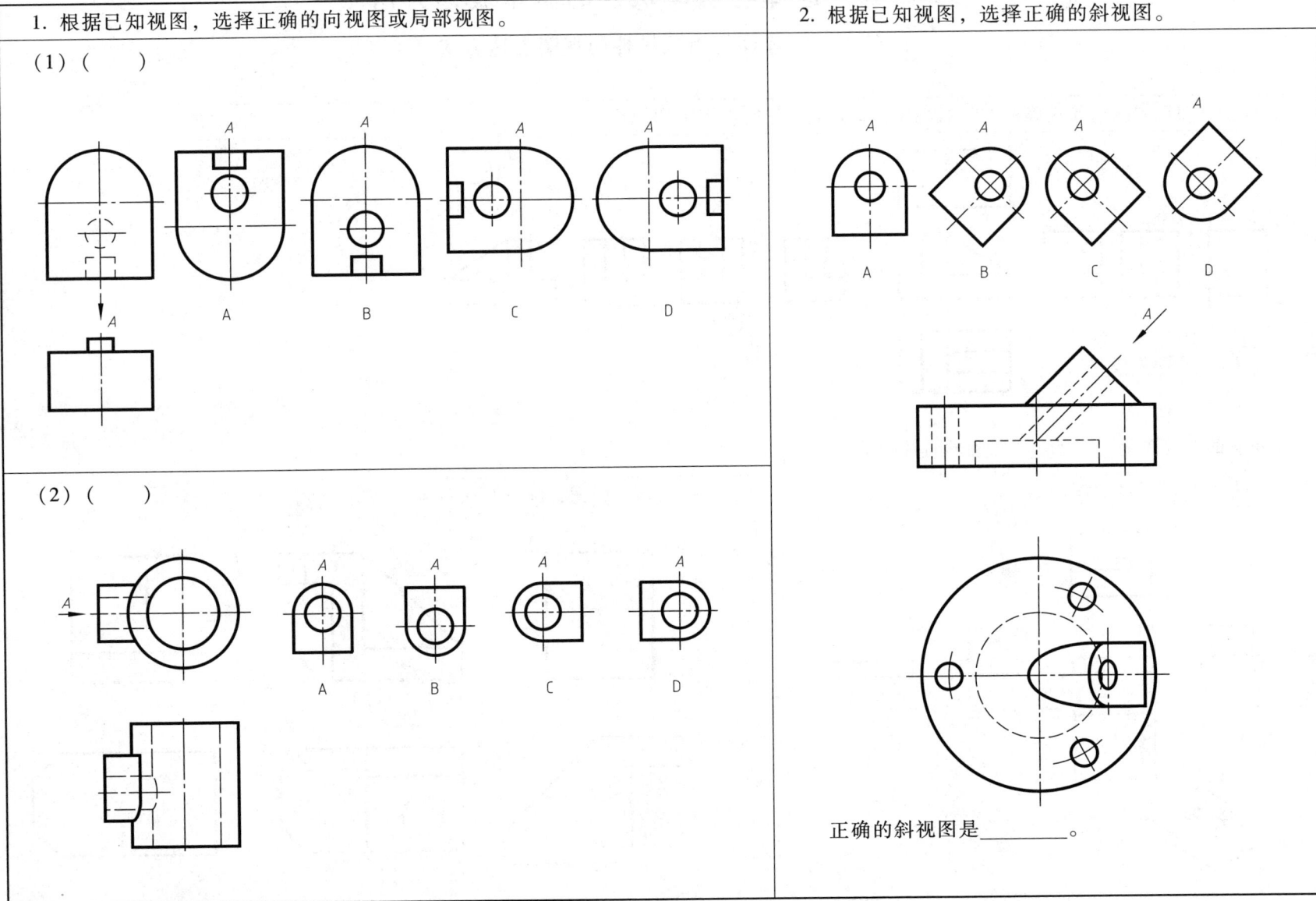

正确的斜视图是_____。

5-1-3 视图（三）。

在括号内填写各视图的名称。

5-1-4 视图（四）。

看懂已知视图，在指定位置作局部视图和斜视图。

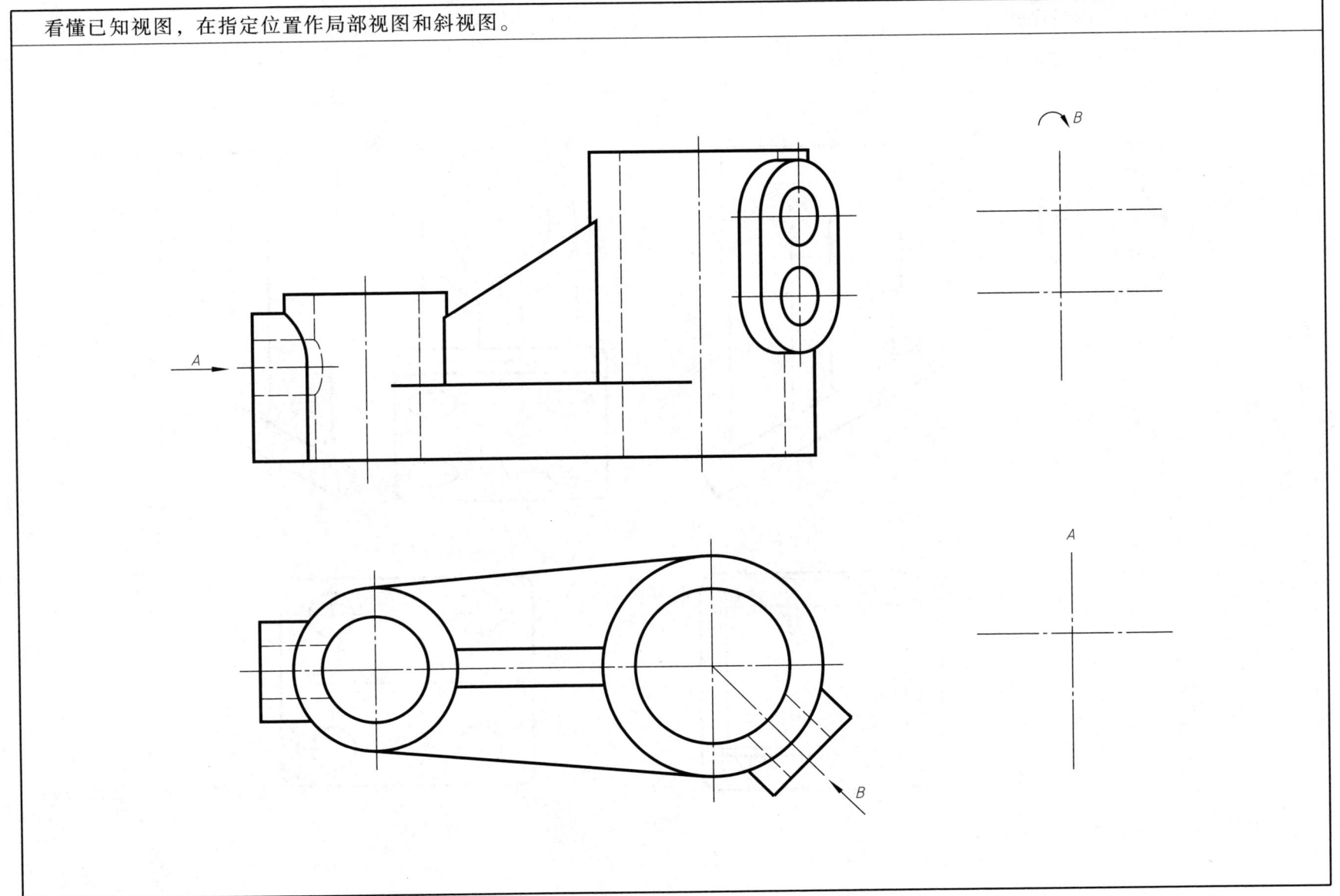

任务二 绘制与识读机件的剖视图

5-2-1 全剖视图（一）：选择正确的全剖视图，将正确答案写在题号后的（　　）内。

1.（　　）　　2.（　　）　　3.（　　）　　4.（　　）

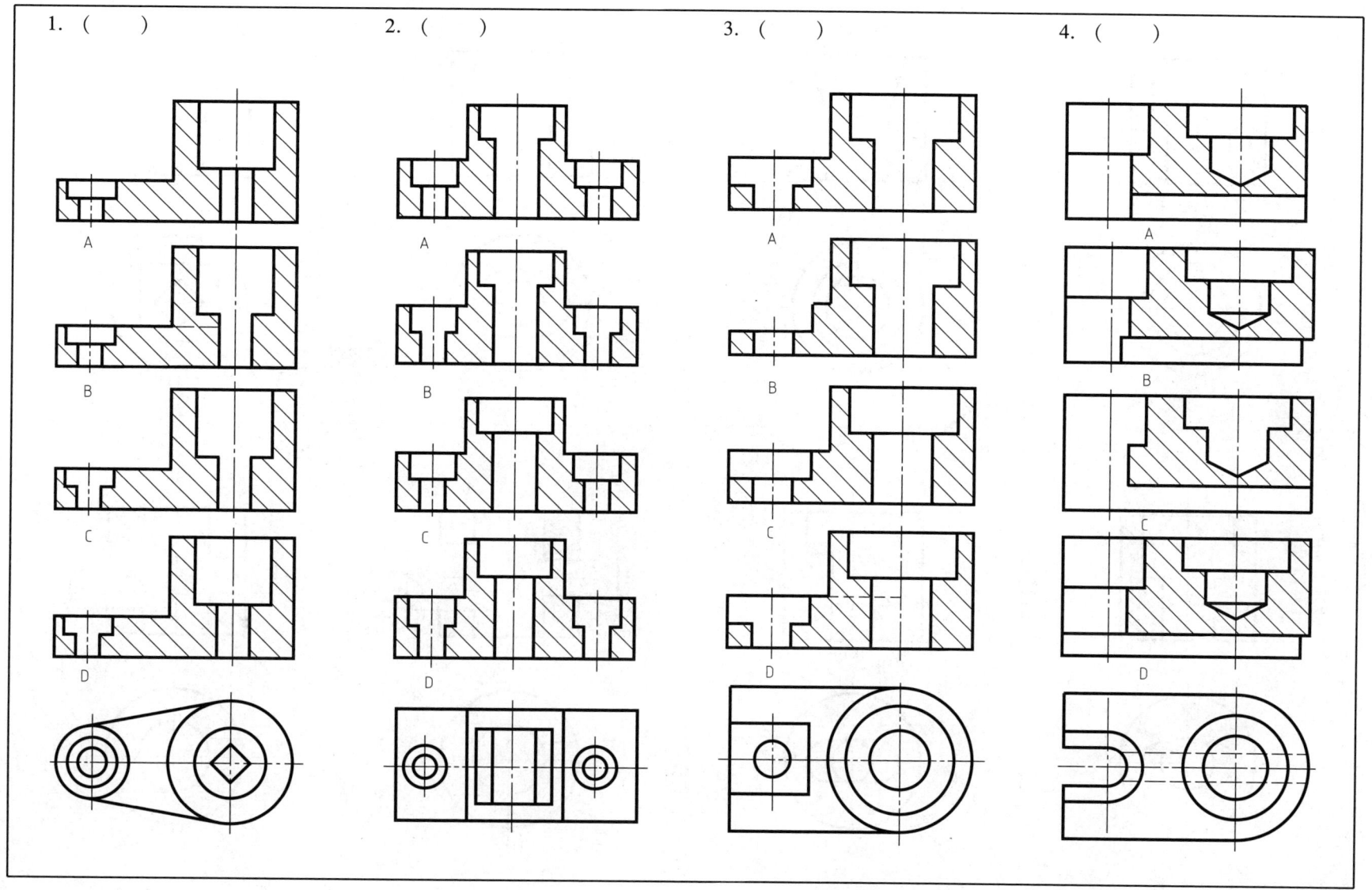

- 93 -　　班级_____　姓名_____　学号_____

5-2-2 全剖视图（二）：补画下列各剖视图中漏画的线。

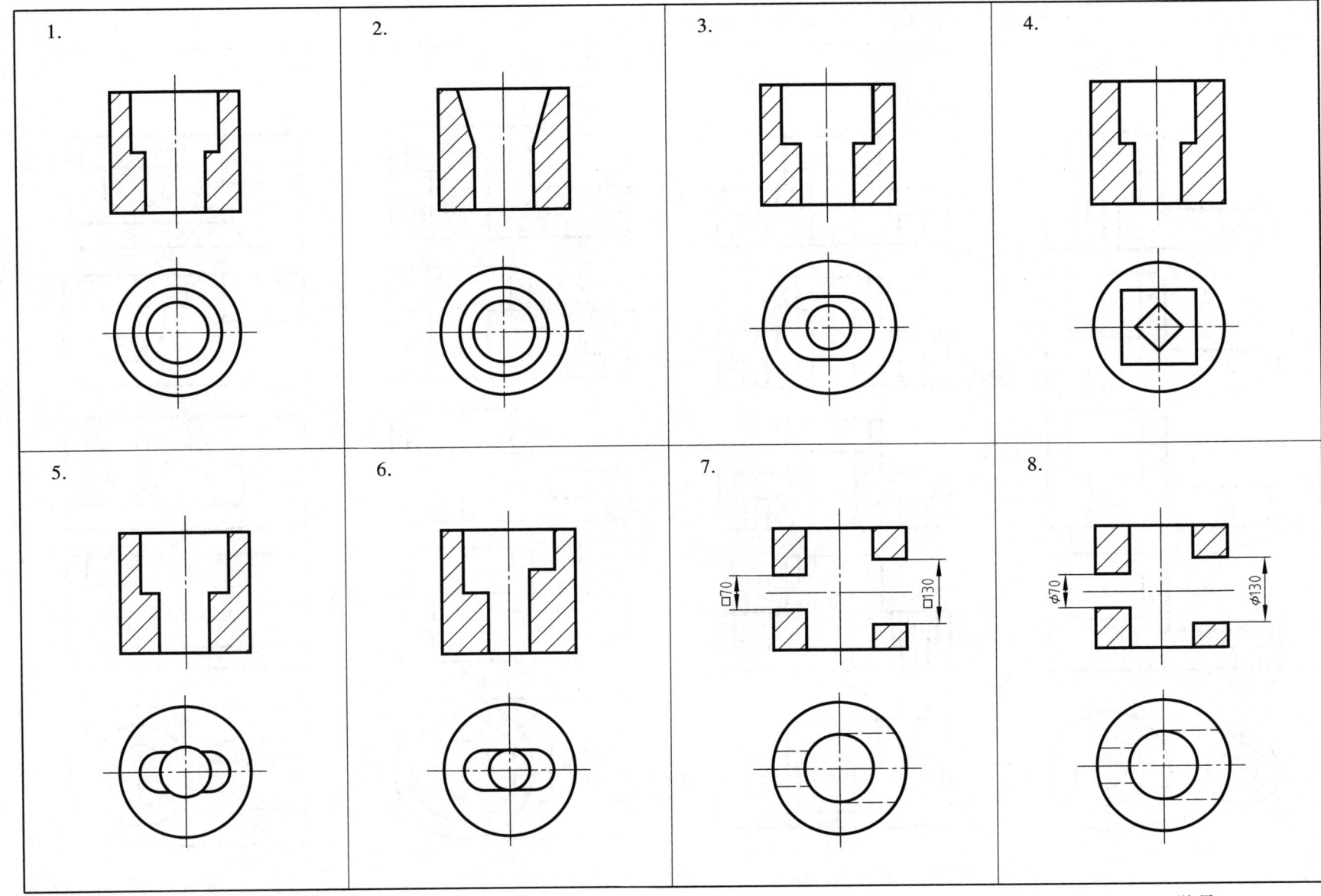

5-2-3 全剖视图（三）：补画下列各剖视图中漏画的线。

1.

2.

3.

4.

5.

5-2-4 全剖视图（四）：在指定位置将主视图画成全剖视图。

1.

2.

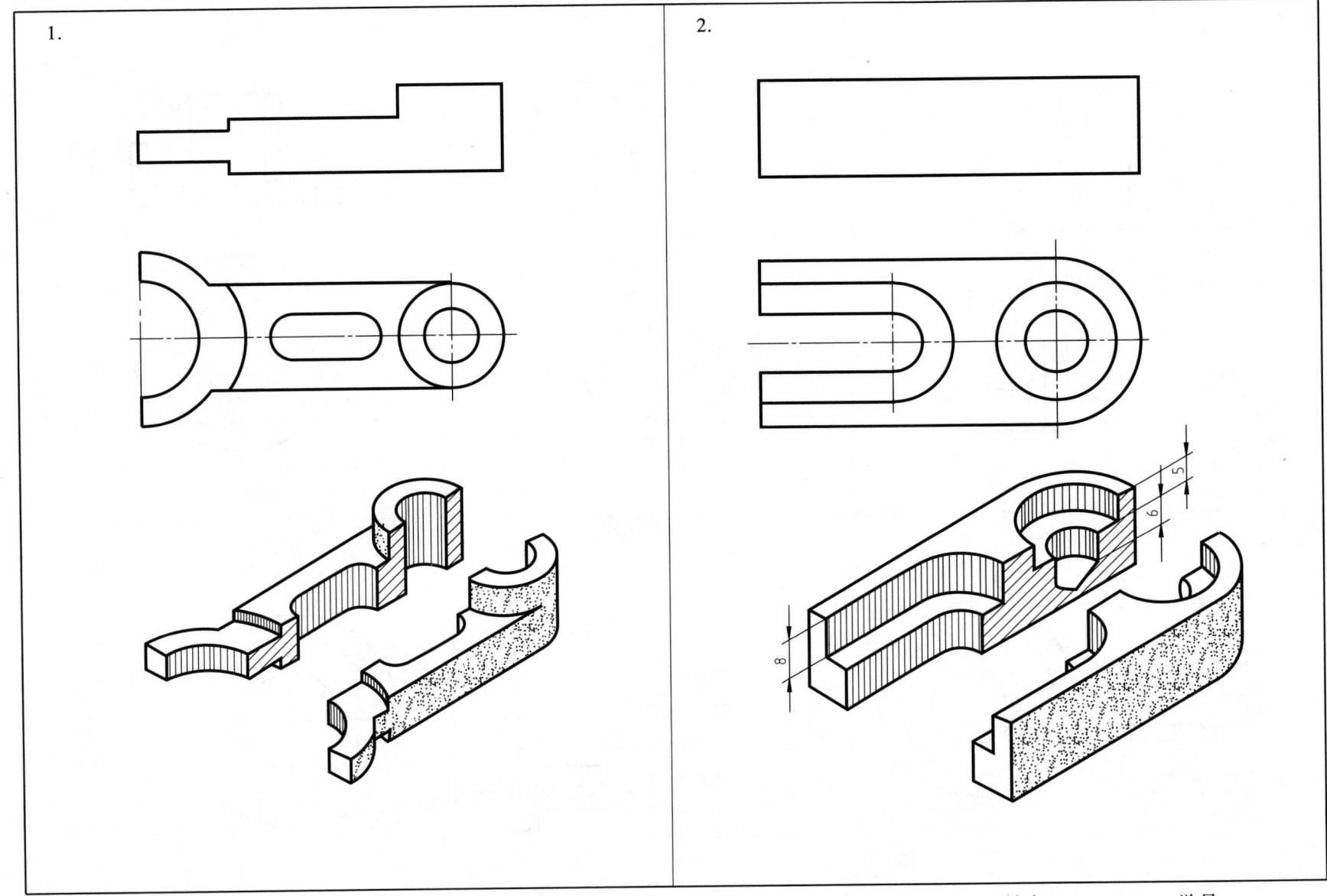

5-2-5 全剖视图（五）：在指定位置将主视图画成全剖视图。

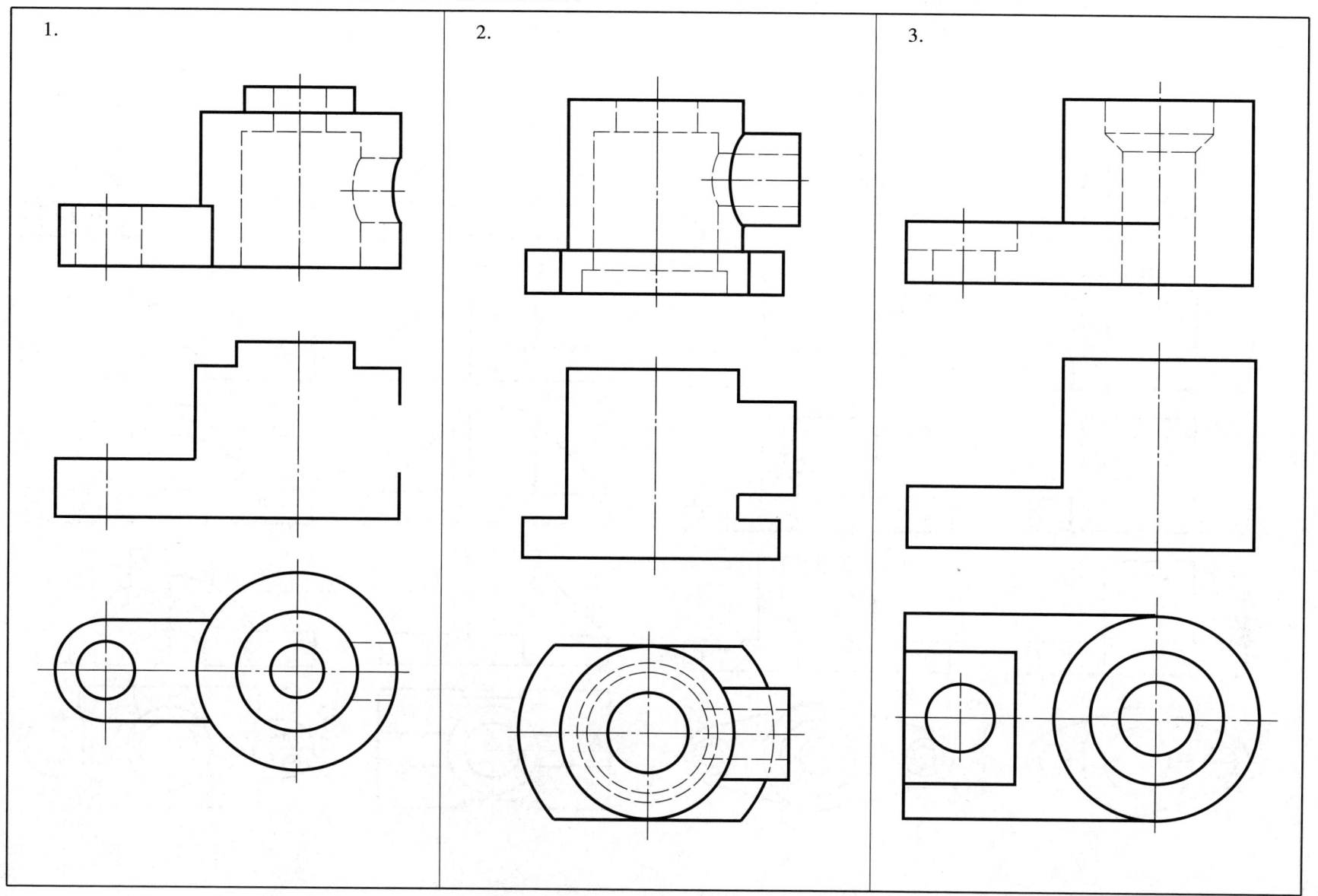

5-2-6 半剖视图（一）：选择正确的半剖视图，将正确答案写在题号后的（　　）内。

1.（　　）　　2.（　　）　　3.（　　）　　4.（　　）

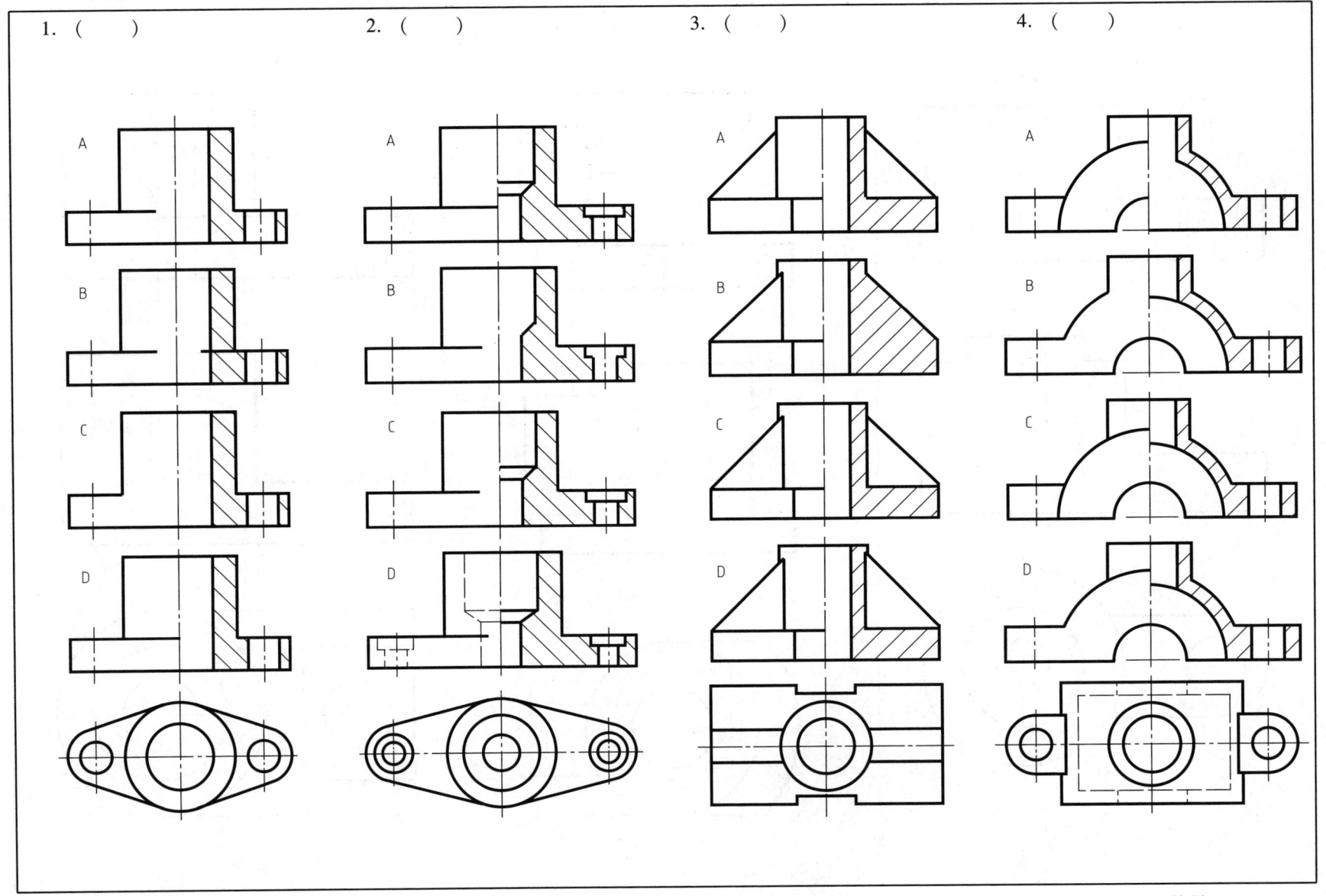

5-2-7 半剖视图（二）：补画半剖视图中漏画的线。

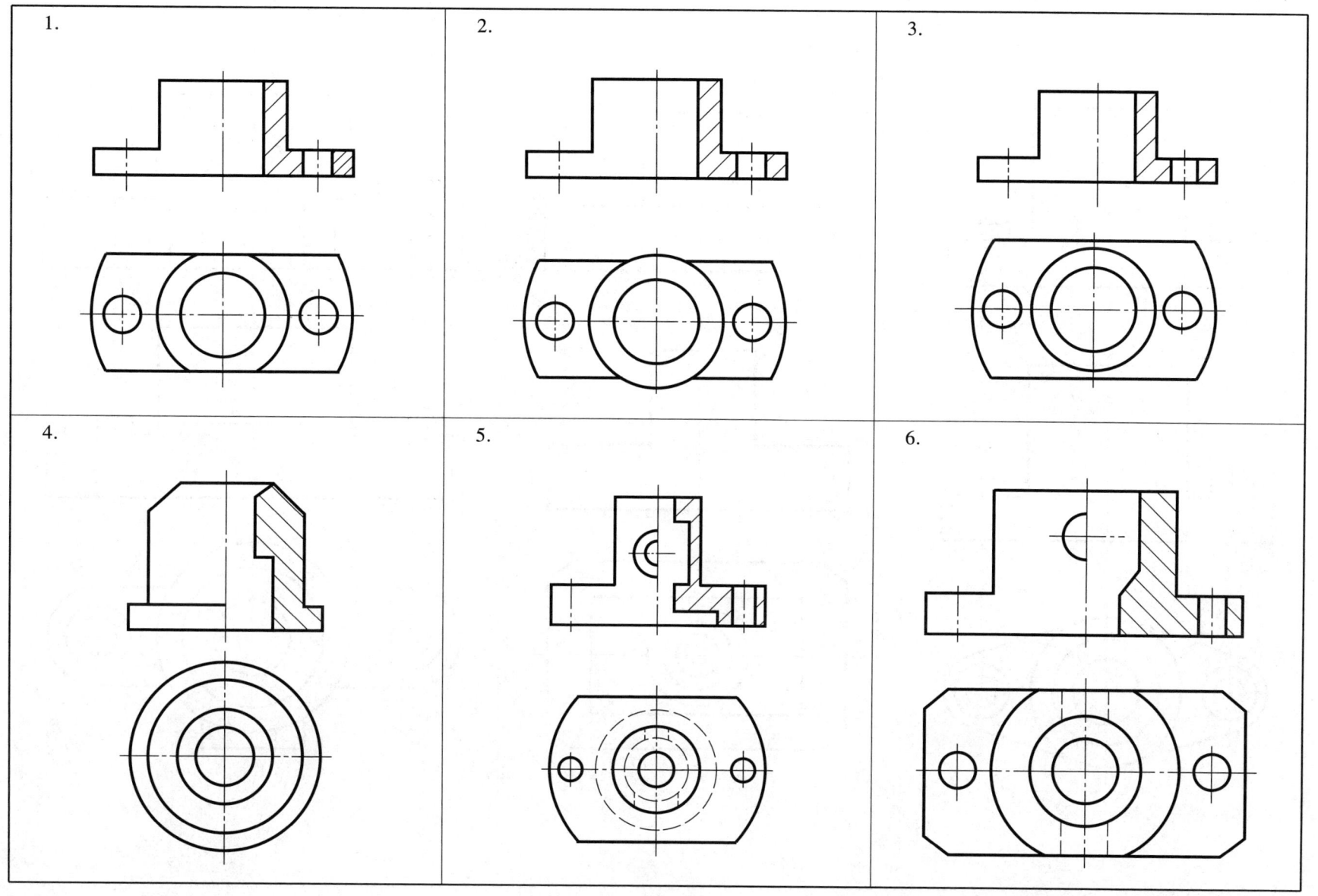

5-2-8 半剖视图（三）：在指定位置将主视图画成半剖视图。

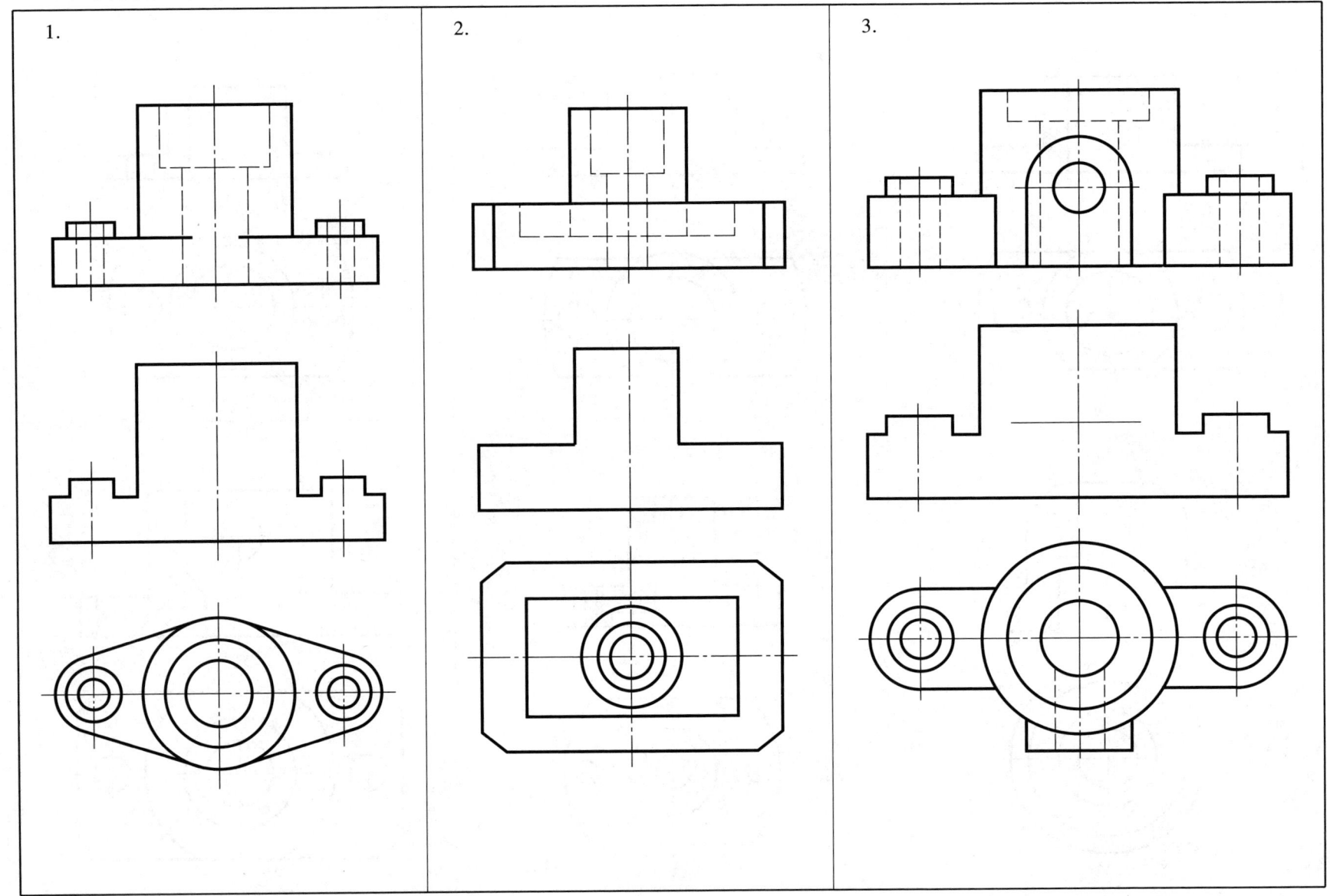

5-2-9 半剖视图（四）：在指定位置将主视图画成全剖视图，并补画半剖的左视图。

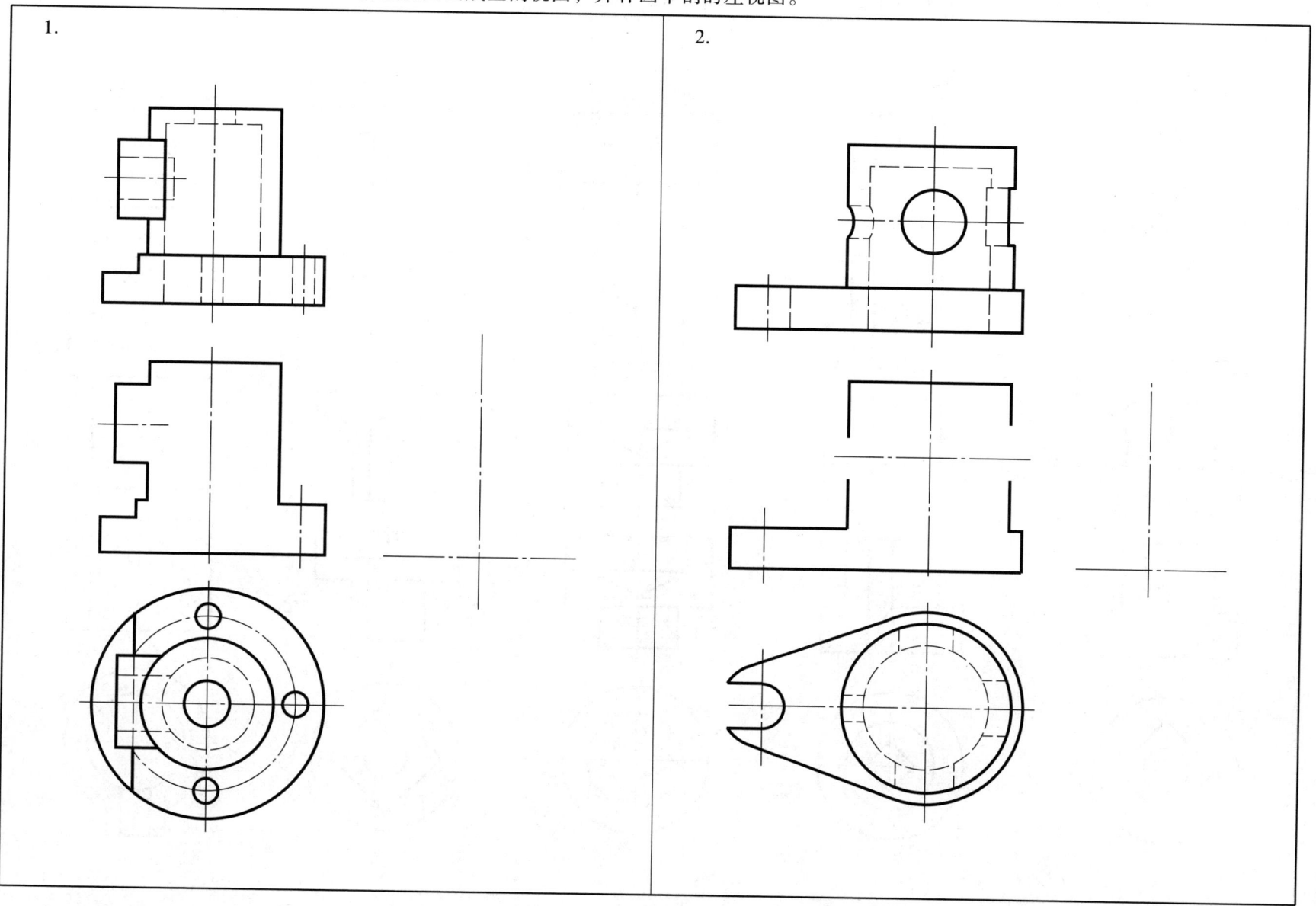

5-2-10 局部剖视图（一）：选择正确的局部剖视图，将正确答案写在题号后的（　　）内。

1.（　　）　　2.（　　）　　3.（　　）　　4.（　　）　　5.（　　）

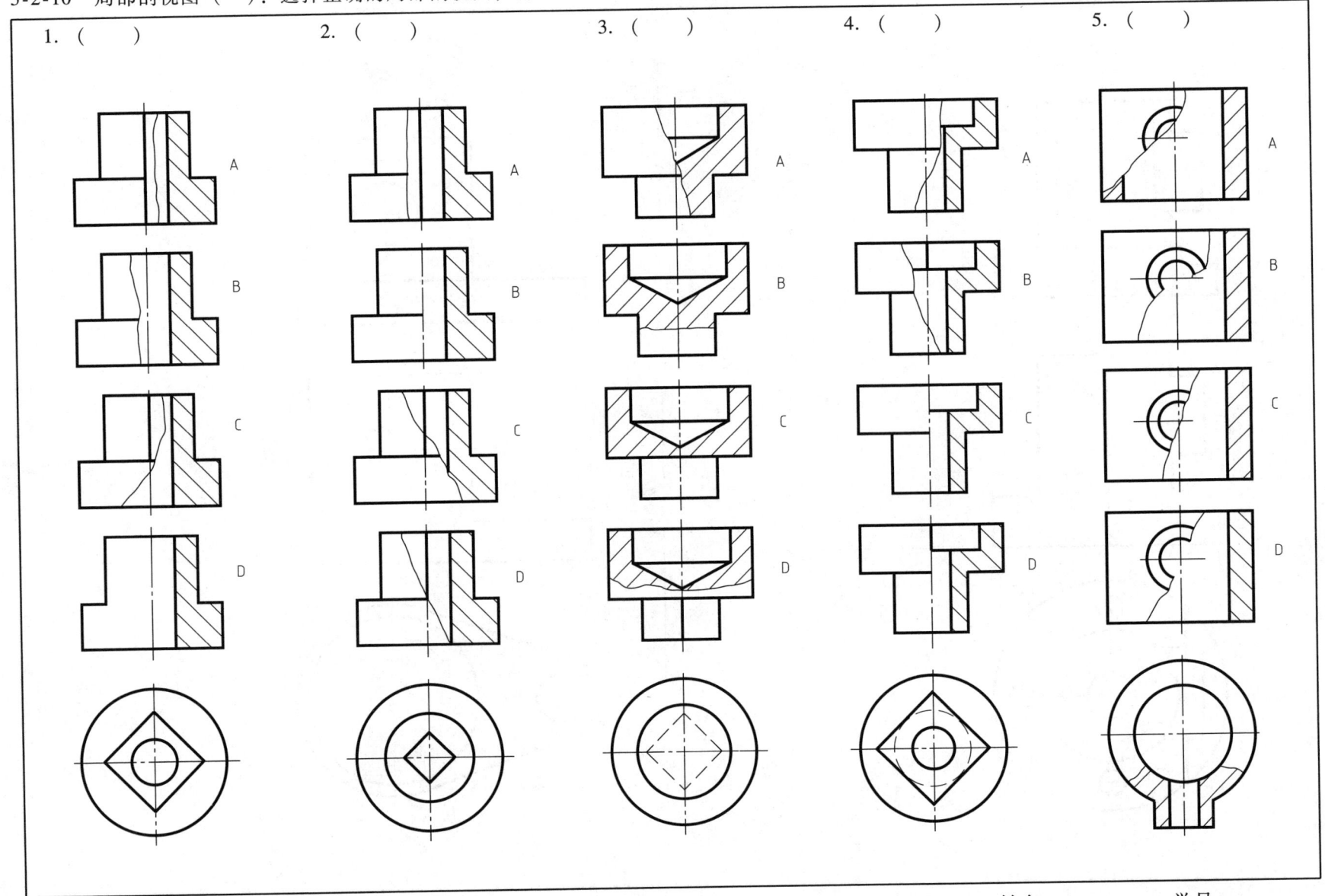

5-2-11 局部剖视图（二）：指出下列局部剖视图中的错误，在右边画出正确的局部剖视图。

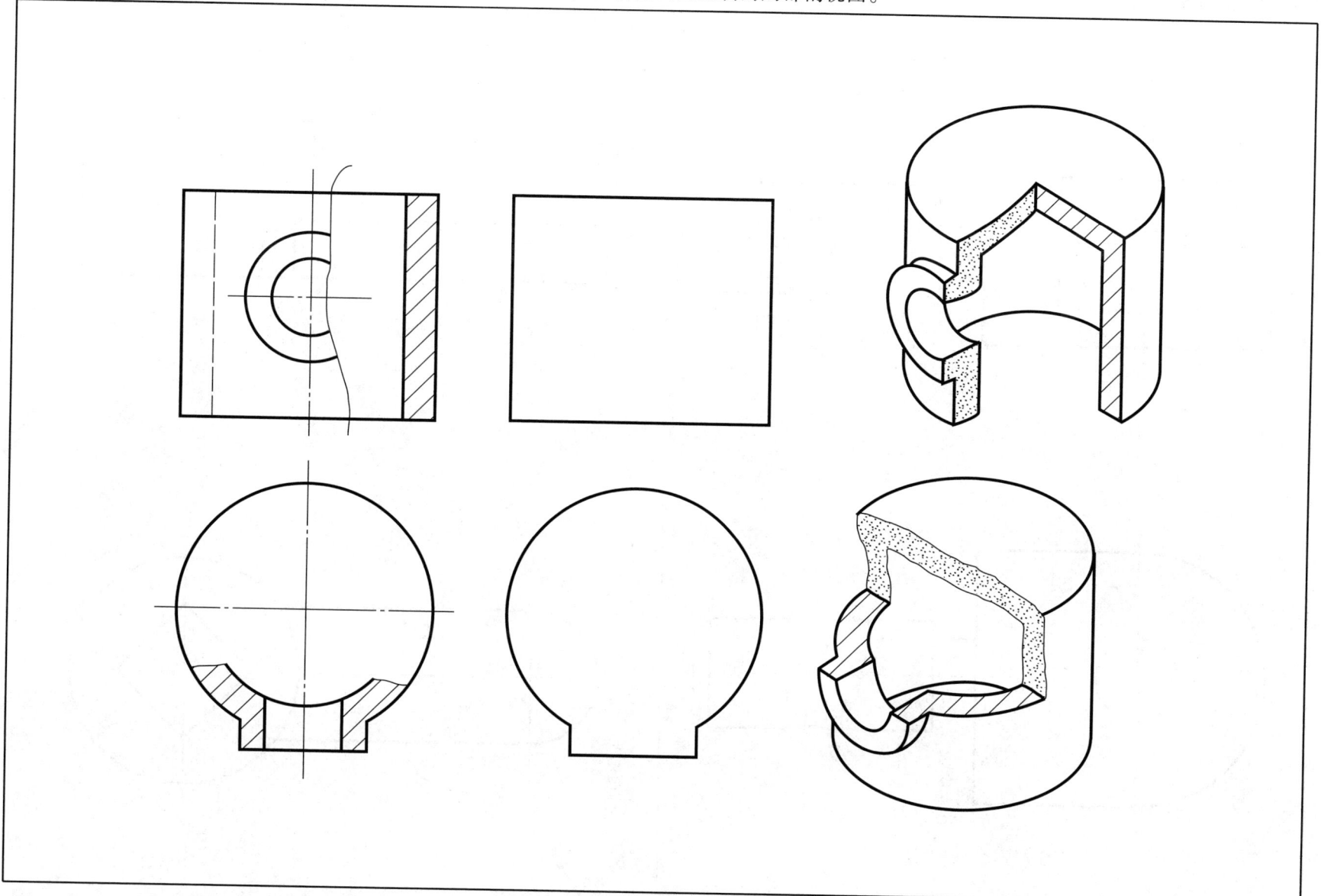

5-2-12 局部剖视图（三）：在原图上将视图画成局部剖视图。

1.

2.

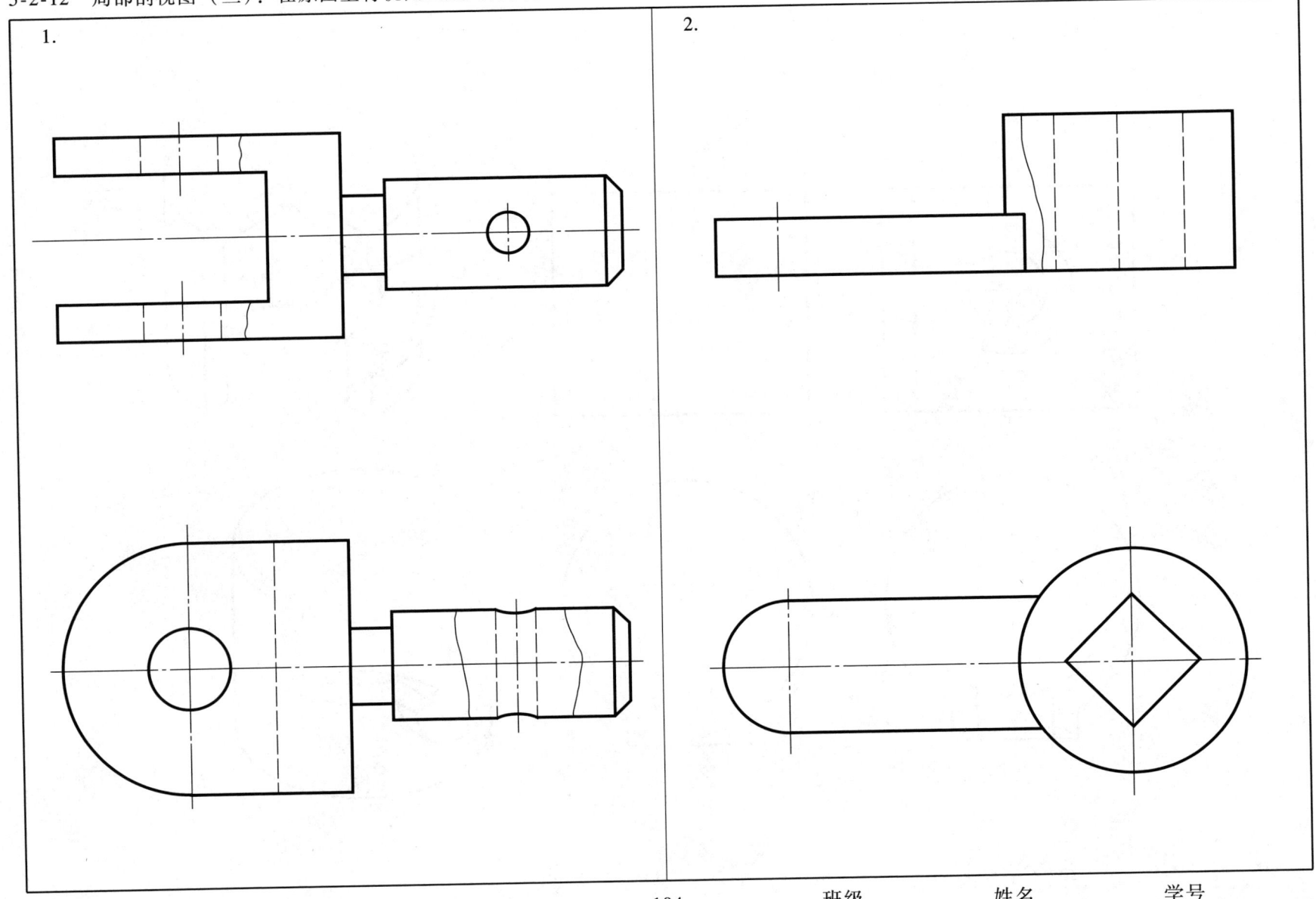

- 104 -

班级_____ 姓名_____ 学号_____

5-2-13 单一剖切面。

1. 选择正确的剖视图，将正确答案写在图下的横线上。

2. 在指定位置作出 A—A 剖视图。

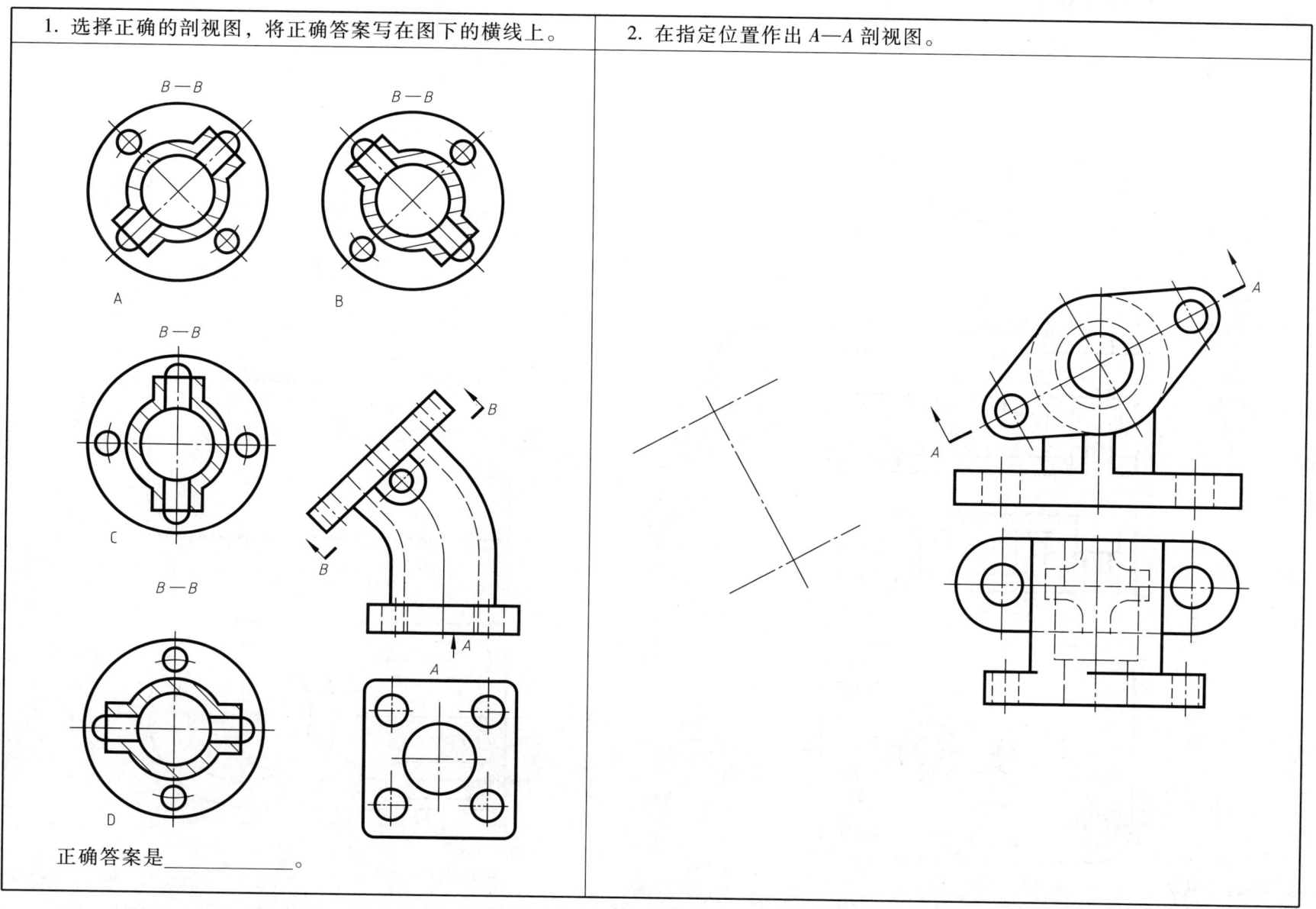

正确答案是_____。

5-2-14 几个平行的剖切面（一）。

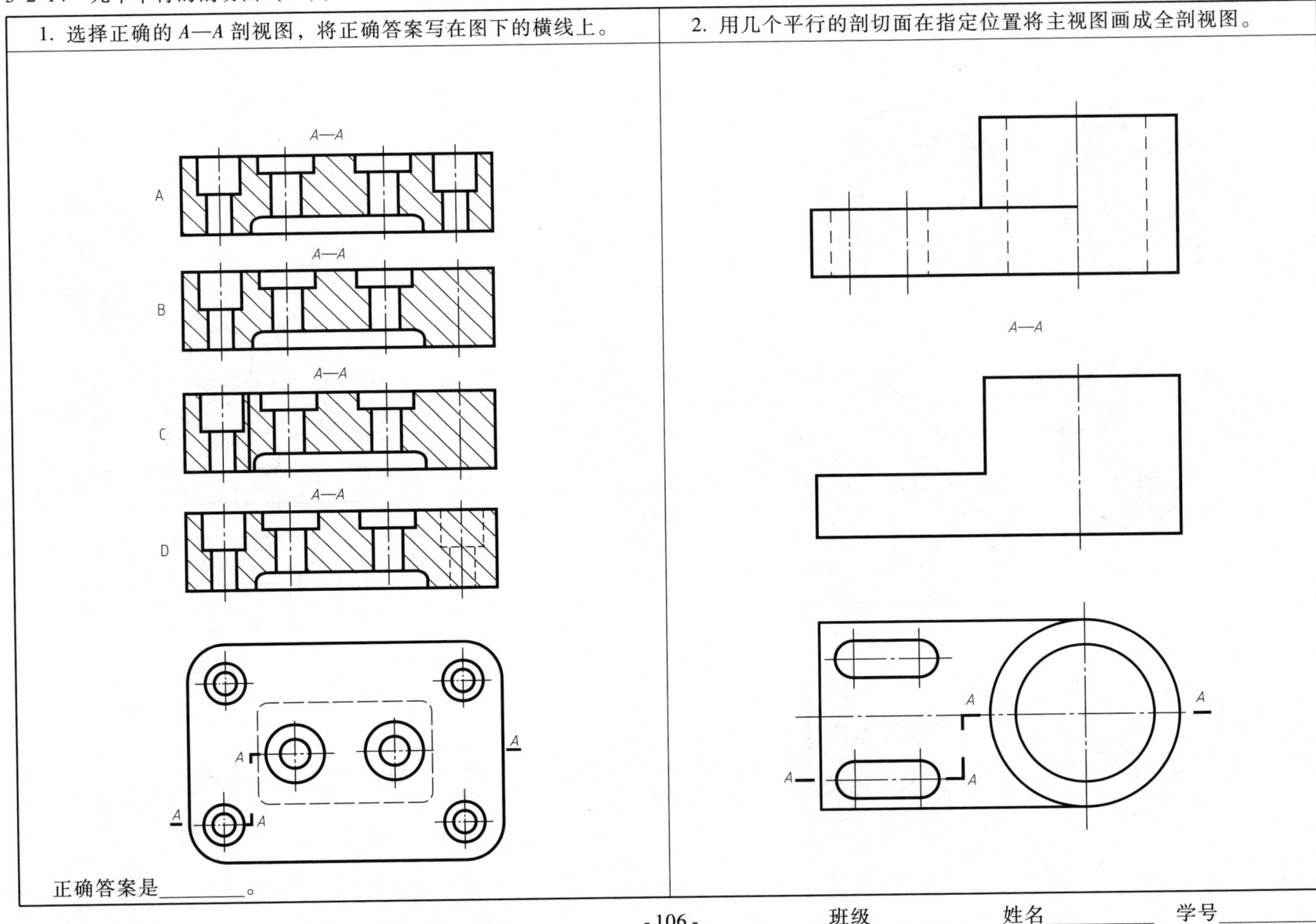

1. 选择正确的 A—A 剖视图，将正确答案写在图下的横线上。

正确答案是_____。

2. 用几个平行的剖切面在指定位置将主视图画成全剖视图。

5-2-15 几个平行的剖切面（二）：在指定位置将主视图画成全剖视图。

1.

2.

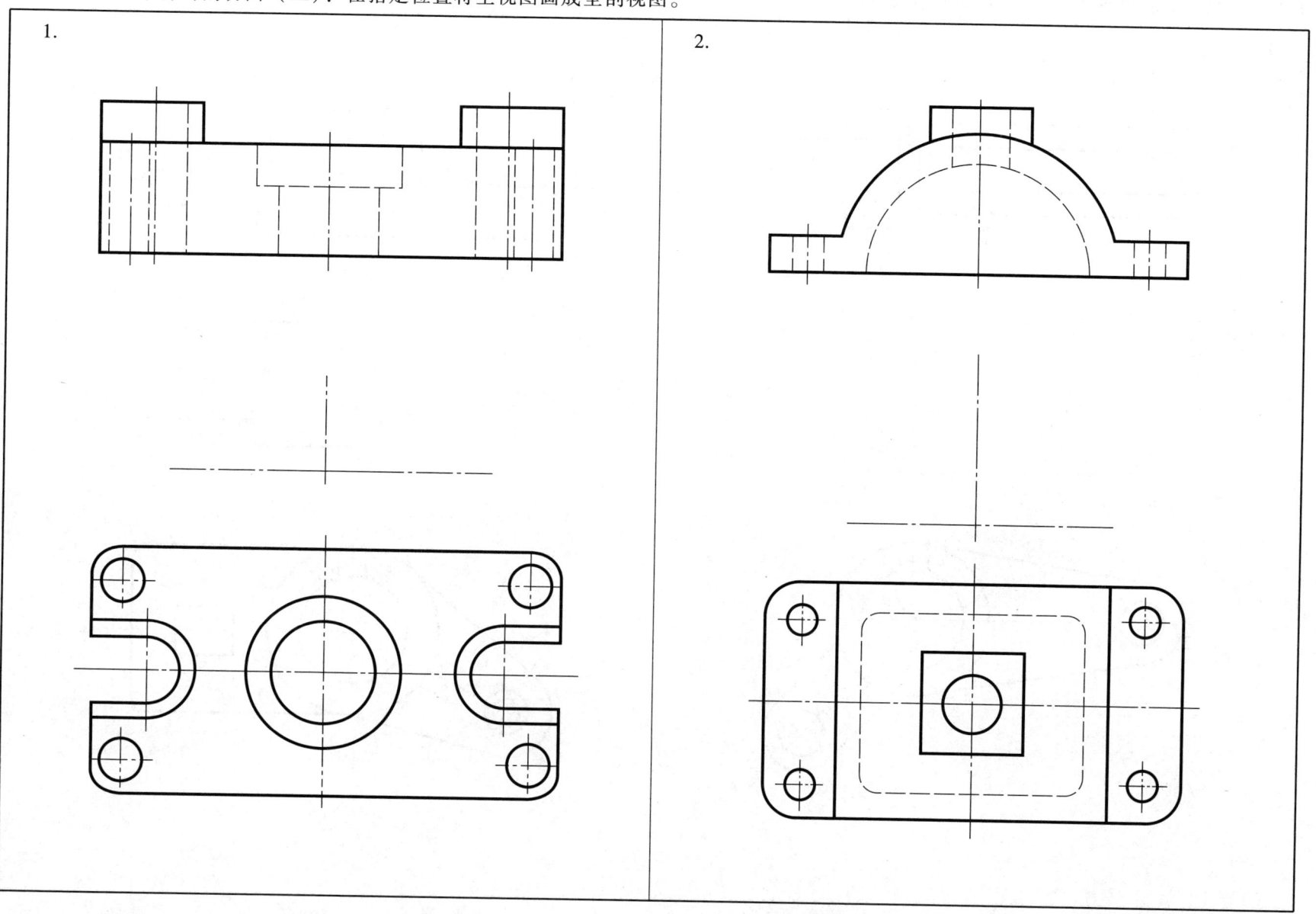

- 107 -

班级_____ 姓名_____ 学号_____

5-2-16 相交的剖切面（一）：用相交的剖切面在指定位置将主视图画成全剖视图。

1.

2.

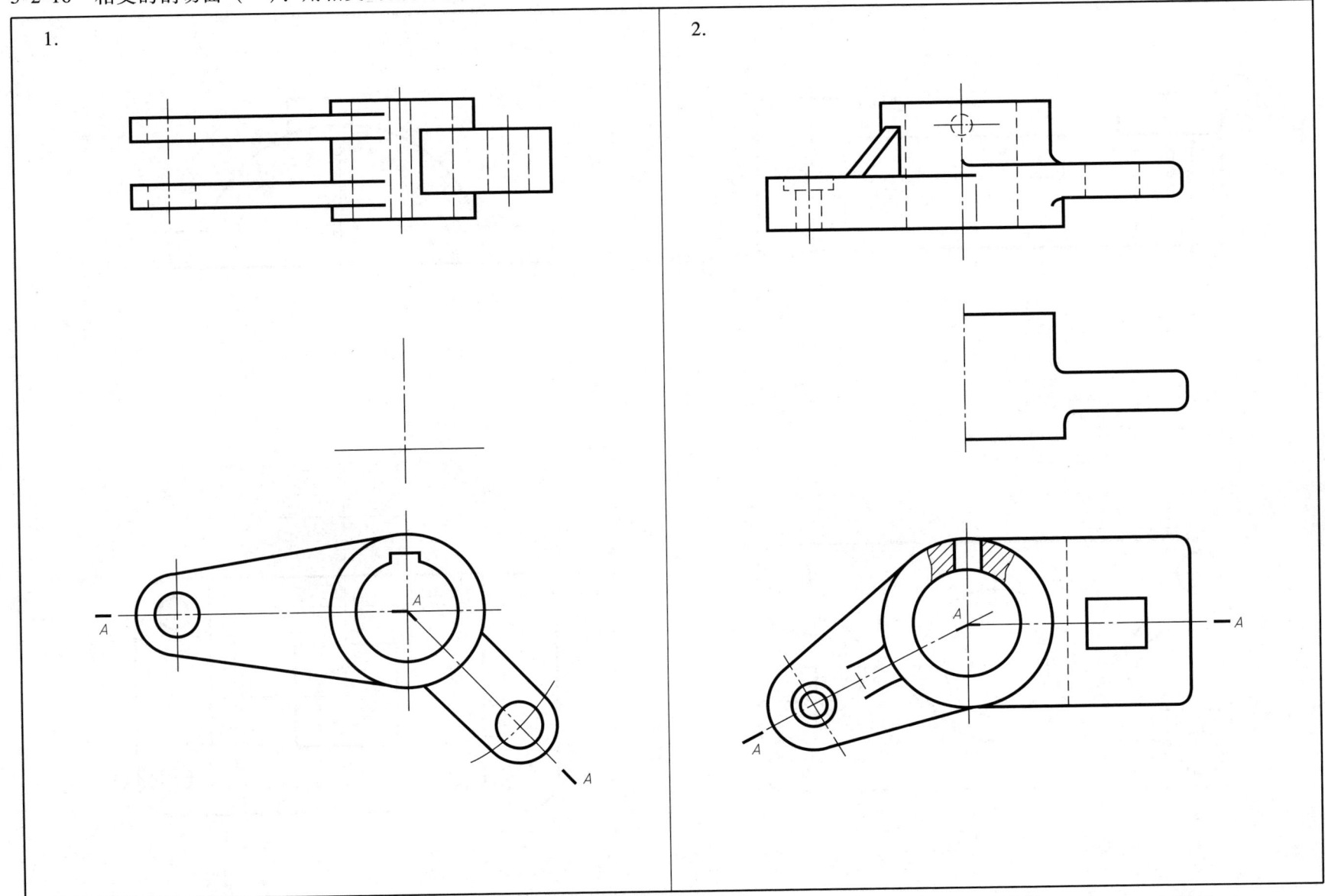

5-2-17 相交的剖切面（二）：用相交的剖切面在指定位置将主视图画成全剖视图。

1.

2.

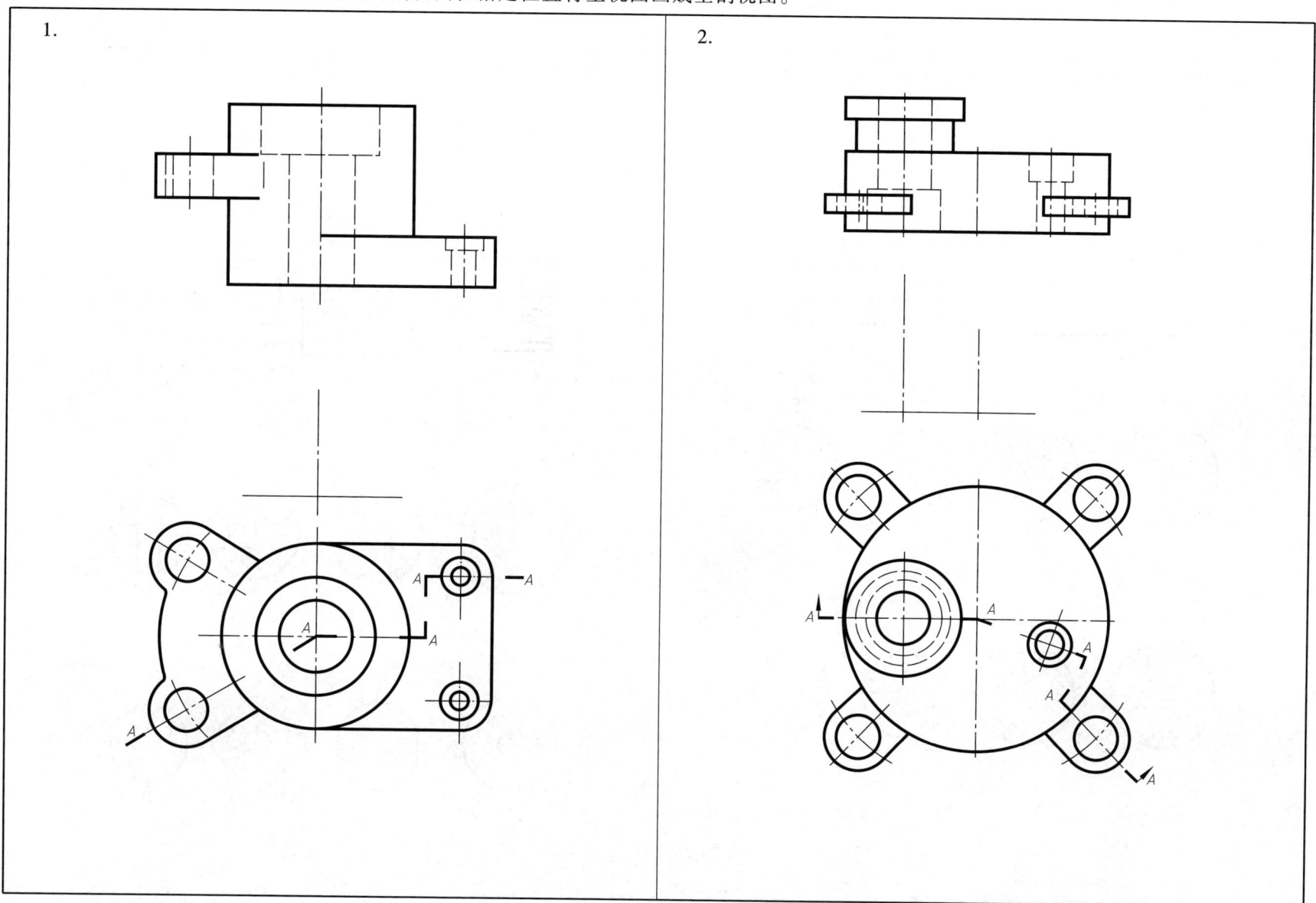

任务三 识读机件的其他表达方法

5-3-1 断面图（一）。

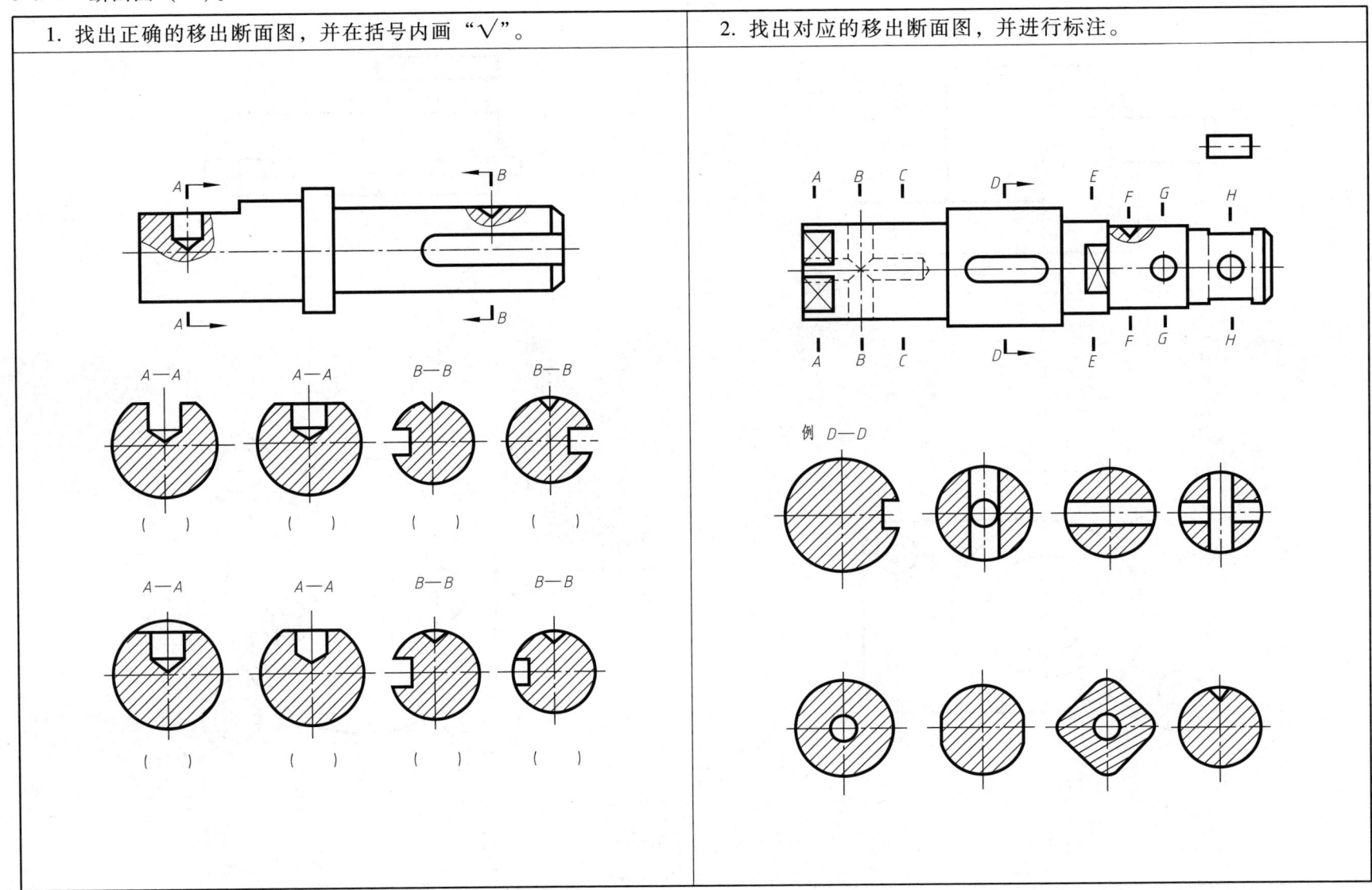

5-3-2 断面图（二）：改正断面图中的错误，将正确的图形画在下面。

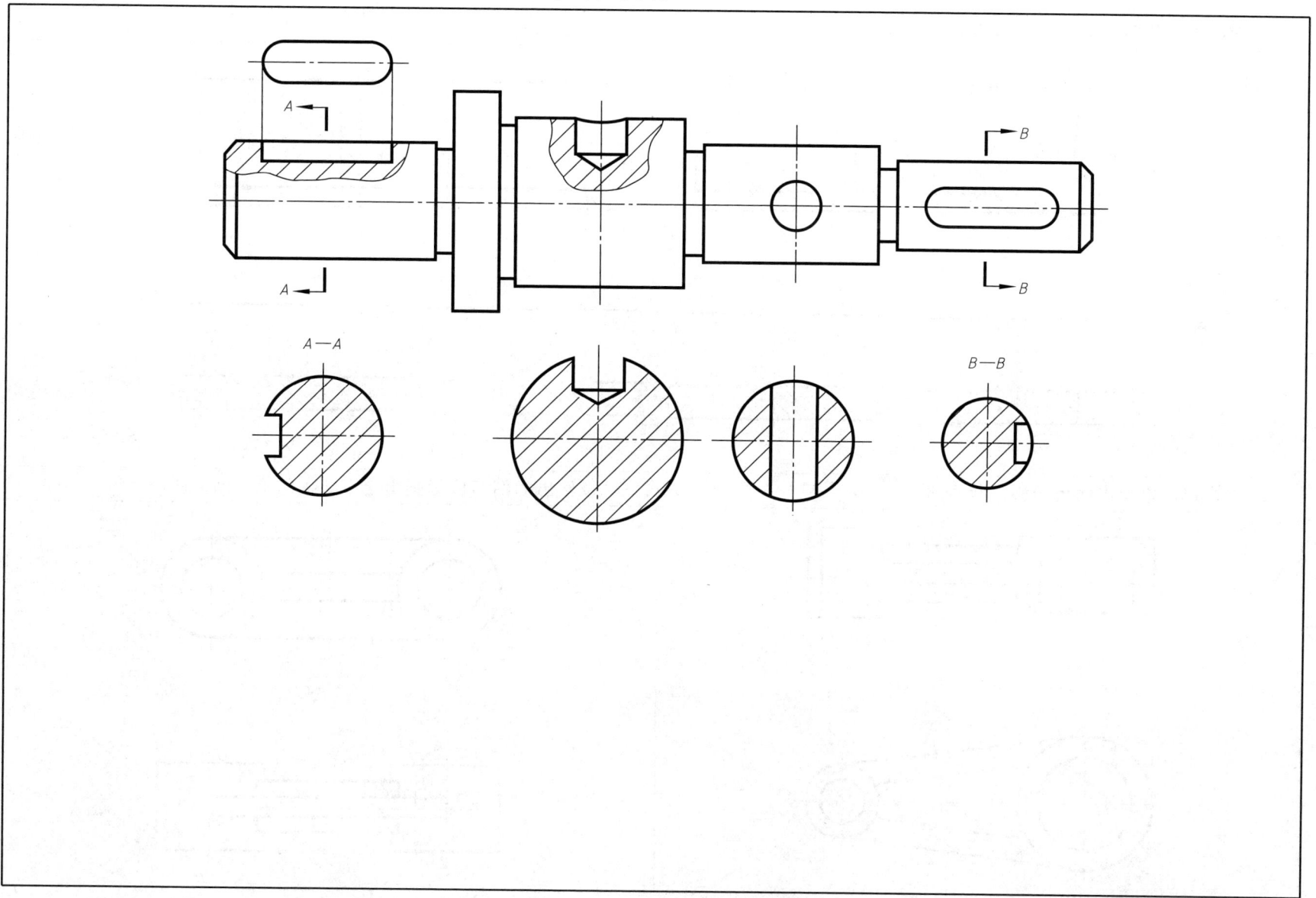

5-3-3 断面图（三）。

1. 选择正确的断面图，将正确答案写在题号后的（ ）内。

(1) （ ）

(2) （ ）

2. 在指定位置画出肋板的移出断面图。

3. 按给出的剖切位置画出十字肋板的重合断面图。

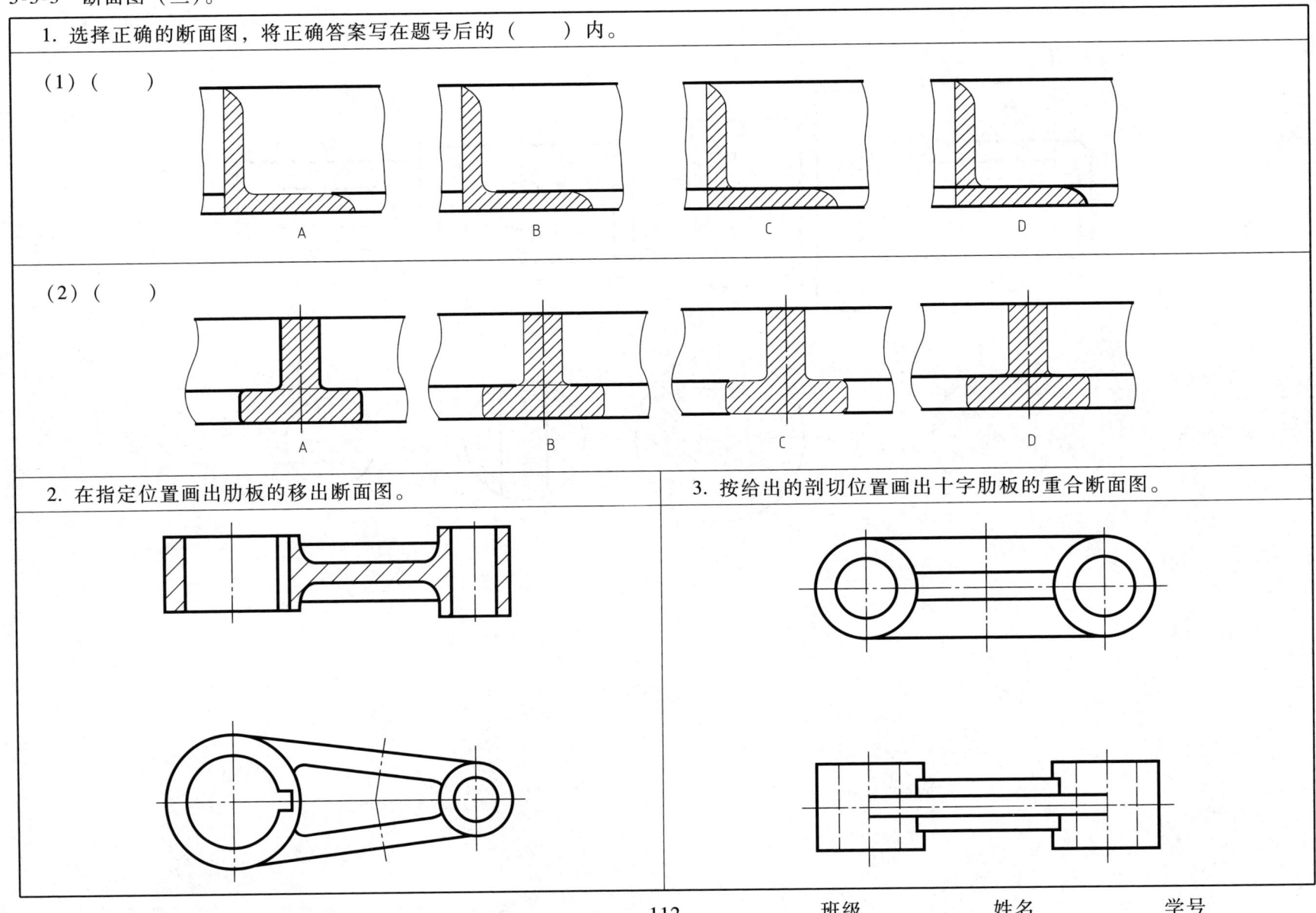

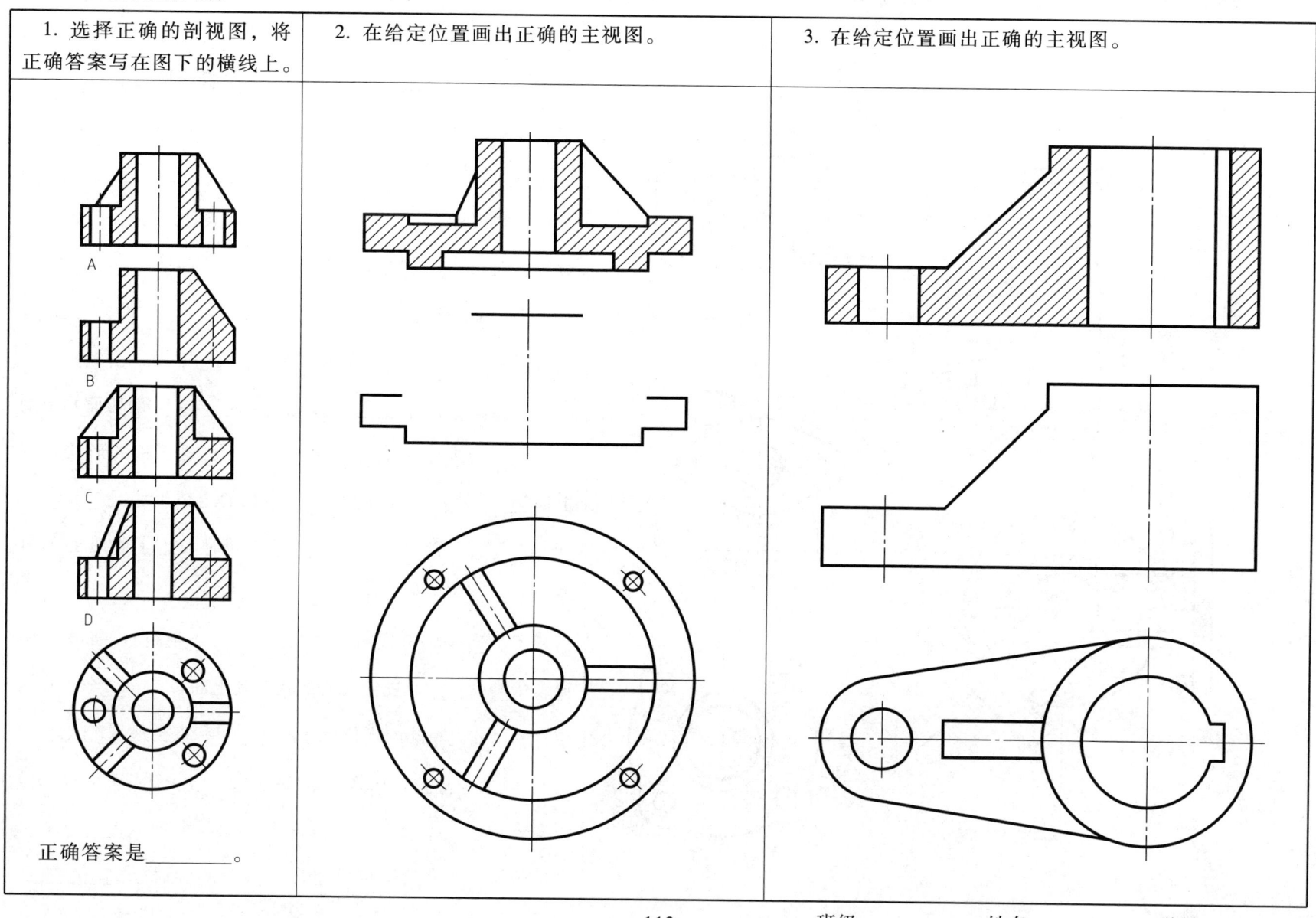

5-3-5 分析四通管的表达方案，在图中的括号里填写相应的尺寸，并填空。

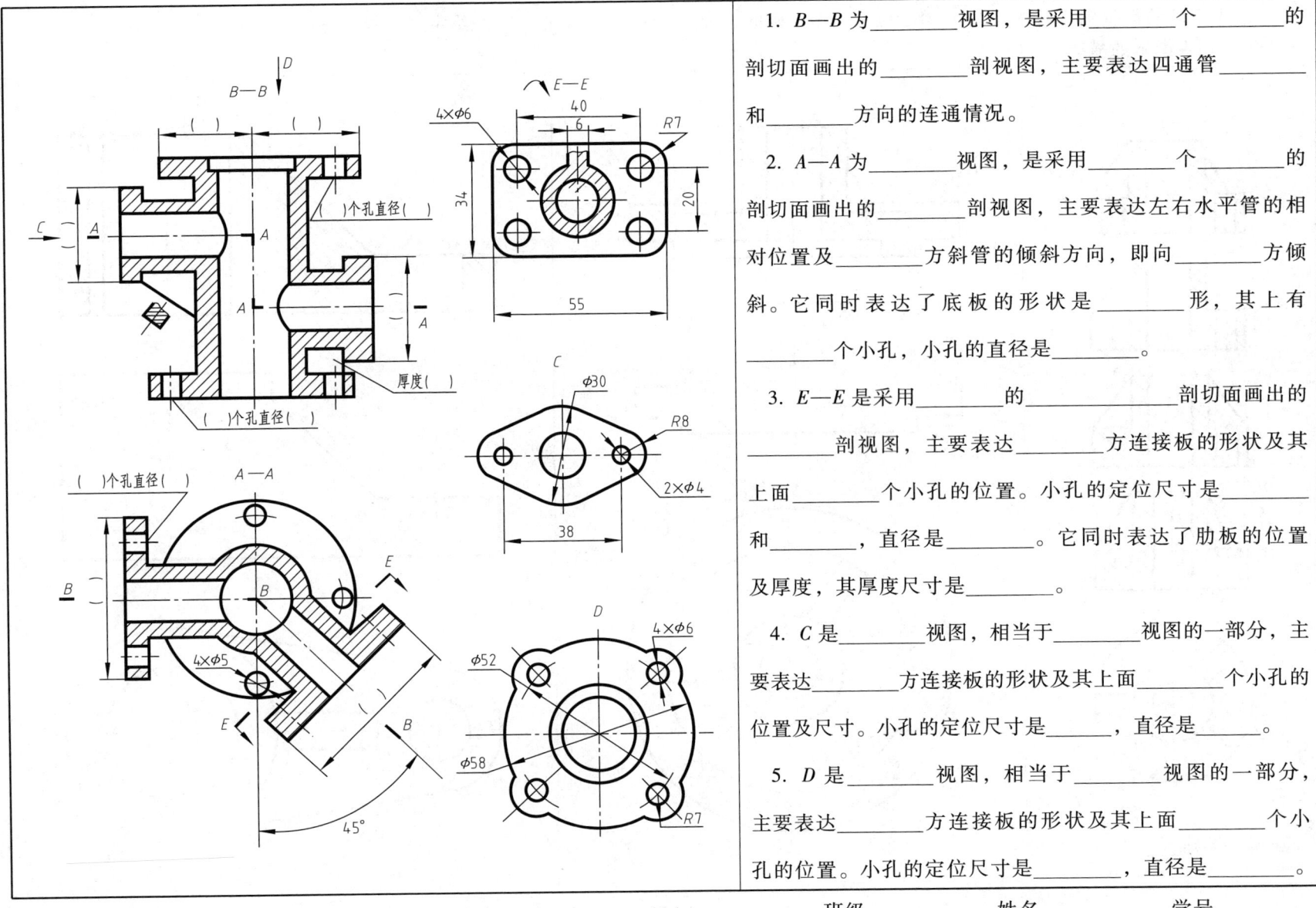

1. B—B 为_____视图，是采用_____个_____的剖切面画出的_____剖视图，主要表达四通管_____和_____方向的连通情况。

2. A—A 为_____视图，是采用_____个_____的剖切面画出的_____剖视图，主要表达左右水平管的相对位置及_____方斜管的倾斜方向，即向_____方倾斜。它同时表达了底板的形状是_____形，其上有_____个小孔，小孔的直径是_____。

3. E—E 是采用_____的_____剖切面画出的_____剖视图，主要表达_____方连接板的形状及其上面_____个小孔的位置。小孔的定位尺寸是_____和_____，直径是_____。它同时表达了肋板的位置及厚度，其厚度尺寸是_____。

4. C 是_____视图，相当于_____视图的一部分，主要表达_____方连接板的形状及其上面_____个小孔的位置及尺寸。小孔的定位尺寸是_____，直径是_____。

5. D 是_____视图，相当于_____视图的一部分，主要表达_____方连接板的形状及其上面_____个小孔的位置。小孔的定位尺寸是_____，直径是_____。

5-3-6 分析图示机件的表达方案,并填空。

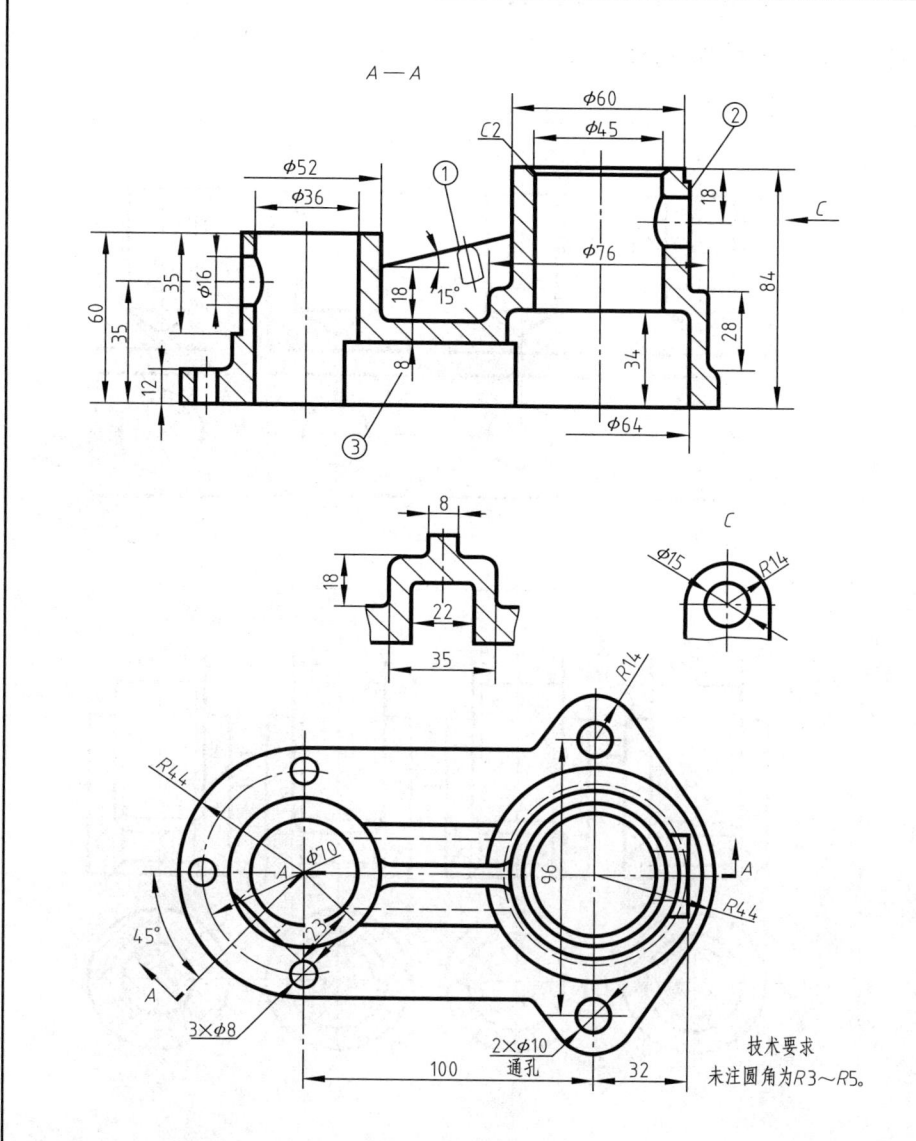

1. 该机件采用了_____个图形表达,其中有_____个基本视图,另外还有一个_____图和_____。

2. A—A 为_____视图,是采用_____个_____的剖切面画出的_____剖视图。图中标有①的部分是_____图,用来表达_____的断面形状,其厚度尺寸是_____;标有②的部分的形状是通过_____视图表达的,其形状为上部带有_____状的凸台,还有直径为_____的通孔;标有③的部分的形状是通过_____图表达的。

3. C 是_____视图,相当于_____视图的一部分,其上小孔 φ15mm 的定位尺寸是_____。

4. 俯视图中 3×φ8mm 表示有_____个直径为_____的小孔,该小孔的定位尺寸是_____和_____,小孔的深度是_____。

5. 主视图中左边的小孔 φ16mm 高度方向的定位尺寸是_____,该孔向_____倾斜了_____。

项目六 认知常用机件的特殊表达方法

任务一 认知螺纹及其螺纹紧固件

6-1-1 螺纹（一）：选择下列正确的图形，将正确答案写在题号后的（　　）内。

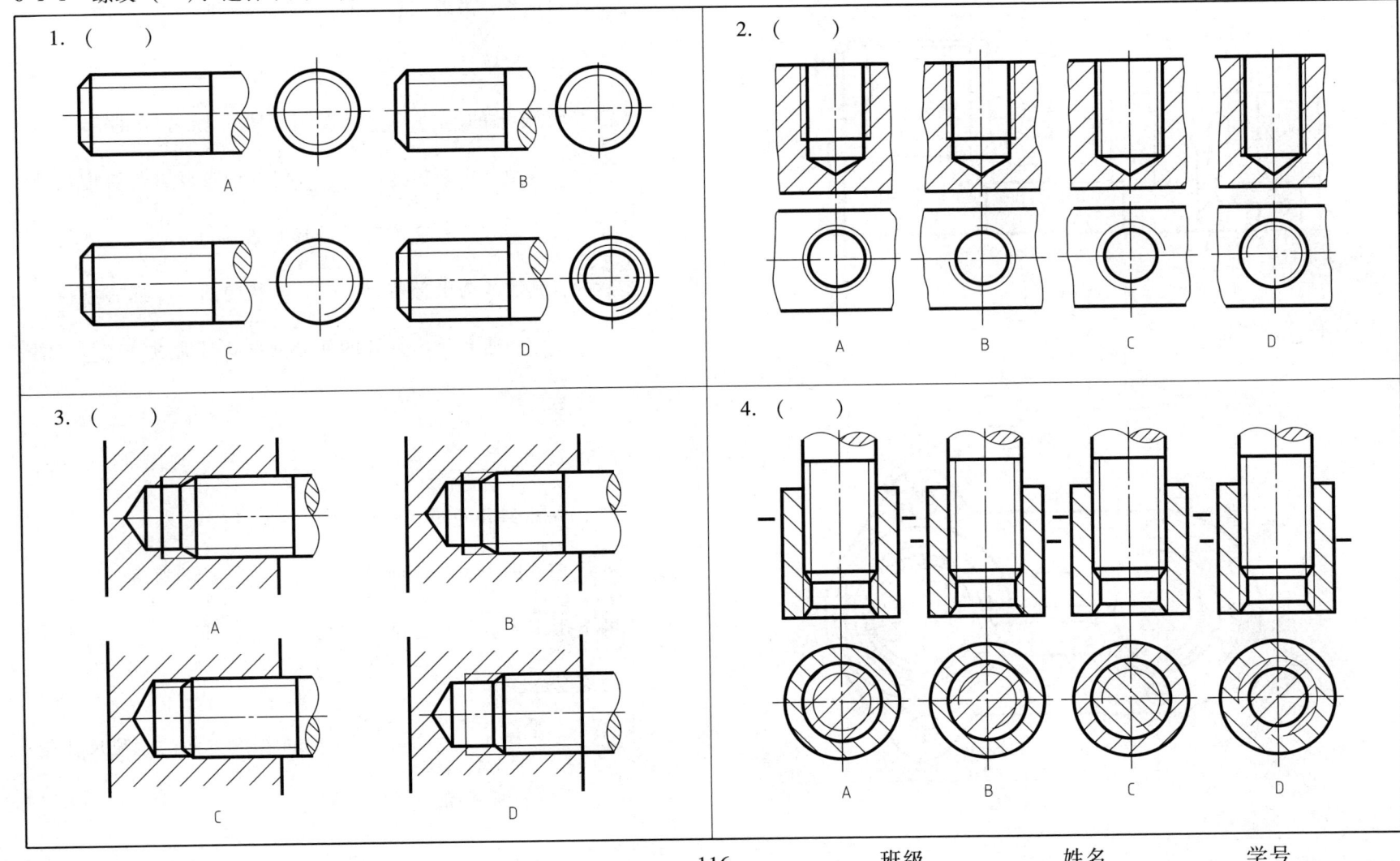

6-1-2 螺纹（二）：指出下列螺纹画法的错误，并将正确的图形画在下面。

6-1-3 螺纹（三）：根据文字说明，在图形上标注螺纹的标记。

1. 细牙普通螺纹，大径为 24mm，螺距为 1.5mm，右旋，中径、顶径公差带代号分别为 5g 和 6g，短旋合长度。

2. 粗牙普通螺纹，大径为 24mm，螺距为 3mm，右旋，中径、顶径公差带代号均为 7H，长旋合长度。

3. 梯形螺纹，公称直径为 36mm，双线，导程为 12mm，螺距为 6mm，右旋，中径公差带代号为 7e，中等旋合长度。

4. 55°密封圆锥内螺纹，尺寸代号为 3/4。

6-1-4 螺纹联接（一）：查表填写下列螺纹紧固件的有关参数值，并写出规定标记。

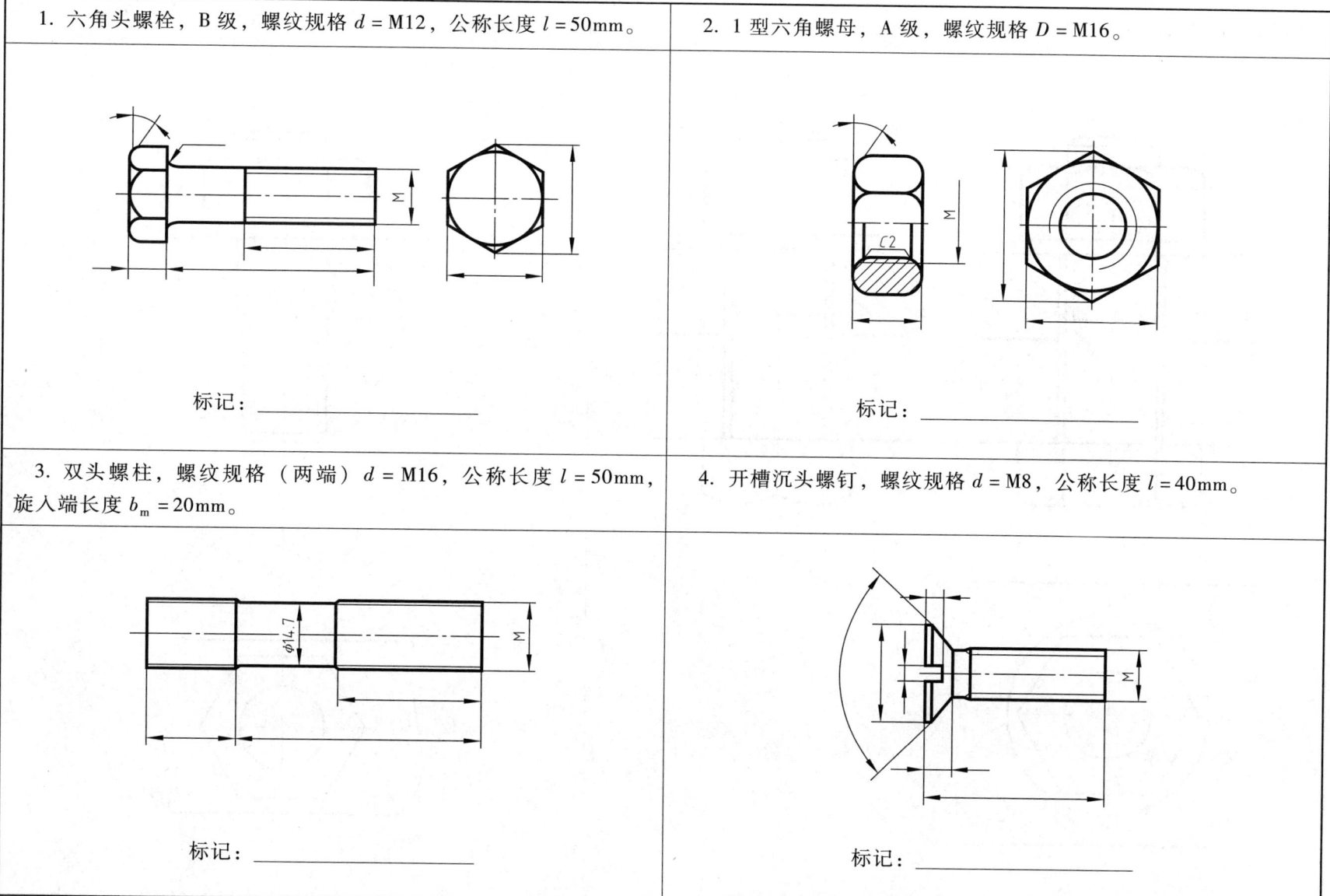

1. 六角头螺栓，B 级，螺纹规格 d = M12，公称长度 l = 50mm。

标记：_____

2. 1 型六角螺母，A 级，螺纹规格 D = M16。

标记：_____

3. 双头螺柱，螺纹规格（两端）d = M16，公称长度 l = 50mm，旋入端长度 b_m = 20mm。

标记：_____

4. 开槽沉头螺钉，螺纹规格 d = M8，公称长度 l = 40mm。

标记：_____

班级_____ 姓名_____ 学号_____

6-1-5 螺纹联接（二）。

1. 分析螺栓联接的三视图，补画图中漏画的图线。

2. 分析螺柱联接的两视图，补画图中漏画的图线。

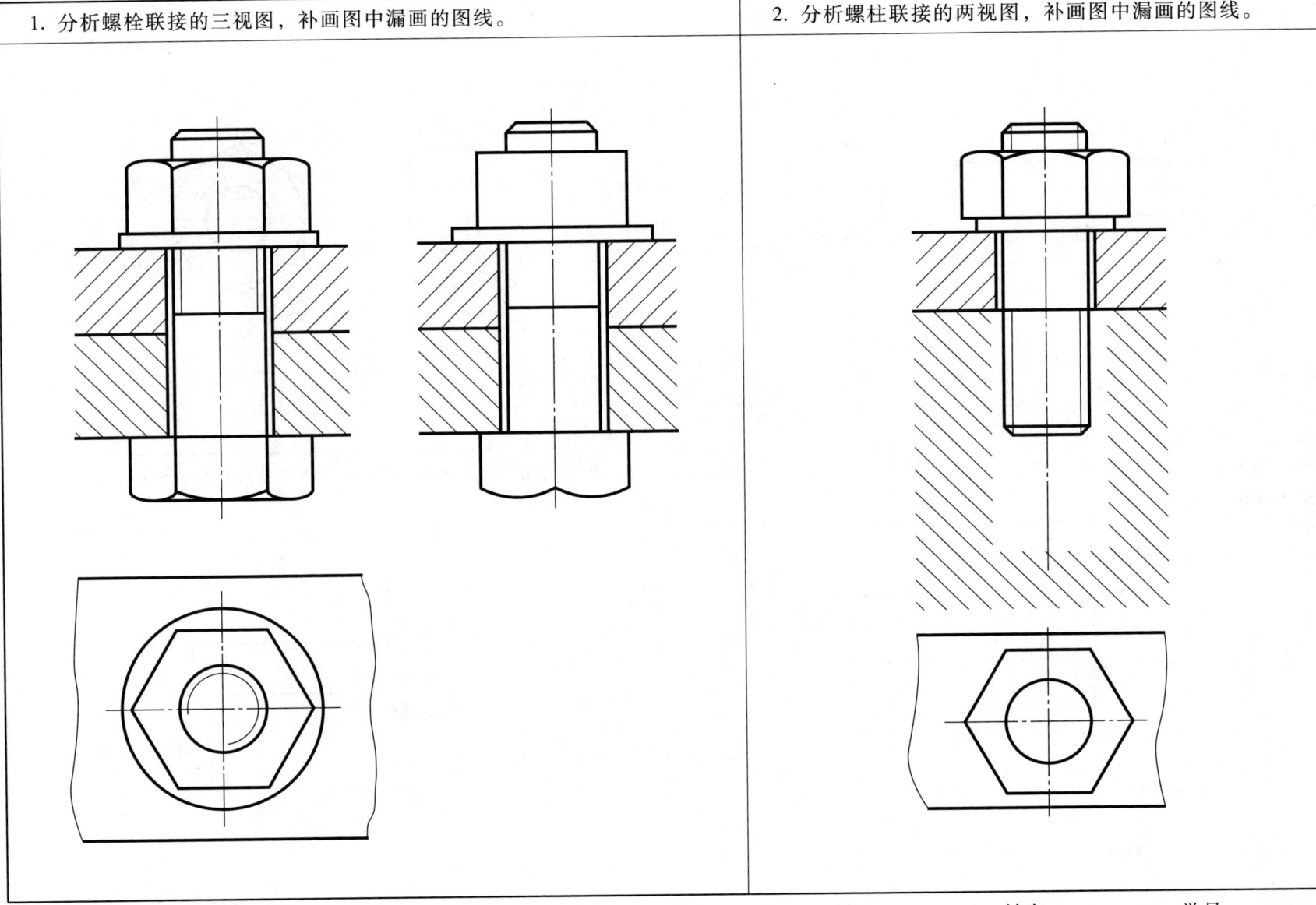

6-1-6 螺纹联接（三）。

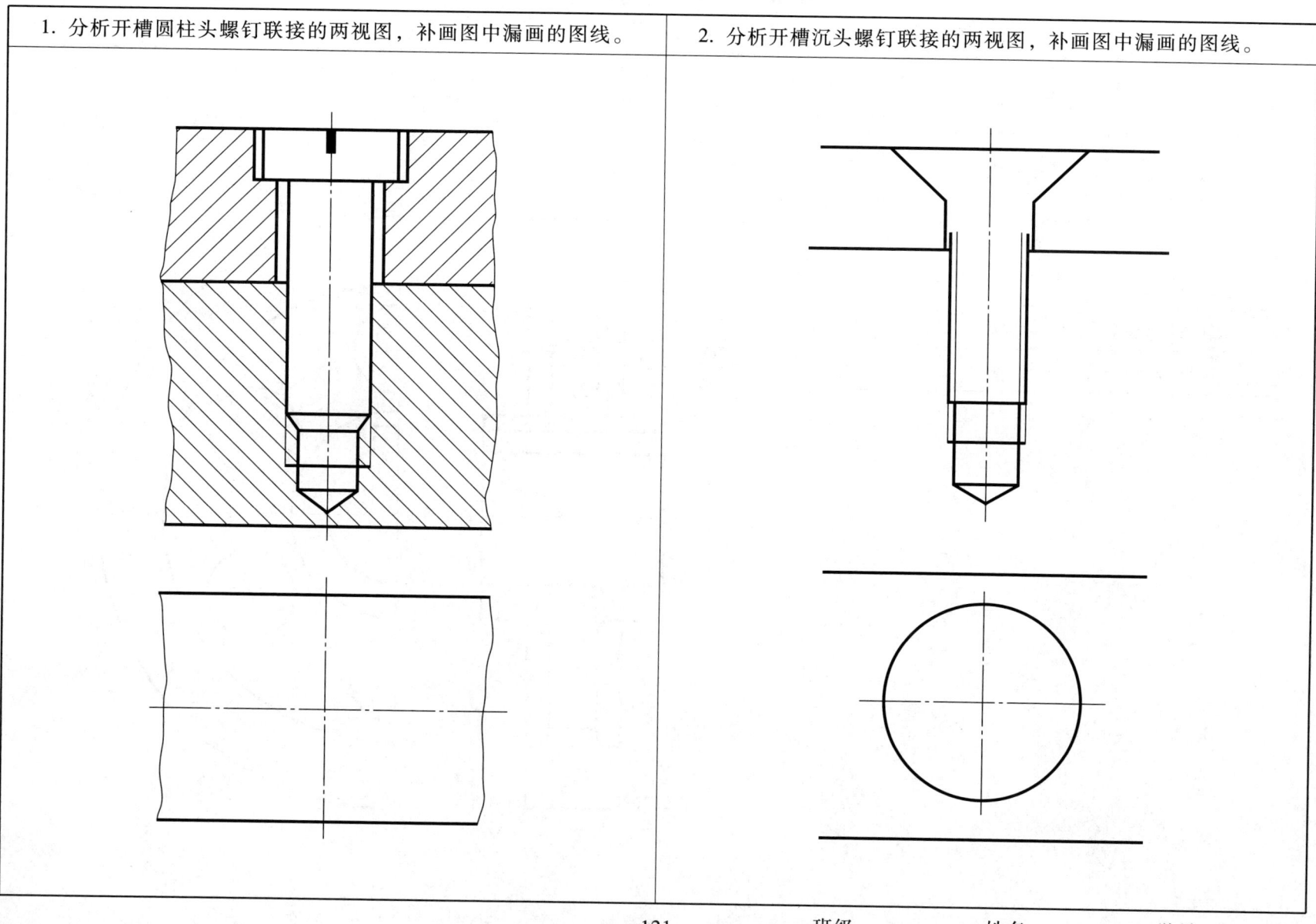

1. 分析开槽圆柱头螺钉联接的两视图，补画图中漏画的图线。

2. 分析开槽沉头螺钉联接的两视图，补画图中漏画的图线。

任务二 认知齿轮及其传动

6-2-1 齿轮（一）：计算直齿圆柱齿轮各部分的尺寸，并画全齿轮的两视图。

1. 计算各部分尺寸。

名　称	参数	数值
齿顶圆直径	d_a	102mm
齿数	z	32
模数	m	
分度圆直径	d	
齿根圆直径	d_f	

2. 画全齿轮的两视图。

6-2-2 齿轮（二）：已知大齿轮的模数 $m=2\mathrm{mm}$，两齿轮的中心距 $a=68\mathrm{mm}$，小齿轮的齿数 $z_1=20$，试计算齿轮的有关尺寸，并完成两齿轮的啮合图。

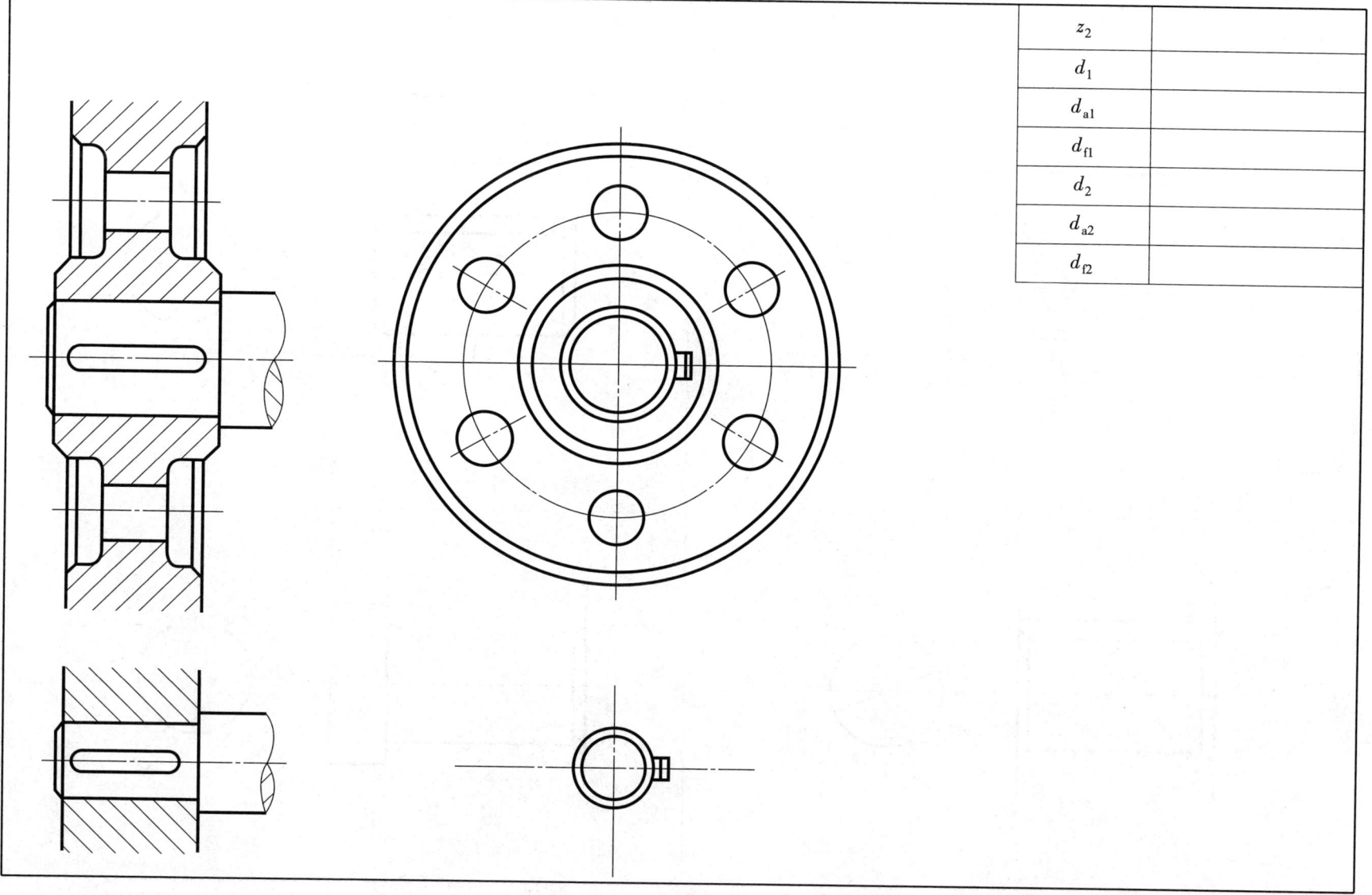

z_2	
d_1	
d_{a1}	
d_{f1}	
d_2	
d_{a2}	
d_{f2}	

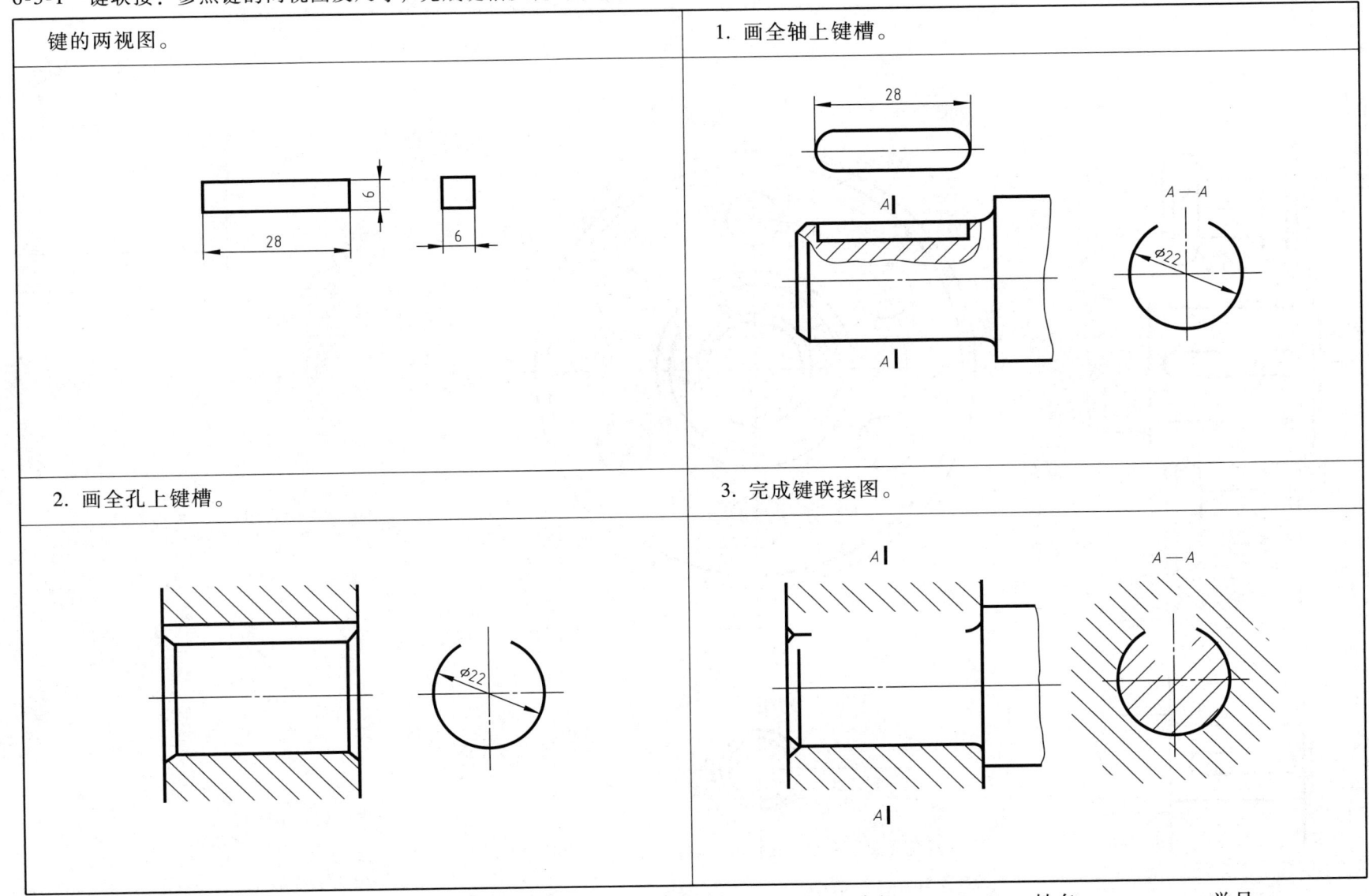

6-3-2 销联接。

两个被联接的零件用公称直径 8mm 的圆柱销联接，选择销的适当长度，完成其联接图，并写出销的规定标记。

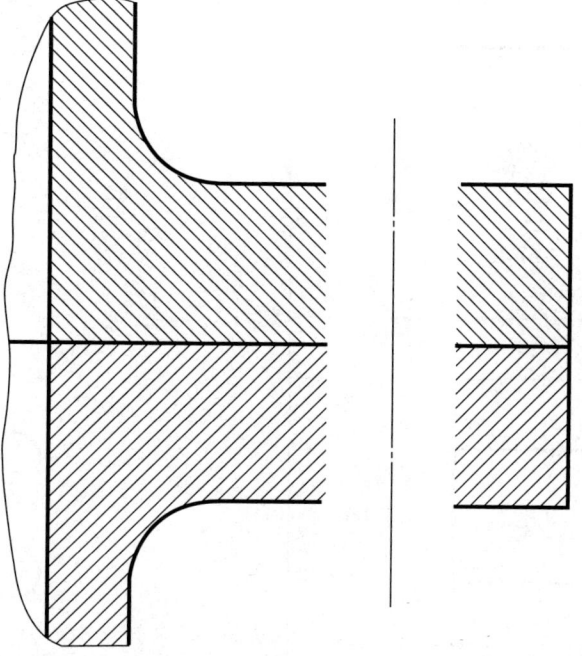

销的规定标记_____

6-3-3 滚动轴承和弹簧。

1. 用特征画法表达深沟球轴承。

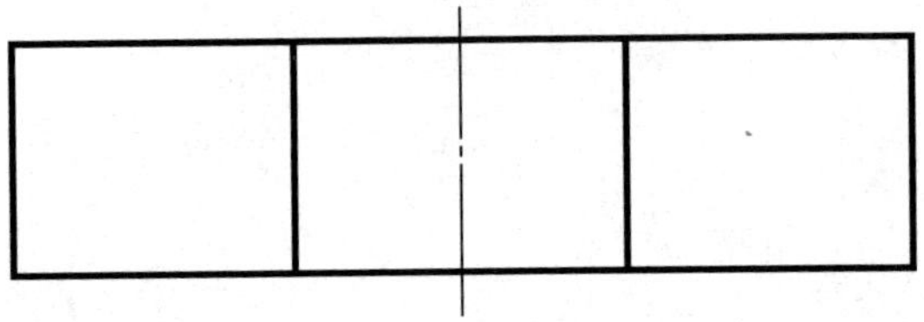

2. 用规定画法表达深沟球轴承。

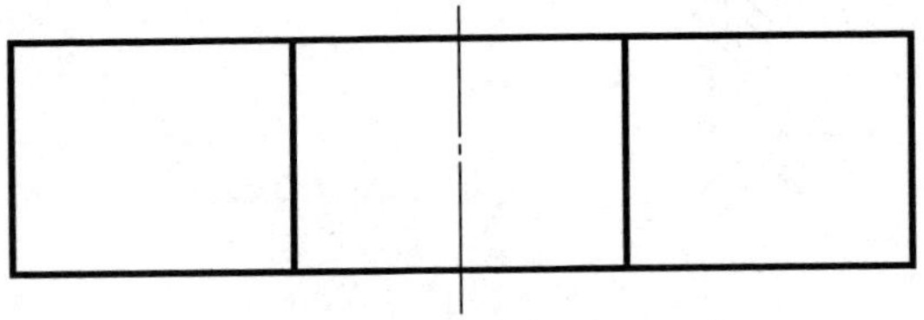

3. 补画出弹簧剖视图中漏画的图线。

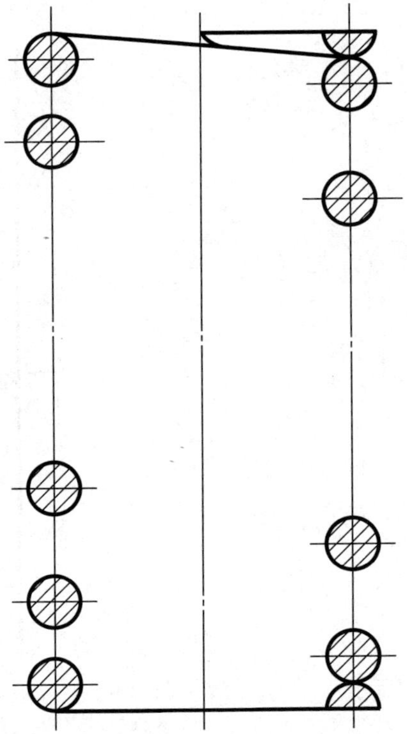

项目七 绘制与识读零件图

任务一 选择零件图的表达方案

7-1-1 零件图的表达方案（一）：根据轴承座的轴测图，选择其表达方案，并将正确答案写在（　　）内。

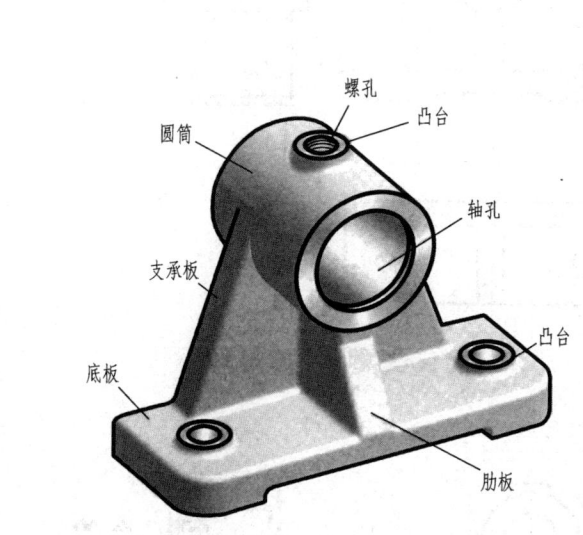

轴承座的功用是支承轴，其主体结构由四部分组成，各部分的名称及主要作用如下：

圆筒：容纳轴或轴瓦；

支承板：连接圆筒和底板；

底板：与机座连接；

肋板：增加强度和刚度。

此外，轴承座的局部结构有圆筒顶部的凸台和螺孔，用于安装油杯加润滑油；底板上有两个安装孔，通过螺栓与机座固定。

1. 主视图的选择，选择（　　）。

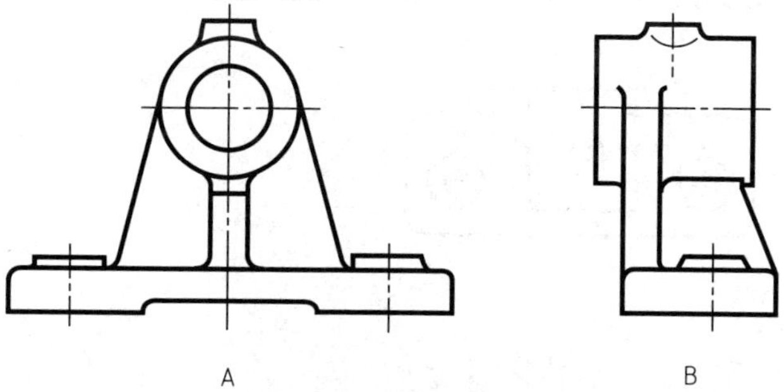

　　A　　　　　　　　　B

2. 剖视图的选择，选择（　　）。

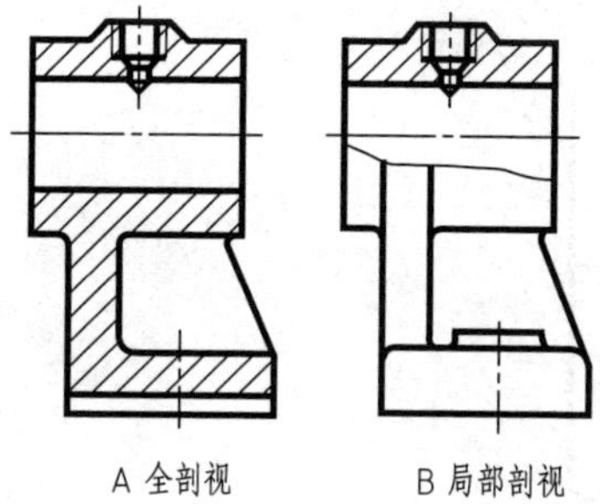

　　A 全剖视　　　　　B 局部剖视

7-1-2 零件图的表达方案（二）：根据轴承座的轴测图，选择表达方案，选择结果为（　　）。

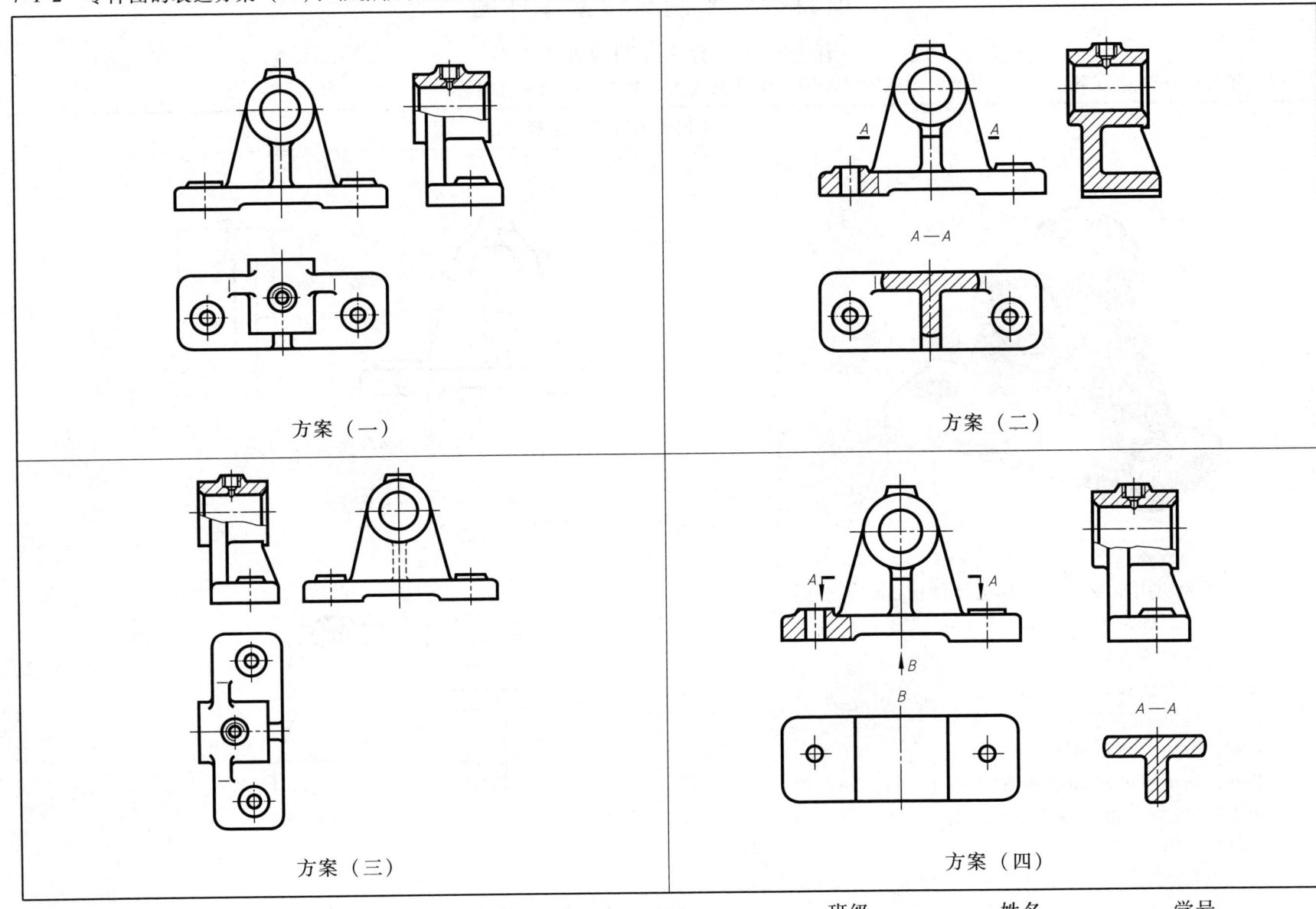

7-1-3 零件图的表达方案（三）。

根据所给泵体的三视图想象出其结构，并在下页泵体的各种表达方法中选出一组最佳表达方案，画在右边的空白处。

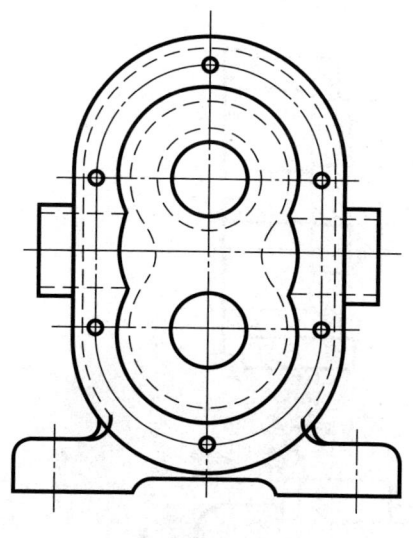
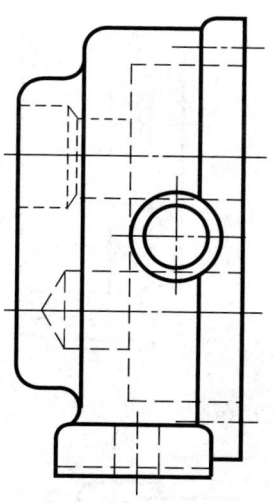
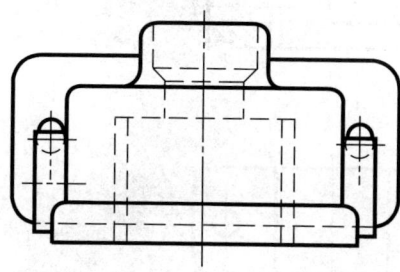

7-1-4 零件图的表达方案（四）。

泵体的各种表达方法。

(1) 主视图半剖
(2) 主视图局部剖
(3) 左视图全剖
(4) 左视图局部剖
(5) 后视图外形
(6) 局部后视图
(7) 俯视图外形
(8) 俯视图半剖
(9) 仰视图
(10) 局部仰视图

班级＿＿＿＿　姓名＿＿＿＿＿　学号＿＿＿＿

任务二　标注与识读零件图的尺寸

7-2-1　尺寸分析与标注（一）。

1. 指出零件长、宽、高三个方向的主要尺寸基准和辅助尺寸基准。	2. 分析两零件的结合尺寸 D，在两种方案中选择正确的，在括号内打"√"。
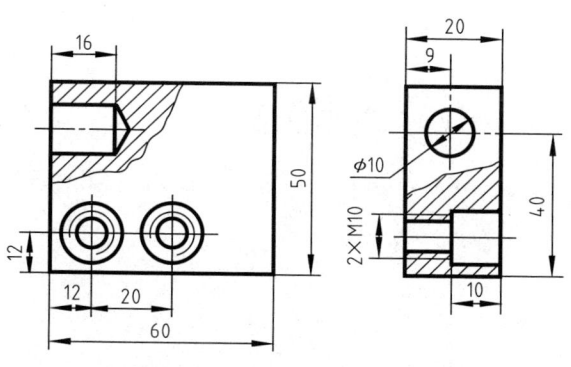	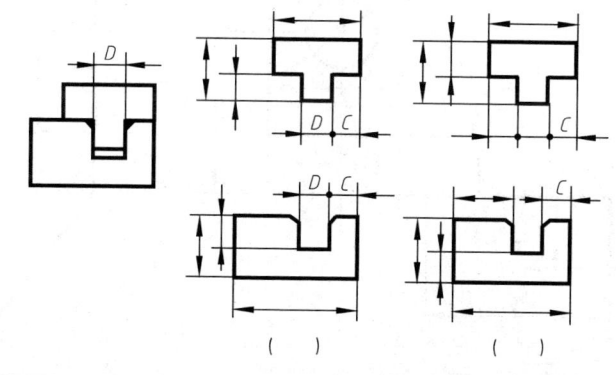
3. 分析下图中尺寸标注的错误。	4. 分析下图中尺寸标注的错误，并作正确标注。
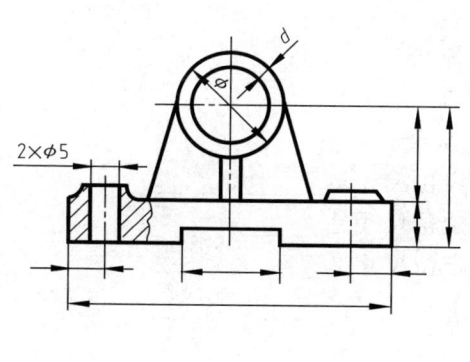	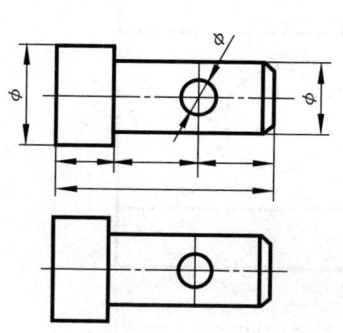

7-2-2 尺寸分析与标注（二）：分析图中的尺寸标注，并回答问题。

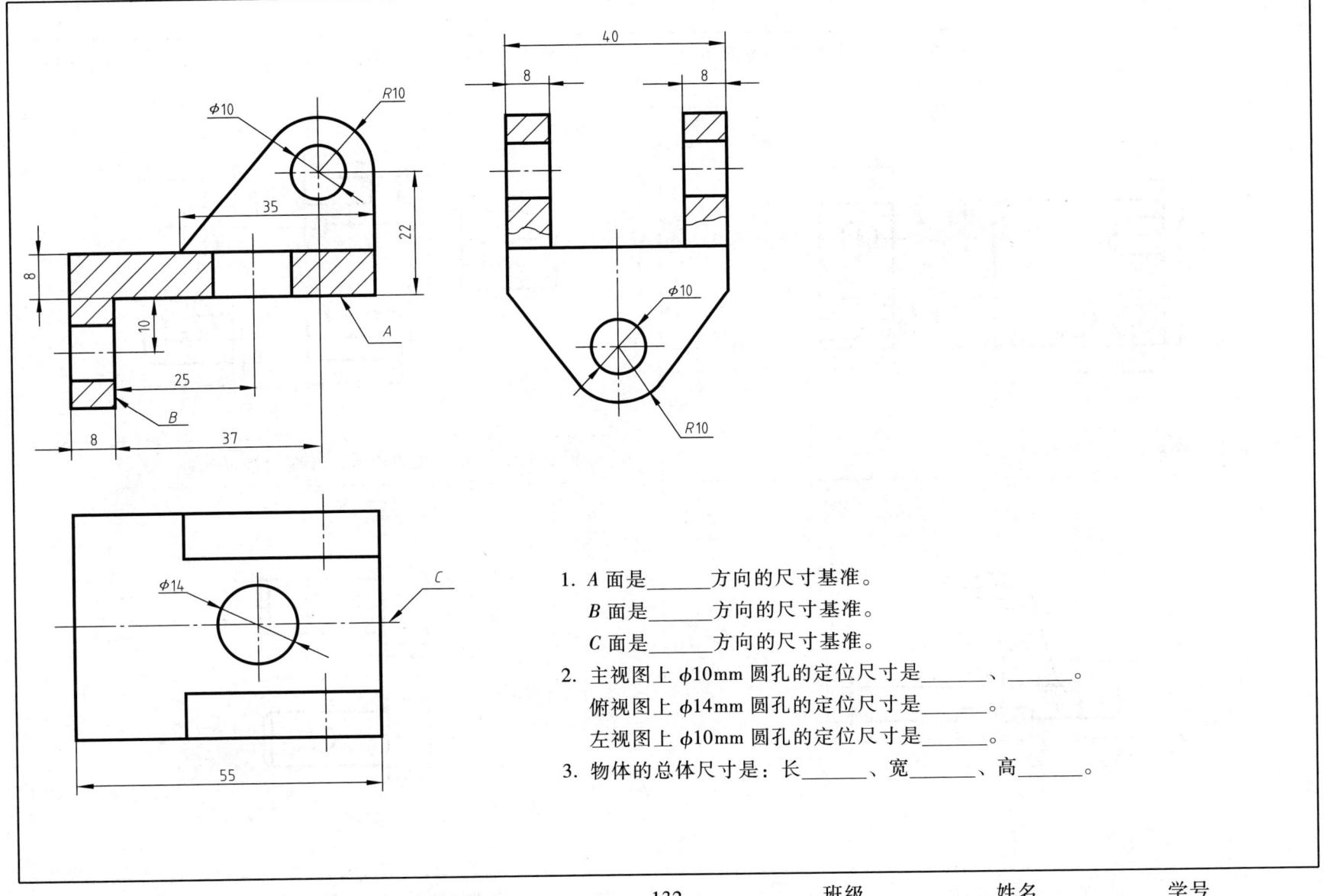

1. A 面是_____方向的尺寸基准。
   B 面是_____方向的尺寸基准。
   C 面是_____方向的尺寸基准。
2. 主视图上 φ10mm 圆孔的定位尺寸是_____、_____。
   俯视图上 φ14mm 圆孔的定位尺寸是_____。
   左视图上 φ10mm 圆孔的定位尺寸是_____。
3. 物体的总体尺寸是：长_____、宽_____、高_____。

任务三 认知零件的典型结构

7-3-1 分析下面各图所表达的工艺结构，将正确答案写在图中的横线上。

1.

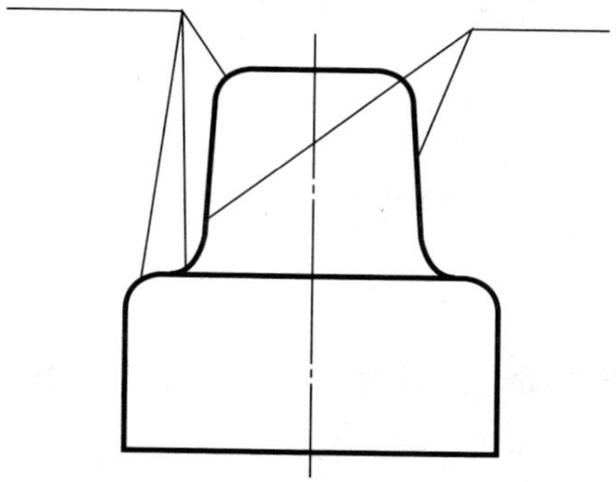

2.

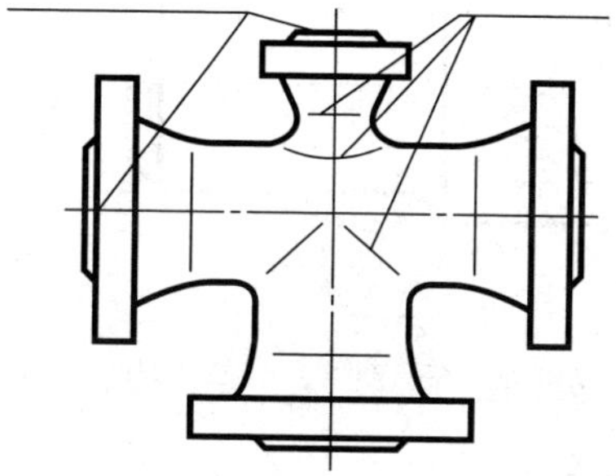

3.

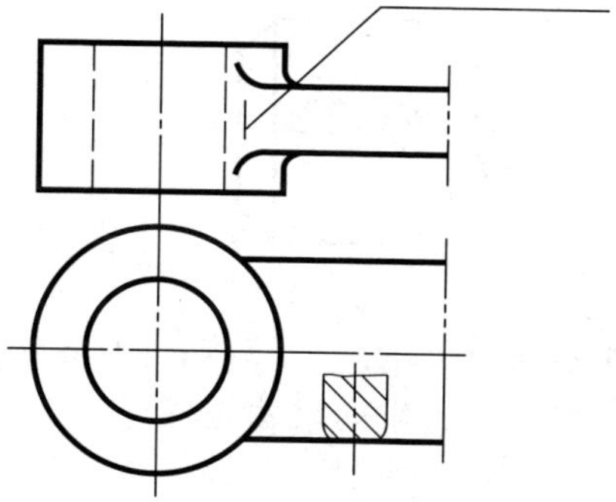

4.

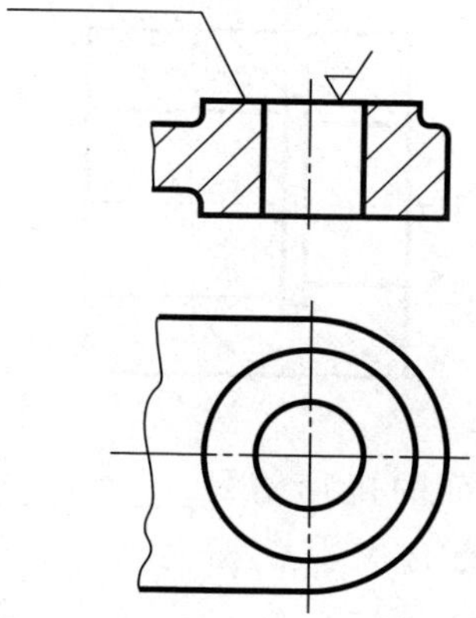

5.

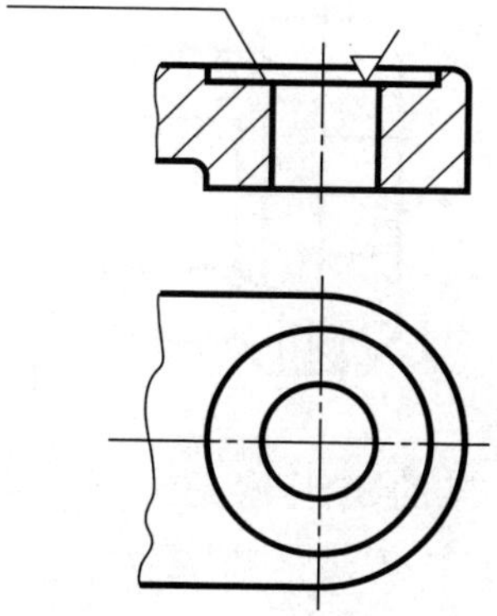

6.

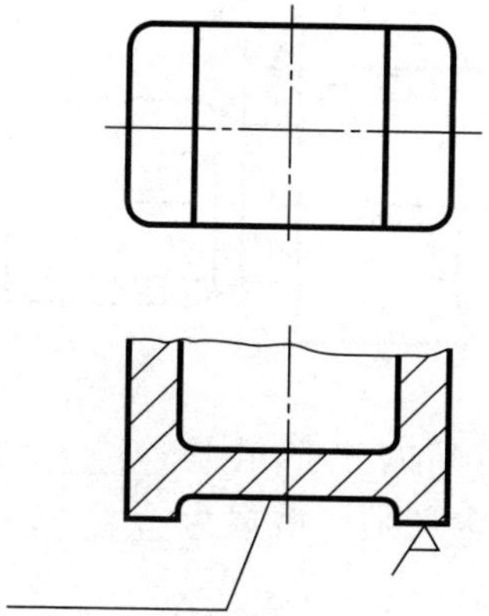

7-3-2 分析下面各图所表达的工艺结构及尺寸的含义，将正确答案写在图下的横线上。

1.

图形的右端是_____结构；C1 的含义是：角度为_____，轴向尺寸是_____。

2.

R1 处表示_____结构；R1 含义是：_____。

3.

图形的右端是_____结构；角度为_____，轴向尺寸是_____。

4.

图形中间的矩形槽是_____结构；6×φ19.5 的含义是：槽宽为_____，直径尺寸是_____。

5.

图形内部的矩形槽是_____结构；6×1.5~2 的含义是：槽宽为_____，槽深是_____。

6.

图形内部的矩形槽是_____结构；2×0.5 的含义是：槽宽为_____，槽深是_____。

班级_____ 姓名_____ 学号_____

7-3-3 分析下面各图所表达的工艺结构及尺寸标注的正误,将正确答案写在题号后的( )里。

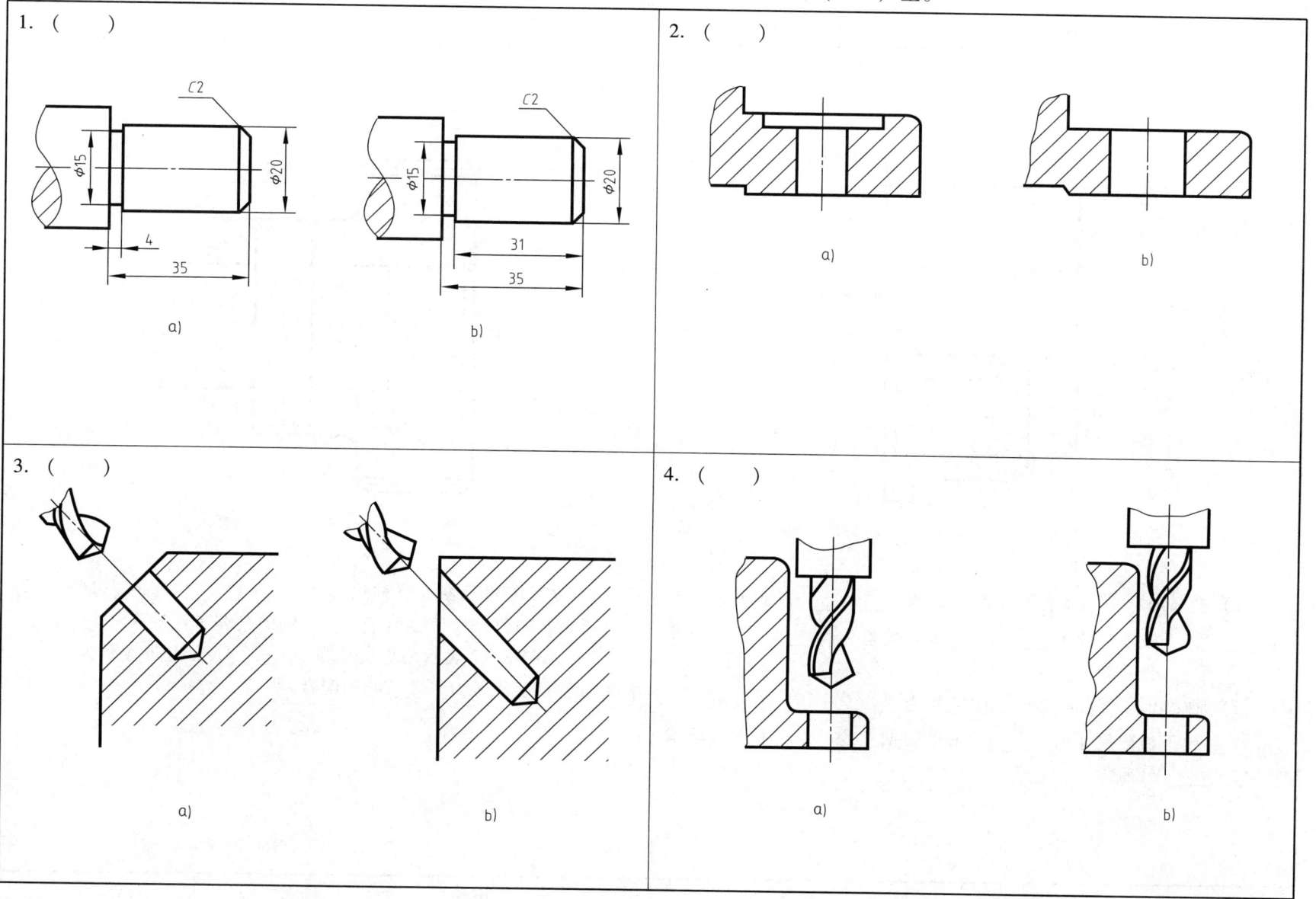

任务四　认知零件图的技术要求

7-4-1　极限与配合的基本知识（一）：看懂极限与配合的标注，并填空。

1.

2.

（1）孔 $\phi 40^{+0.039}_{0}$ mm 表示公称尺寸为_____，上极限尺寸为_____，下极限尺寸为_____，上极限偏差为_____，下极限偏差为_____，公差为_____。

（2）轴 $\phi 40^{-0.025}_{-0.050}$ mm 表示公称尺寸为_____，上极限尺寸为_____，下极限尺寸为_____，上极限偏差为_____，下极限偏差为_____，公差为_____。

（1）$\phi 25$H7/h7 表示公称尺寸为_____，孔的公差等级为_____，孔的公差带代号为_____，轴的公差带代号为_____。

（2）$\phi 10$H8/n7 表示公称尺寸为_____，公差带代号为_____的孔与公差带代号为_____的轴配合。

7-4-2 极限与配合的基本知识（二）：看懂极限与配合的标注，并填空。

1. 根据下列图形，分别标注孔、轴的公称尺寸，查表注写上、下极限偏差并填空。

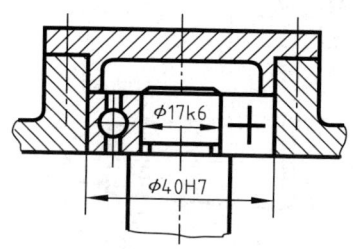

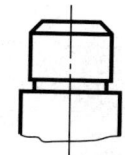

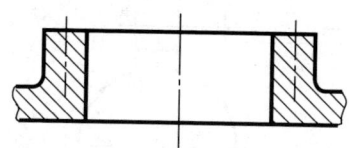

（1）滚动轴承与零件孔的配合为_____制。
（2）零件孔的基本偏差代号为_____。
（3）滚动轴承与轴的配合为_____制。
（4）轴的基本偏差代号为_____。

2. 将 φ30H7($^{+0.021}_{0}$)、φ30f7($^{-0.020}_{-0.041}$)标注在下列相应的零件图上，并填空。

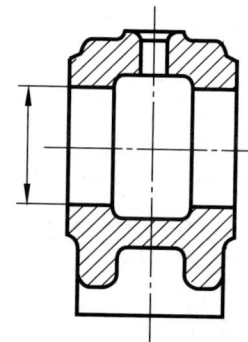

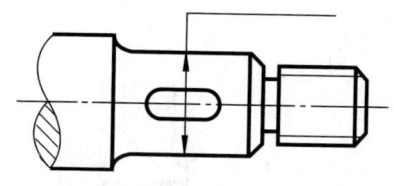

该轴和孔是_____制_____配合。

3. 根据零件图的标注，在装配图上注出配合代号，并填空。

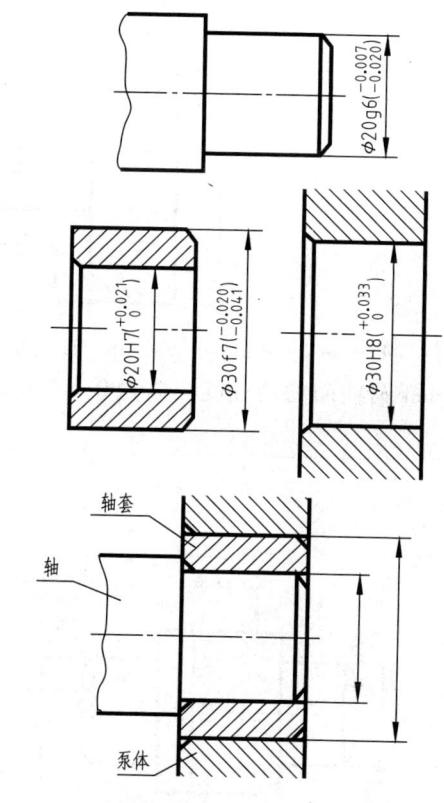

（1）轴与轴套孔是_____制_____配合。
（2）轴套与泵体孔是_____制_____配合。

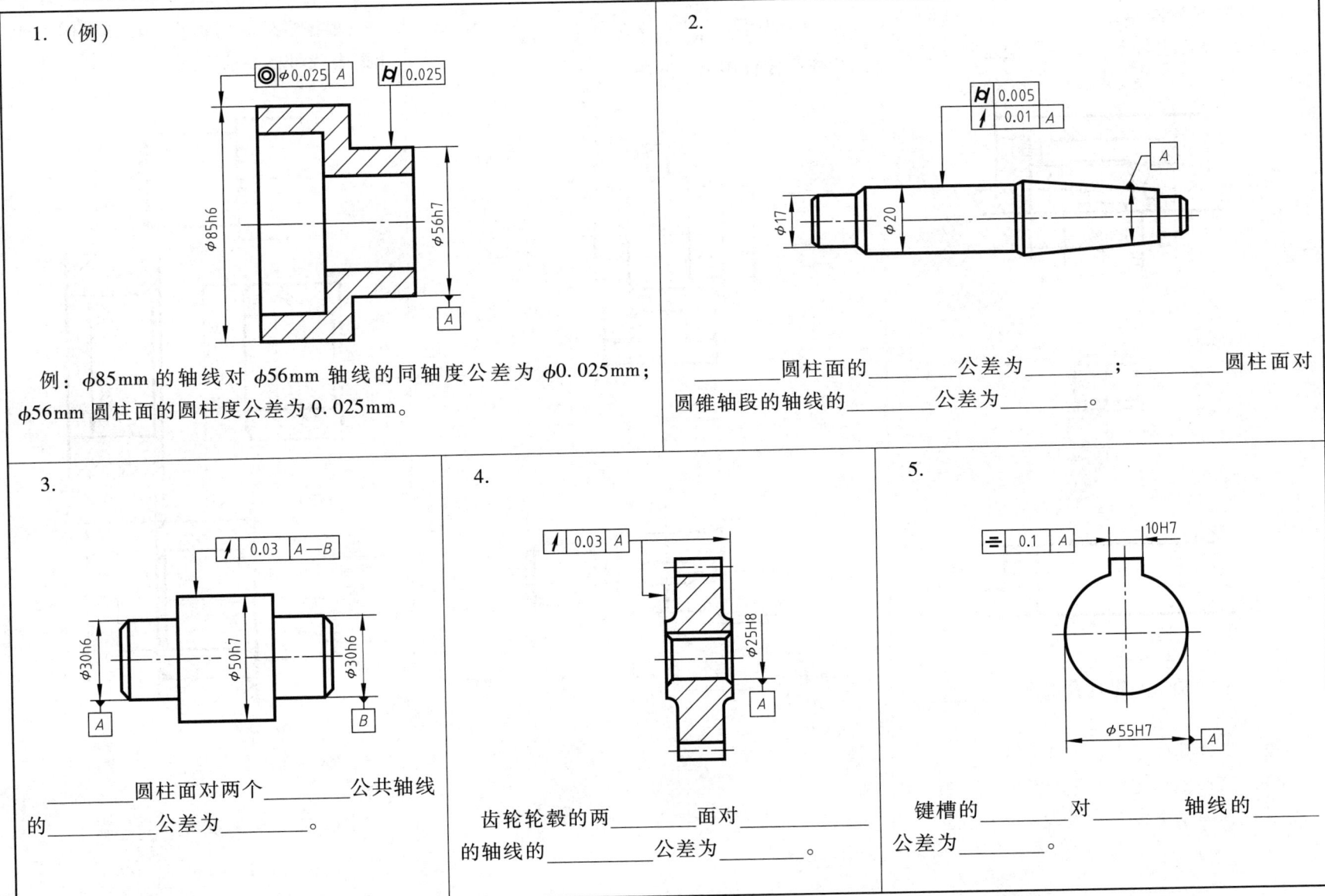

7-4-4 表面粗糙度的基本知识。

1. 分析图 a 中表面粗糙度标注的错误，在图 b 中正确标注。	2. 按给定的要求在图形上标注表面粗糙度。

（1）要求孔为 $\sqrt{Ra\ 3.2}$，底面为 $\sqrt{Ra\ 6.3}$，其余表面均为铸造表面。

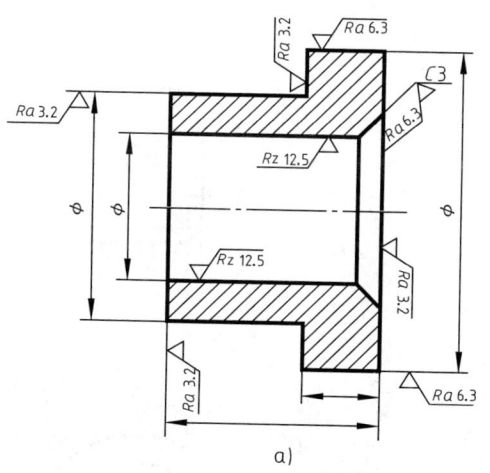

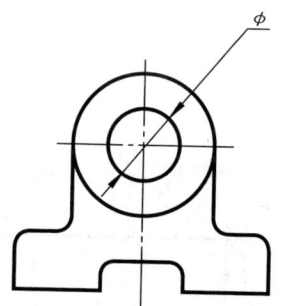

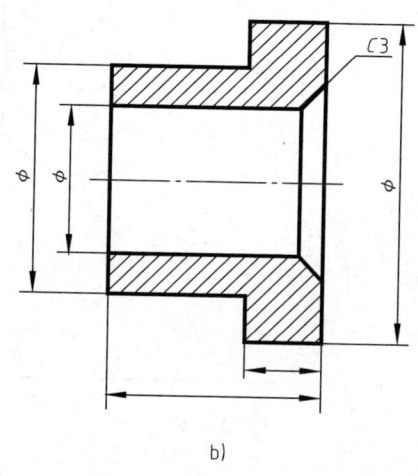

（2）要求左、右表面为 $\sqrt{Ra\ 6.3}$，上、下表面为 $\sqrt{Ra\ 3.2}$，前、后表面为 $\sqrt{Ra\ 6.3}$，孔为 $\sqrt{Ra\ 1.6}$。

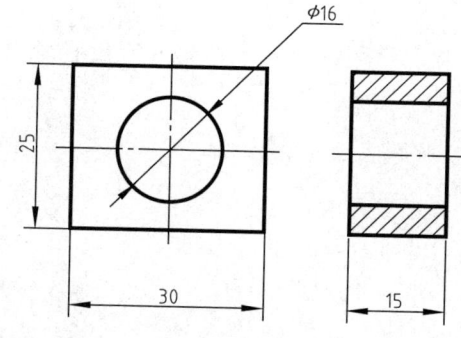

任务五 识读零件图

7-5-1 识读零件图（一）：识读轴套类零件（轮胎螺栓）的零件图，回答下页的问题。

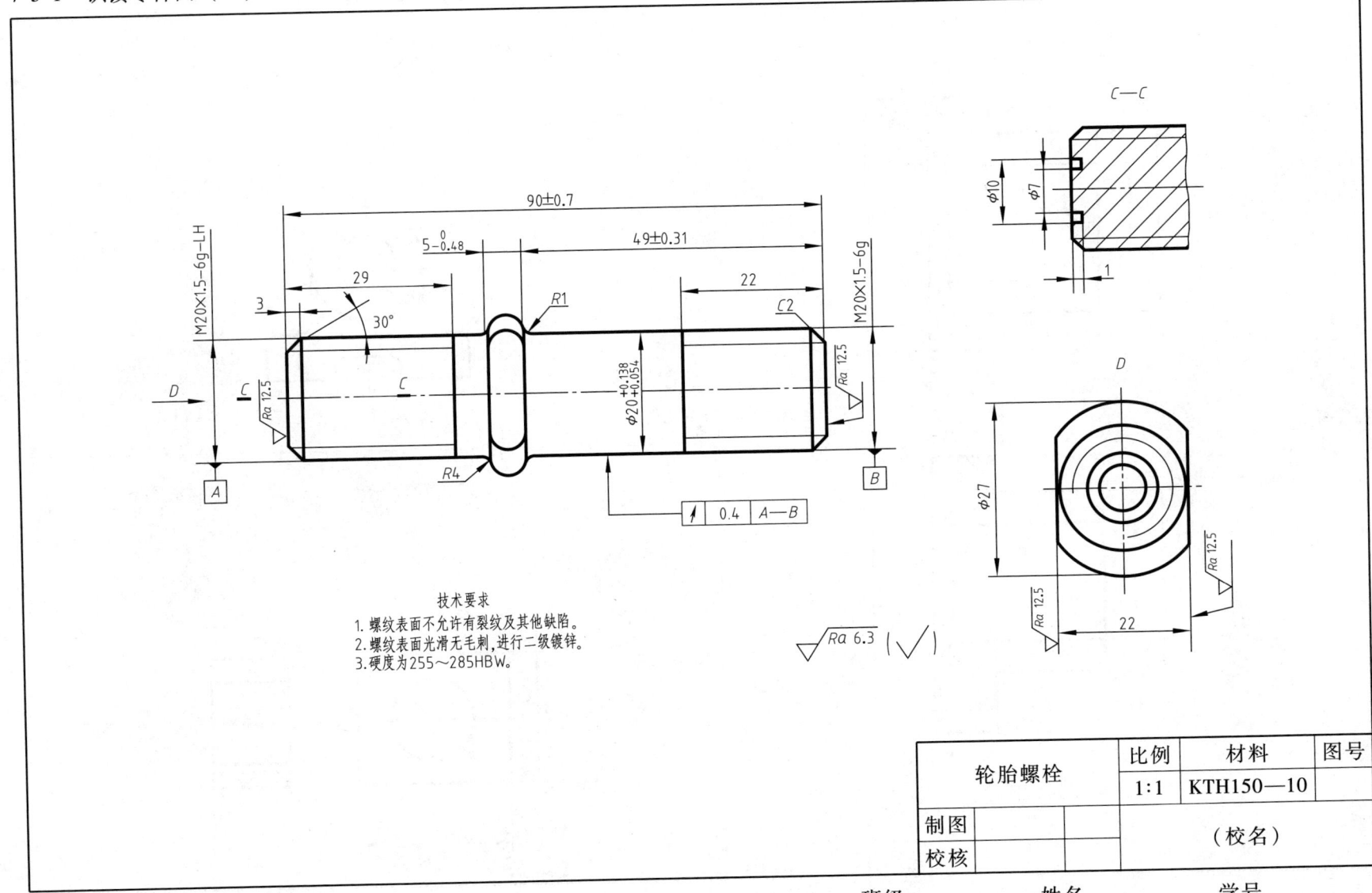

7-5-2 识读零件图（一）：识读轴套类零件（轮胎螺栓）的零件图，完成填空题。

1. 该零件的名称是_____，材料为_____。该零件的绘图比例是_____。

2. 表达该零件共用了_____个图形，D 图是_____视图，$C—C$ 是_____图。

3. 该零件的总长尺寸为_____，总宽尺寸为_____，总高尺寸为_____。轴向的主要尺寸基准是_____端面，径向的主要尺寸基准是_____。

4. 零件的左右两端均有_____螺纹，左端螺纹为_____旋，其长度为_____；右端螺纹为_____旋，长度为_____。

5. 零件的左端面上有_____形槽，其外径尺寸是_____，内径尺寸是_____，槽深是_____。

6. $\phi 20_{+0.054}^{+0.138}$ mm 的公称尺寸是_____，上极限尺寸是_____，下极限尺寸是_____，公差是_____。

7. ⌀ 0.4 A—B 表示：基准要素是_____，被测要素是_____，公差项目是_____，公差值为_____。

8. 该零件的螺纹表面需进行_____级镀锌。

9. 该零件的硬度为_____。

7-5-3 识读零件图（二）：识读盘、盖类零件（牵引钩前支架座）的零件图，回答下页的问题。

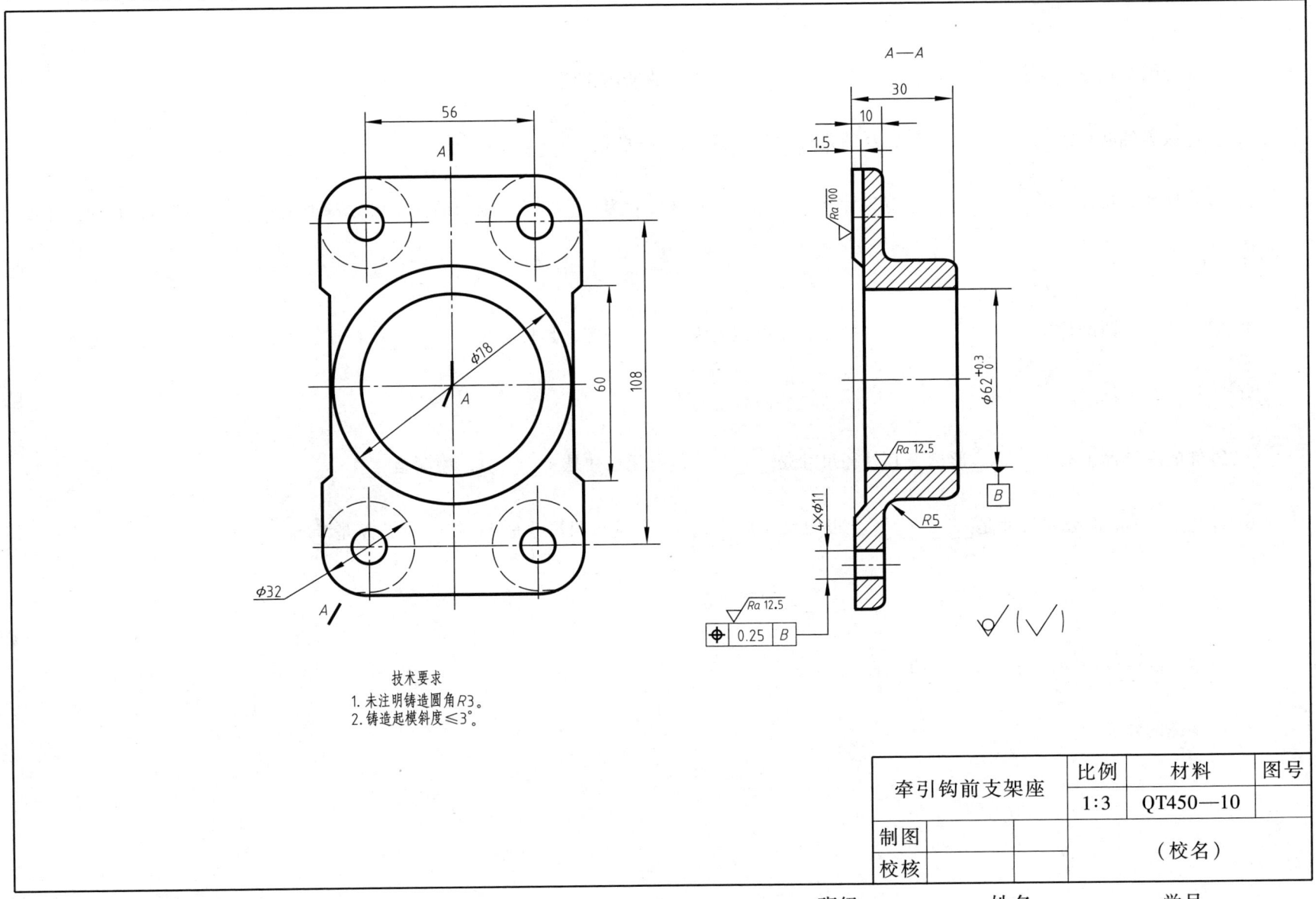

7-5-4 识读零件图（二）：识读盘、盖类零件（牵引钩前支架座）的零件图，回答下列问题。

1. 该零件采用了_____个图形表达，主视图为_____视图，左视图是用了_____个_____的剖切面剖得的_____剖视图。

2. 零件的主体结构由两个部分组成，其中后面安装板的基本形状是_____形，其外形尺寸是长_____、高_____、宽_____，其上还有_____个_____形的凸台，凸台上有直径为_____的小孔，小孔的定位尺寸分别是_____和_____；前方圆筒的内孔直径是_____，表面粗糙度的代号是_____，圆筒的外径尺寸是_____。

3. 用文字在图中指出长、宽、高三个方向的主要尺寸基准。

4. $\phi 62^{+0.3}_{\ 0}$ mm 表示公称尺寸是_____，上极限偏差是_____，下极限偏差是_____，公差值是_____，上极限尺寸是_____，下极限尺寸是_____，合格的尺寸范围是_____。

5. 图中几何公差 ⌖ 0.25 B 的含义：表示被测要素为_____，基准要素为_____，公差项目为_____，公差值为_____。

6. 该零件的加工表面中，表面粗糙度要求最高的是_____和_____表面，其 Ra 的上限值为_____；另外一个加工表面 Ra 的上限值为_____，其余为_____表面。

- 143 -

班级_____ 姓名_____ 学号_____

7-5-5 识读零件图（三）：识读箱体类零件（泵体）的零件图，按要求做题。

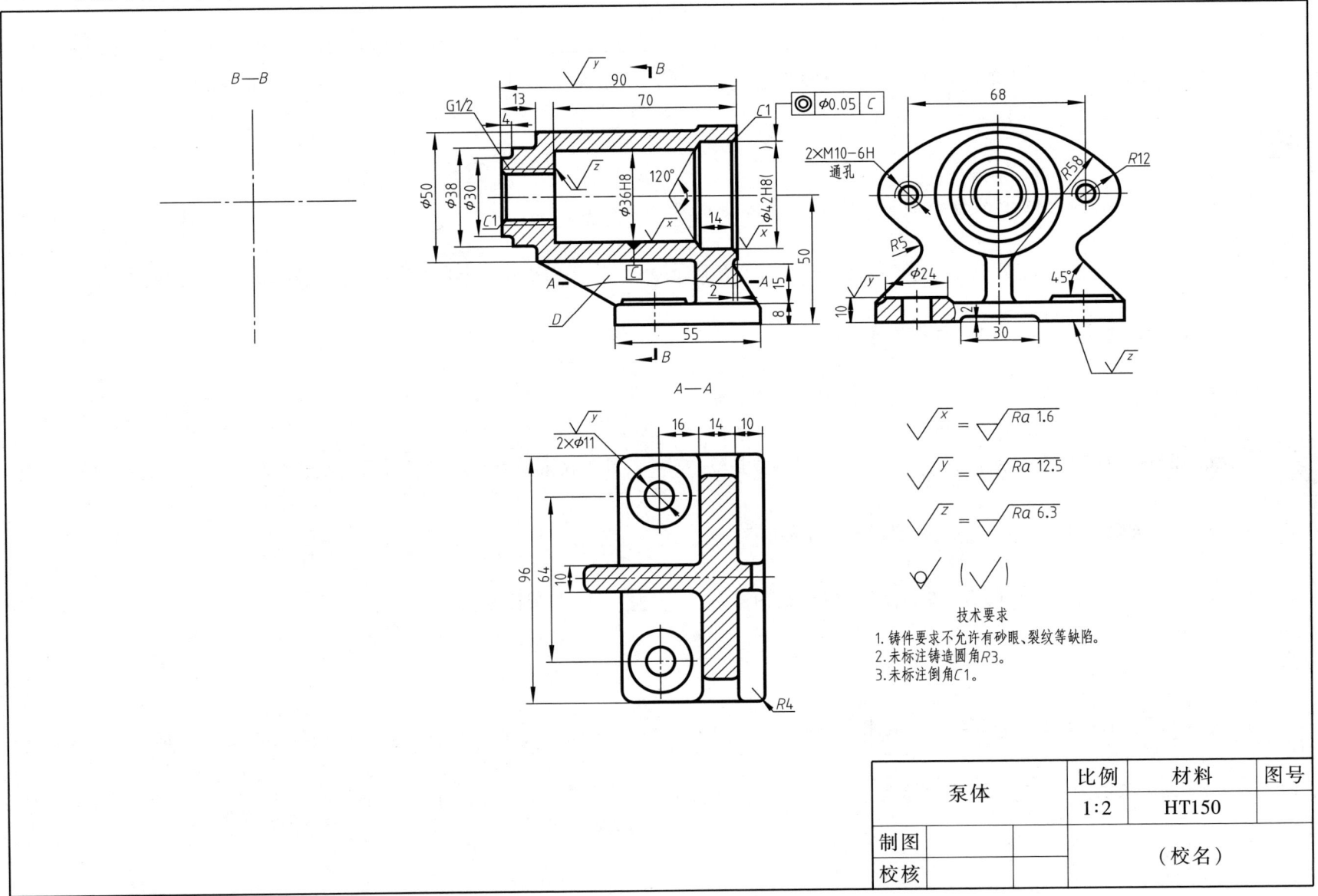

7-5-6 识读零件图（三）：识读箱体类零件（泵体）的零件图，按要求做题。

1. 泵体采用了_____个视图表达，主视图中采用了_____剖，D 处为_____结构；俯视图采用了_____剖；左视图中有_____处_____剖。

2. 用文字在图中指出长、宽、高三个方向的主要尺寸基准。

3. 泵体的总长尺寸是_____，总宽尺寸是_____。

4. 说明下列尺寸的类型（定形、定位）：70mm 是_____尺寸，50mm 是_____尺寸，ϕ50mm 是_____尺寸，68mm 是_____尺寸，R58mm 是_____尺寸，16mm 是_____尺寸。

5. "2×M10-6H" 的 M 表示的是_____螺纹，10 表示_____；G1/2 表示的是_____螺纹，_____为 1/2。

6. ϕ42H8 是基_____制的_____孔，公称尺寸为_____，基本偏差代号为_____，公差等级为_____级，查表确定其公差值为_____，上极限偏差是_____，下极限偏差是_____。在图中括号内填写上、下极限偏差值。

7. 图中几何公差 ◎ ϕ0.05 C 表示的含义：被测要素为_____，基准要素为_____，公差项目为_____，公差值为_____。

8. 泵体的加工表面中，表面粗糙度要求最高的是_____和_____表面，其代号为_____；另外还有_____和_____。

9. 泵体底板上的安装孔有_____个，孔的直径是_____，定位尺寸是_____和_____；底板底部做成凹槽是为了减少_____面，凹槽的宽度尺寸是_____，高度尺寸是_____，长度尺寸是_____。

10. 在图中按指定位置作 B—B 剖视图。

7-5-7 识读零件图（四）：识读叉架类零件（托架）的零件图，按要求做题。

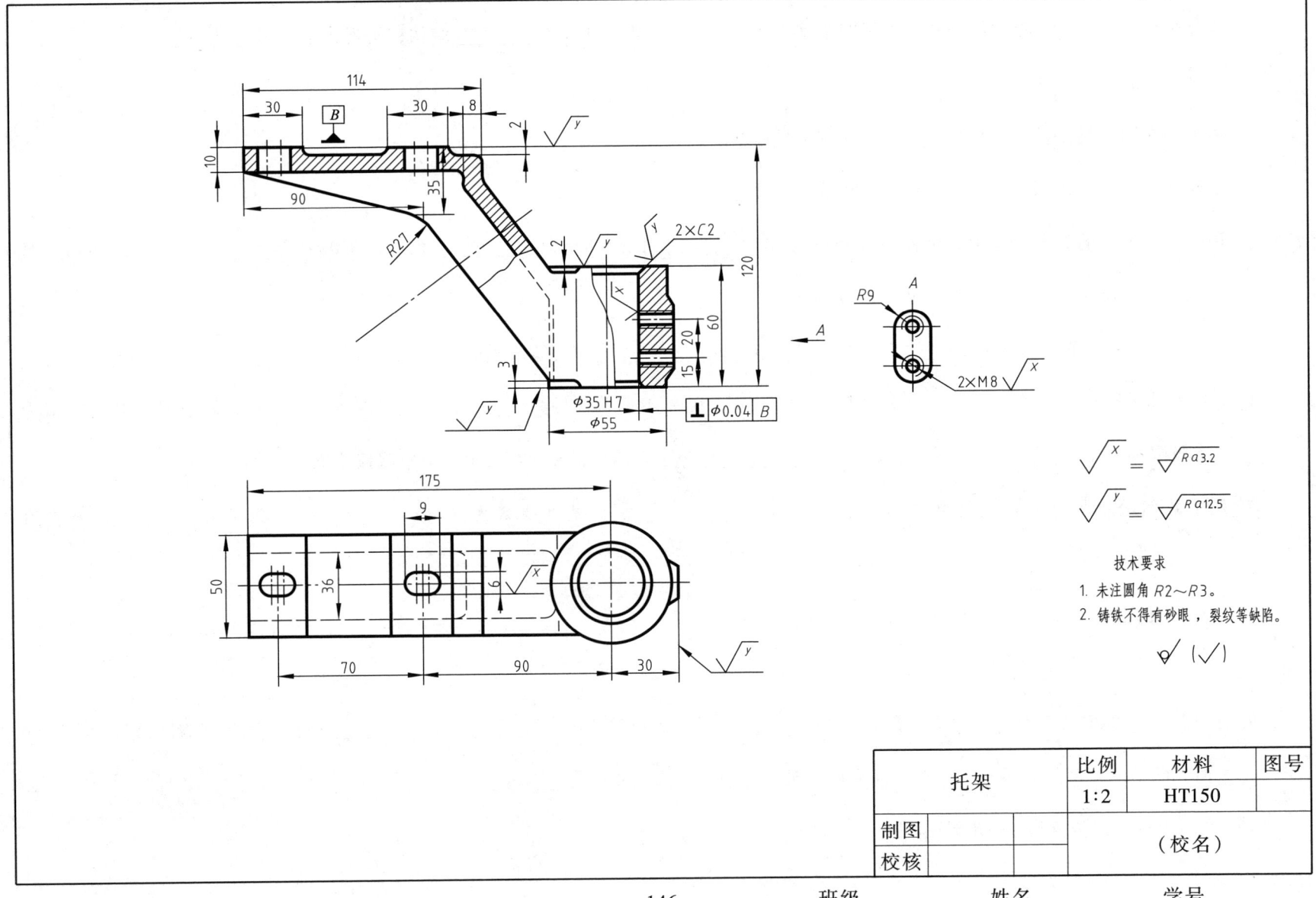

7-5-8 识读零件图（四）：识图叉架类零件（托架）的零件图，按要求做题。

1. 托架采用了_____个图形表达，主视图有_____处采用了_____视图，A 是_____图。

2. 俯视图中有两个腰形孔，其定形尺寸是_____和_____，定位尺寸是_____和_____。

3. 尺寸"2×M8"中的 2 表示_____，M 表示_____，8 表示_____，螺距是_____，2×M8 的定位尺寸是_____和_____。

4. 右下方圆筒的内孔直径是_____，公差带代号是_____，表示基本偏差的代号是_____，公差等级为____级的孔，表面粗糙度的代号是_____，圆筒的外径尺寸是_____。

5. 用文字在图中指出长、宽、高三个方向的主要尺寸基准。

6. 图中几何公差 ⊥ φ0.04 B 表示的含义：被测要素为_____，基准要素为_____，公差项目为_____，公差值为_____。

7. 托架的总长尺寸是_____，总宽尺寸是_____，总高尺寸是_____。

8. 托架的加工表面中，表面粗糙度要求最高的是_____和_____，其 Ra 的上限值为_____；另外还有 Ra 的上限值为_____，其余为_____表面。

9. 铸件不得有_____和_____等缺陷。

10. 在主视图指定的剖切线的延长线上，画出移出断面图。

项目八　识读装配图

任务一　选择装配图的表达方法

8-1-1　看懂左图序号所指处的规定画法和简化画法，完成填空题。

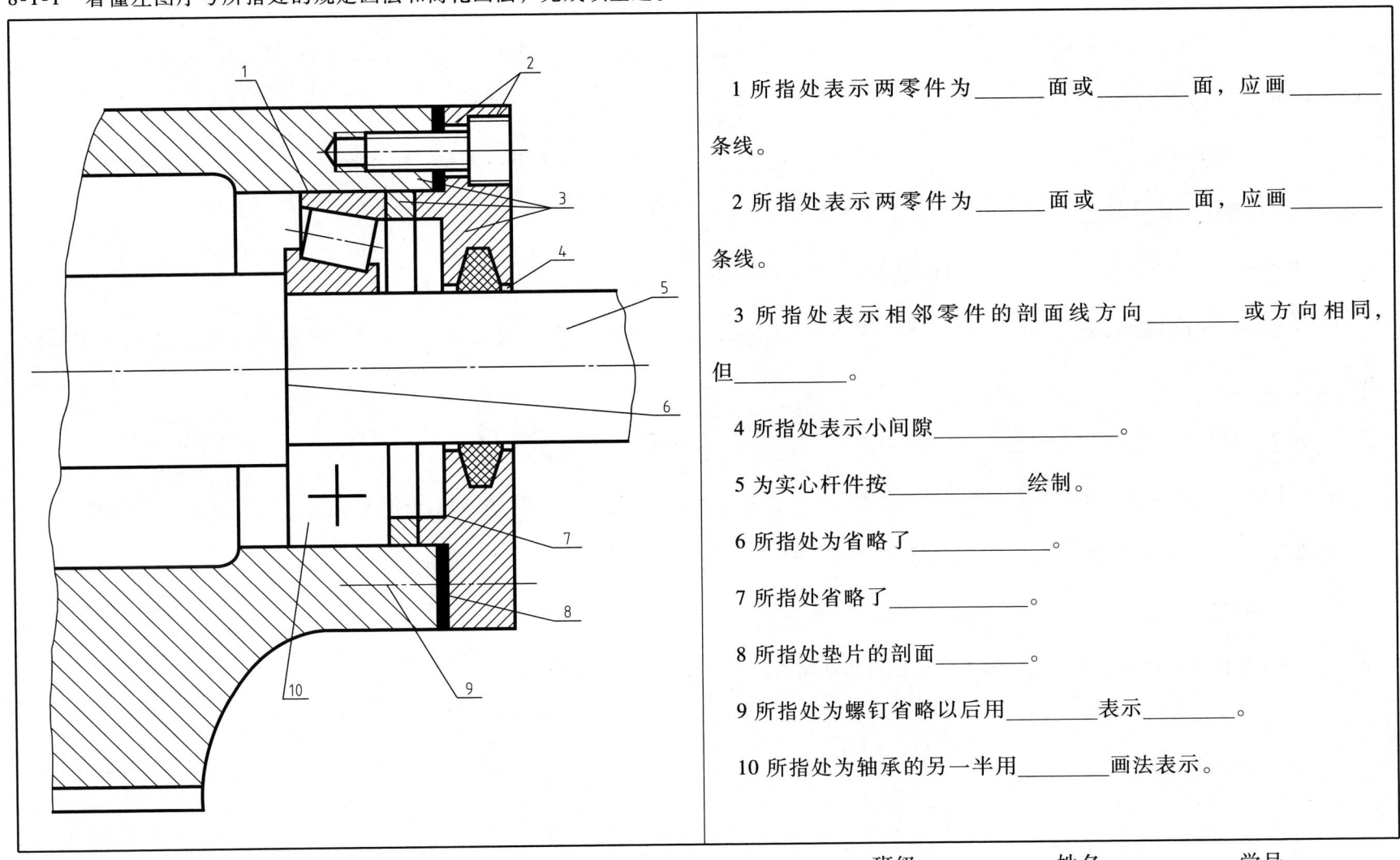

1 所指处表示两零件为_____面或_____面，应画_____条线。

2 所指处表示两零件为_____面或_____面，应画_____条线。

3 所指处表示相邻零件的剖面线方向_____或方向相同，但_____。

4 所指处表示小间隙_____。

5 为实心杆件按_____绘制。

6 所指处为省略了_____。

7 所指处省略了_____。

8 所指处垫片的剖面_____。

9 所指处为螺钉省略以后用_____表示_____。

10 所指处为轴承的另一半用_____画法表示。

8-1-2 读装配图（一）：识读千斤顶的装配图，并回答问题。

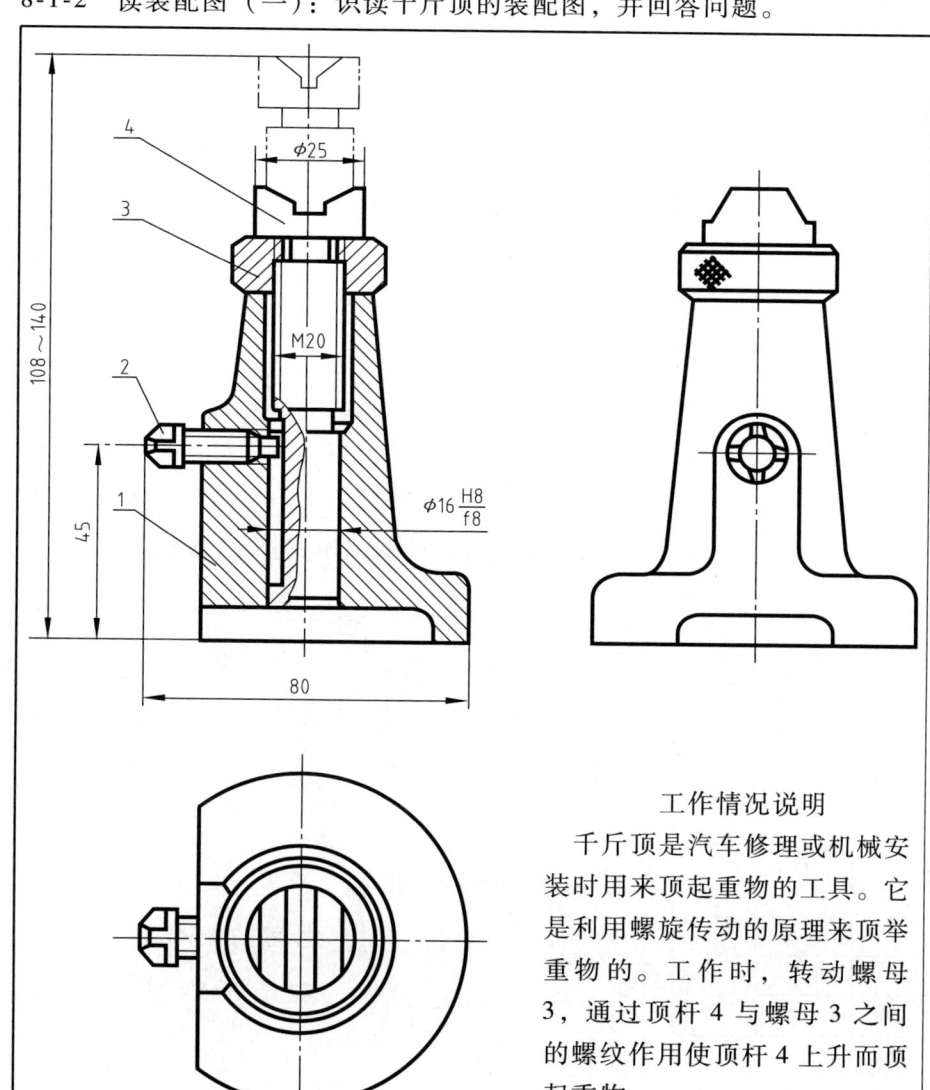

工作情况说明

千斤顶是汽车修理或机械安装时用来顶起重物的工具。它是利用螺旋传动的原理来顶举重物的。工作时，转动螺母3，通过顶杆4与螺母3之间的螺纹作用使顶杆4上升而顶起重物。

1. 千斤顶共由_____种零件组成。表达千斤顶的图样有_____个，主视图采用了_____剖视，为了表示顶杆下部的直槽，采用了_____；为了表示顶杆的极限位置，其上部采用了_____画法；顶杆可移动的范围是_____。

2. 螺母3与顶杆4之间是_____联接，转动螺母3时，顶杆4_____移动，从而顶起物体。

3. 紧定螺钉2的作用是防止_____转动，并在顶杆4移到所需位置时将其_____。

4. 4号件下部的圆柱面与1号件的内孔为_____面，所以画_____条线。

4	顶杆	1	45钢	
3	螺母	1	35钢	
2	紧定螺钉	1	35钢	GB/T 85—1988
1	支座	1	HT150	
序号	名称	数量	材料	备注
千斤顶		比例		共1张
		质量		第1张
制图				
校核				

任务二　认知装配图中的其他内容

8-2-1　分析滑动轴承的装配图，并回答下列问题。

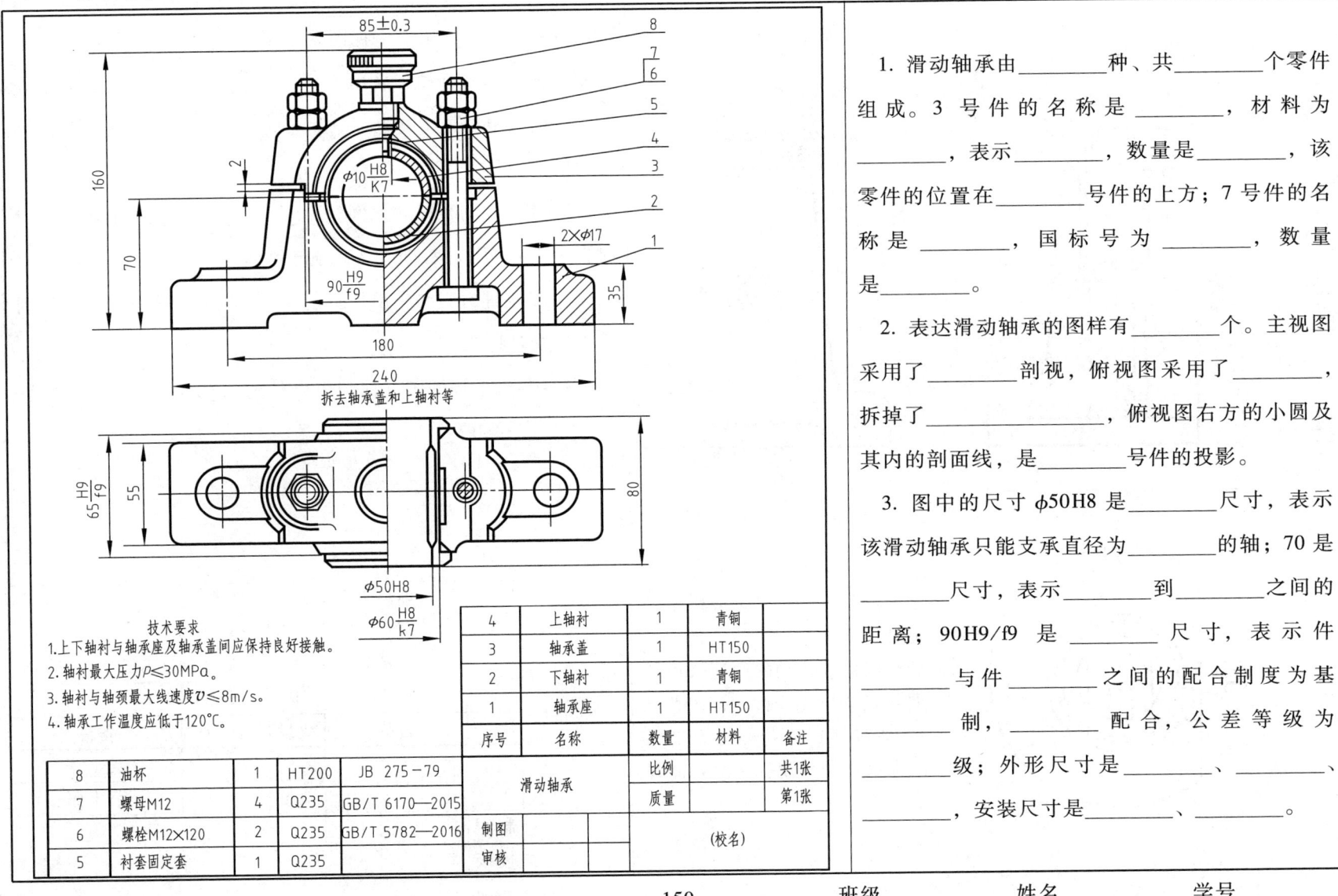

1. 滑动轴承由_____种、共_____个零件组成。3 号件的名称是_____，材料为_____，表示_____，数量是_____，该零件的位置在_____号件的上方；7 号件的名称是_____，国标号为_____，数量是_____。

2. 表达滑动轴承的图样有_____个。主视图采用了_____剖视，俯视图采用了_____，拆掉了_____，俯视图右方的小圆及其内的剖面线，是_____号件的投影。

3. 图中的尺寸 φ50H8 是_____尺寸，表示该滑动轴承只能支承直径为_____的轴；70 是_____尺寸，表示_____到_____之间的距离；90H9/f9 是_____尺寸，表示件_____与件_____之间的配合制度为基_____制，_____配合，公差等级为_____级；外形尺寸是_____、_____、_____，安装尺寸是_____、_____。

8-2-2 分析下列装配结构的不合理之处,在右边的空白处画出正确的图形。

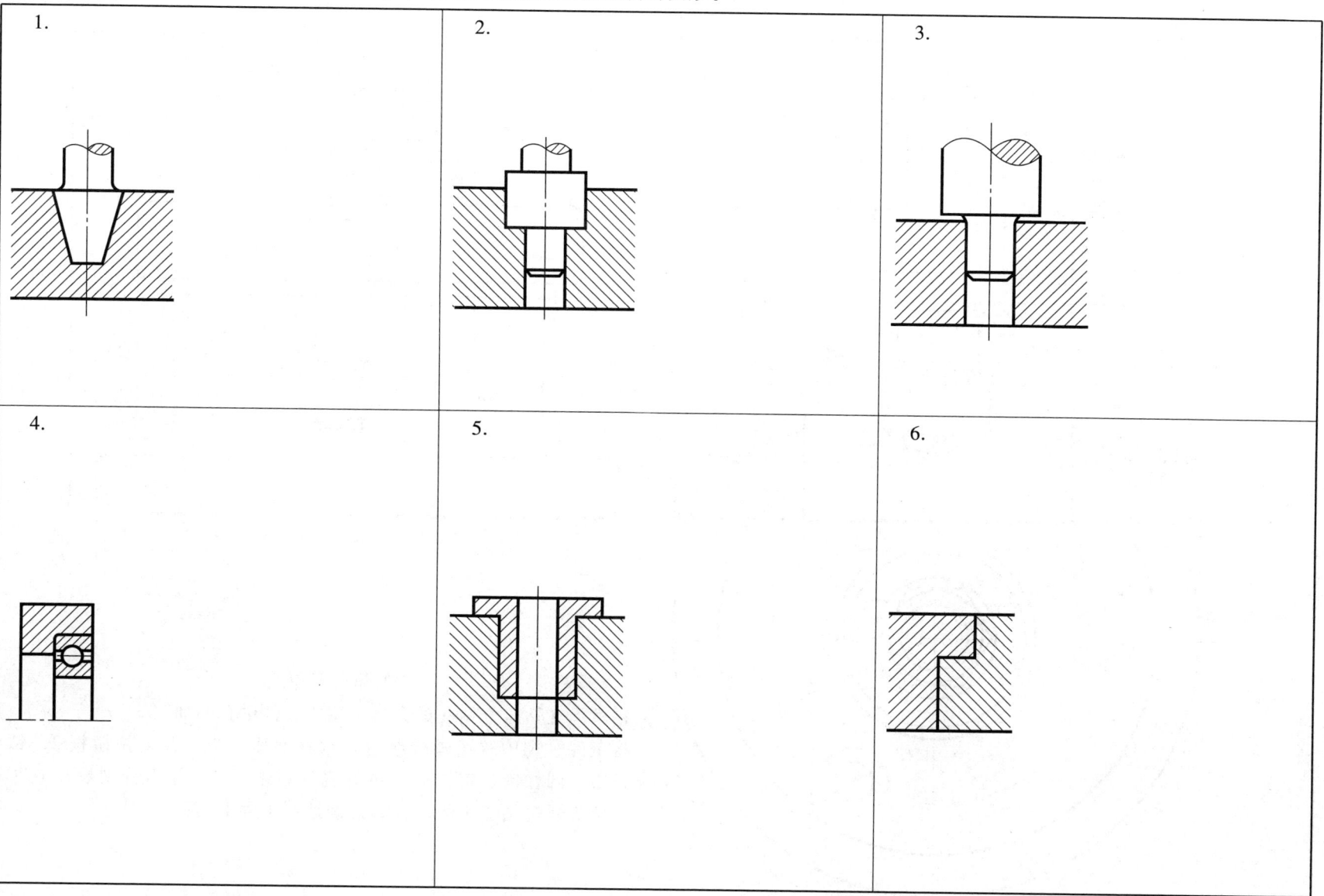

任务三 识读装配图

8-3-1 读装配图（二）：识读钻模的装配图，并回答问题。

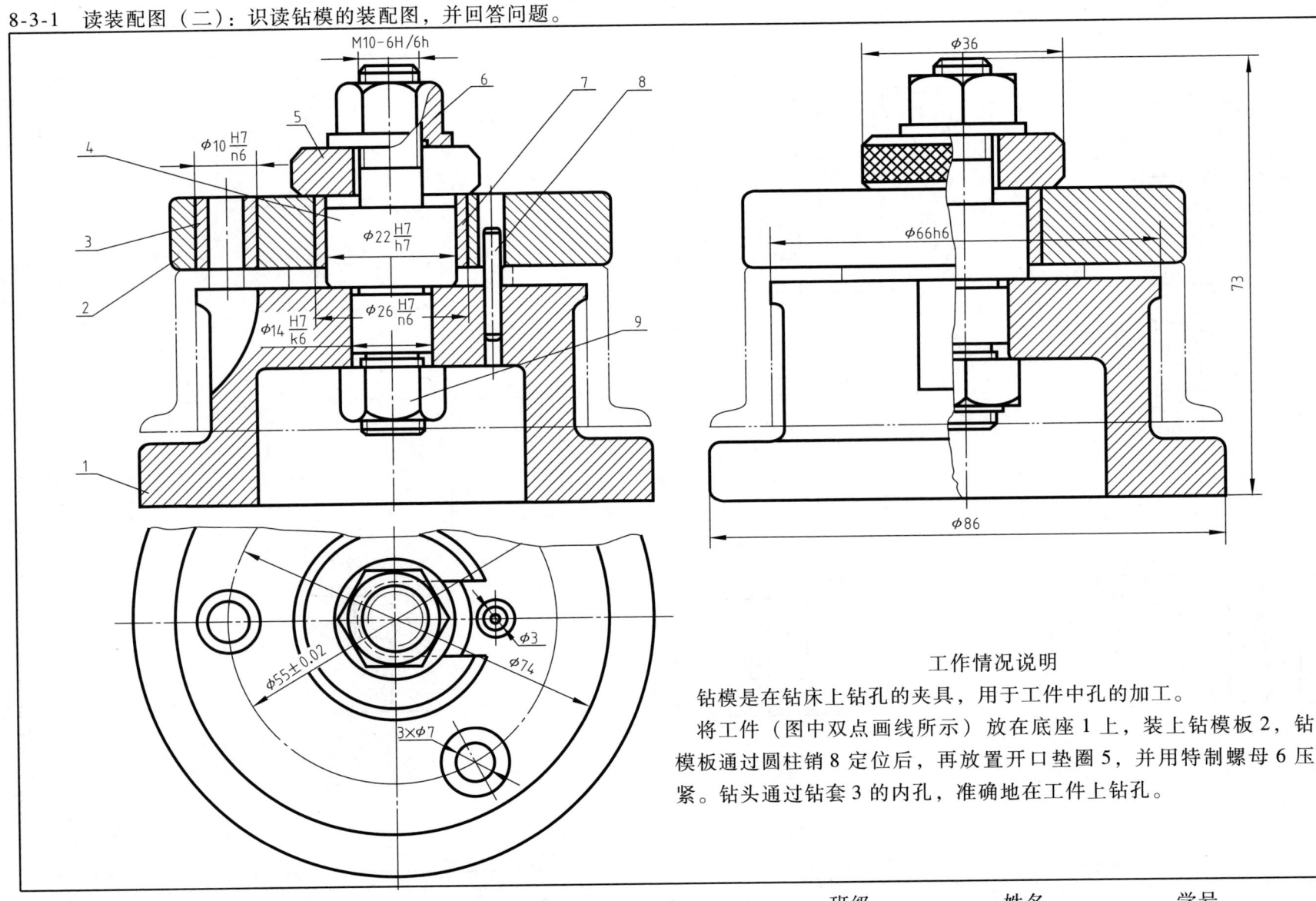

工作情况说明

钻模是在钻床上钻孔的夹具，用于工件中孔的加工。

将工件（图中双点画线所示）放在底座 1 上，装上钻模板 2，钻模板通过圆柱销 8 定位后，再放置开口垫圈 5，并用特制螺母 6 压紧。钻头通过钻套 3 的内孔，准确地在工件上钻孔。

8-3-2 读装配图（二）：识读钻模的装配图，回答下列问题。

1. 钻模由_____种零件组成，其中标准件有_____种。1号件的名称是_____，材料代号是_____，表示_____铸铁，_____是150MPa；5号件的材料是_____，表示_____钢，碳的质量分数是_____。

2. 表达钻模共用了_____个视图，主视图采用_____视图，图中的双点画线表示_____轮廓，属于特殊表达方法中的_____；俯视图采用_____视图；左视图为_____图。

3. 底座1侧面弧形槽的作用是_____，共有_____个槽。

4. 钻模的外形尺寸是_____和_____，φ22H7/h7是件_____与件_____的_____尺寸，属于_____制，_____配合，其中公称尺寸是_____；φ14H7/k6是件_____与件_____的_____尺寸，表示_____制，_____配合。

5. 件8的主要作用是确定件_____与件_____之间的相对位置。

6. 拆卸工件时应先旋松件_____，取下件_____，再取出钻模板，最后取出被加工的工件。为了顺利地取出工件，特制螺母下边的最大直径应_____φ22mm。

9	六角螺母	1	35钢	GB/T 6170—2015
8	销 3m6×28	1	40钢	GB/T 119.1—2000
7	衬套	1	45钢	
6	特制螺母		35钢	
5	开口垫圈		40钢	
4	轴		40钢	
3	钻套		T8钢	
2	钻模板		40钢	
1	底座	1	HT150	
序号	名称	数量	材料	备注
钻模		比例		共1张
		质量		第1张
制图				
校核				

8-3-3 读装配图(三):识读泄气阀的装配图,并回答问题。

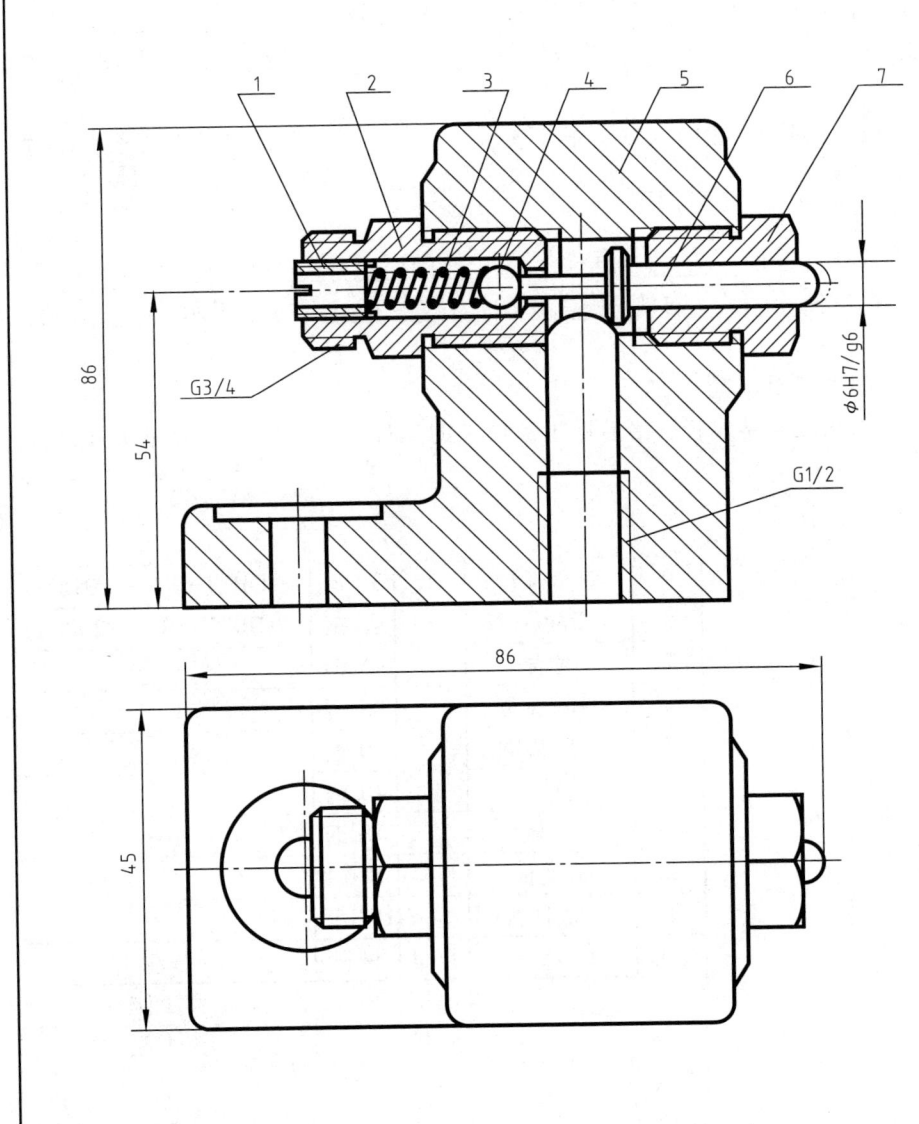

工作原理说明

推动阀杆6,顶起钢球4,打开阀口,从而达到泄气的目的。

7	阀杆套	1	35钢	
6	阀杆	1	35钢	
5	阀座	1	HT200	
4	钢球	1	45钢	
3	弹簧	1	55Si2Mn	
2	阀套	1	Q235A	
1	调整螺套	1	Q235A	
序号	名称	数量	材料	备注
泄气阀		比例		共1张
		质量		第1张
制图				
校核				

班级_____ 姓名_____ 学号_____

8-3-4 读装配图（三）：识读泄气阀的装配图，回答下列问题。

1. 泄气阀共由_____种零件组成。

2. 表达泄气阀共用了_____视图，主视图采用了_____剖视，还有一个_____视图，主要表达_____。

3. φ6H7/g6 是件_____和件_____的_____尺寸，属于基_____制，_____配合，在件_____上应标注 φ6H7，在件_____上应标注 φ6g6。

4. 6 号件的名称是_____，材料是_____，表示_____钢，碳的质量分数是_____。

5. 5 号件与 7 号件之间是用_____联接的。

6. 3 号件的主要作用是_____。图示位置泄气阀是_____（打开、关闭）的。

7. G1/2 中的 G 表示_____螺纹，1/2 是_____代号。

8. 泄气阀总长尺寸是_____，总宽尺寸是_____，总高尺寸是_____。54mm 是_____尺寸。

8-3-5 读装配图（四）：识读拆卸器的装配图，并回答问题。

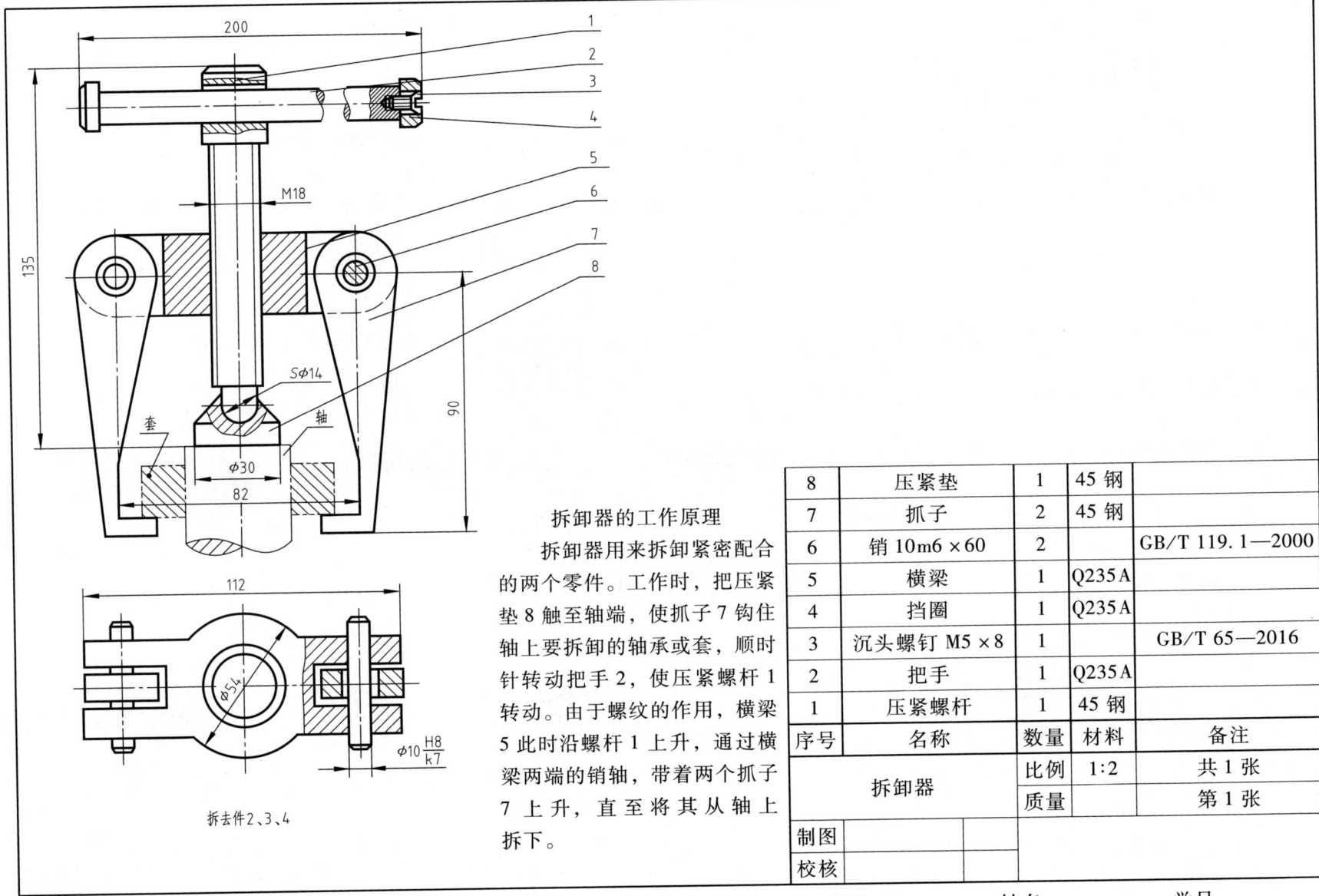

8-3-6 读装配图（四）：识读拆卸器的装配图，回答下列问题。

1. 该装配体的名称是_____，是用来拆卸紧固在轴上零件的一种工具。本装配图绘图比例为_____，说明实物是图形的_____，所以，这是一个小型的拆卸器，共由_____种零件组成。

2. 主视图采用了_____视图，并在上面作了_____剖视，表达拆卸器各组成部分之间的装配和连接关系。因轴与套不属于该装配体上的零件，在装配图中用_____表示，即用_____画出其轮廓，以体现其拆卸功能。为了节省图纸幅面，较长的把手则采用了_____画法。

3. 俯视图采用了装配图中的_____表达方法，即拆去了_____、_____和_____，并采用了_____剖视，以表示_____与_____的配合情况，以及_____与_____和_____的装配情况。

4. 压紧螺杆 1 与横梁 5 用_____联接，挡圈 4 用_____固定在把手 2 上。

5. 销钉 6 与横梁 5 之间的配合代号是_____，为_____制_____配合。

6. 该拆卸器的运动由_____开始，当顺时针转动_____时，则使_____转动。由于螺纹的作用，横梁也同时沿螺杆_____，通过横梁两端的_____，带着两个_____上升，被抓子钩住的_____也一起上升，直到从轴上把它拆下。

7. 尺寸 82mm 是_____尺寸，表示此拆卸器能拆卸的零件的最大外径不大于_____mm。

8. 主视图中的 M18 表示_____螺纹，其公称直径为_____，旋向是_____旋。

8-3-7 读装配图（五）：识读转子泵的装配图及主要零件图，并回答问题。

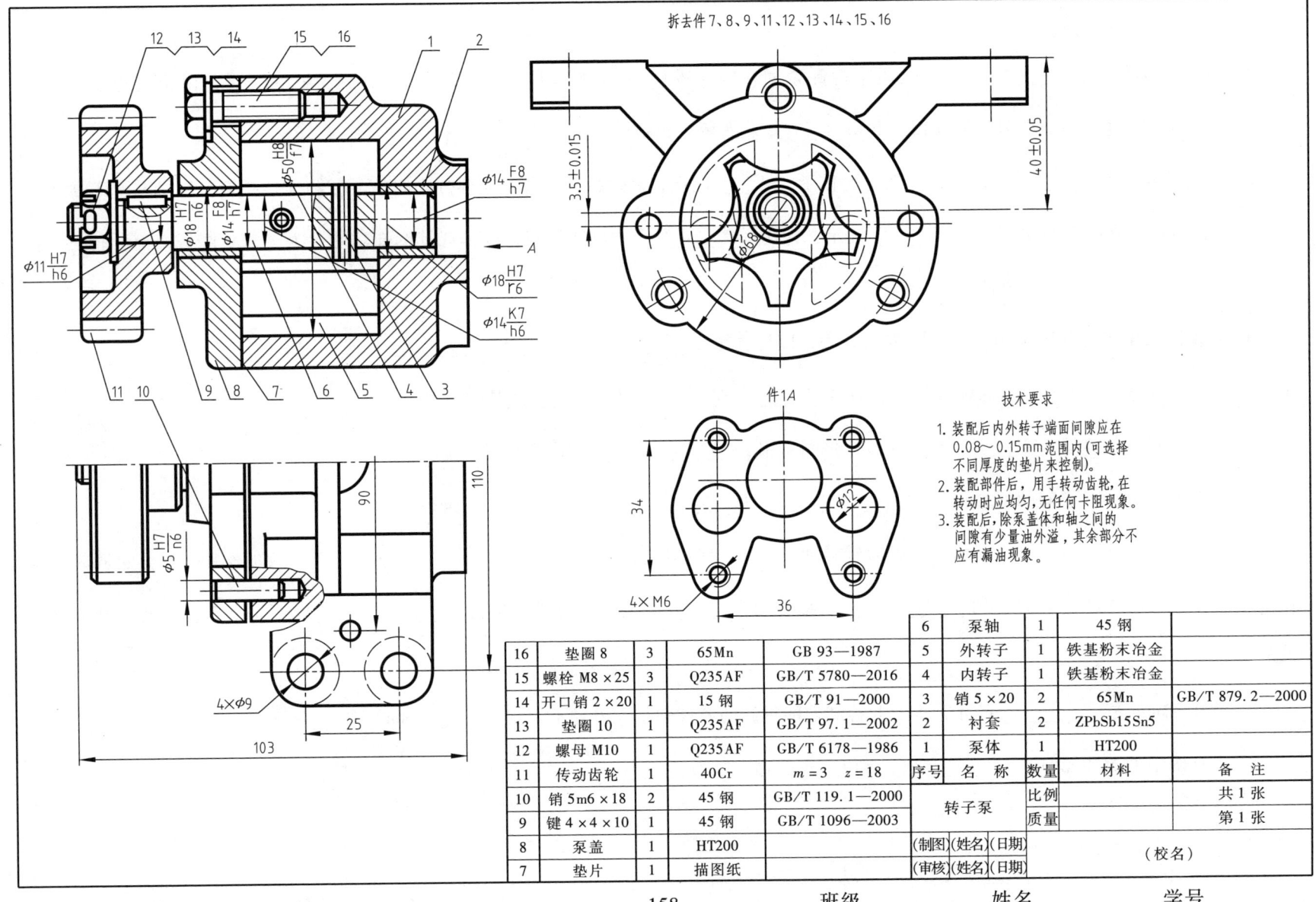

8-3-8 读装配图（五）：识读转子泵的装配图及主要零件图，并回答问题。

工作原理说明

转子泵是用于柴油机润滑系统中的机油泵。参照装配图和下图 a，当传动齿轮 11 通过键 9、泵轴 6 带动内转子 4 绕其轴线旋转时，依靠内、外转子的啮合，使外转子 5 绕其轴线同方向旋转。由于内、外转子是偏心的（偏心距 $e = 3.5\text{mm} \pm 0.015\text{mm}$），因而在两者的齿间形成几个独立的封闭空间。现以图中内转子 4 上的 1、2 两齿与外转子 5 上的凹腔 A 之间的封闭空间来说明其工作过程：当内、外转子顺时针方向转动时，从图 a、b 转到图 c 的过程中，这个封闭空间逐渐变大，产生局部真空，机油从进油口通过右边的月牙形油槽被吸入；继续转动时，从图 c、图 d 到图 e，封闭空间由大逐渐变小，压力增大，机油通过左边月牙形槽压向出油口，输往各润滑点。由于其他各齿间在旋转时均产生上述过程，因此，转子泵能持续地供油。

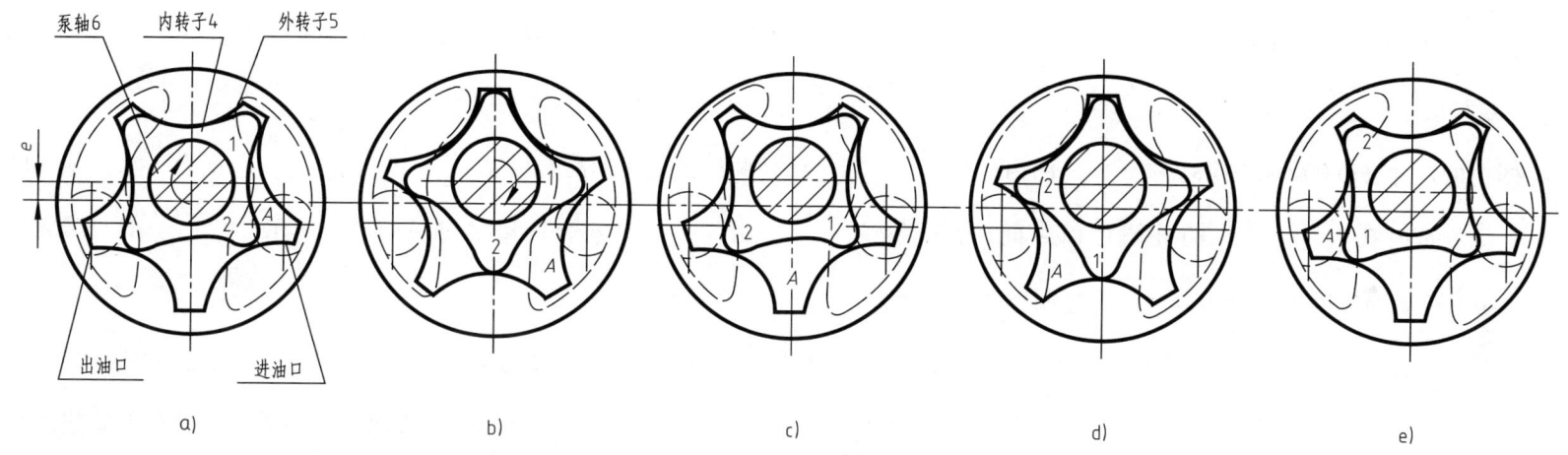

汽车转子泵的工作原理示意图

8-3-9 读装配图（五）：识读转子泵的装配图，回答下列问题。

1. 装配体的名称是_____，共由_____种零件组成，其中标准件有_____种，还有齿轮等常用件和专用件。

2. 转子泵共用了_____个图形表达：_____基本视图及一个_____表达零件的_____视图。主视图采用了通过泵轴的_____的剖切面剖切的_____视图，主要表达转子泵的内部结构和各组成零件之间的相对位置关系、连接方式、配合关系、传动路线及工作原理；俯视图采用_____剖视图及_____画法，主要表达安装孔的位置及销的联接情况；左视图采用了_____画法，将垫片7、泵盖8、键9等零件拆掉，以表达出内转子4和外转子5的装配关系、相对位置及进、出油口的位置。"件1A"图是单独表达_____号零件的_____视图，是从_____方看到的_____号零件的形状，其上有_____个螺纹孔。

3. 传动齿轮11与泵轴6是通过_____联接的，并用_____紧固，用_____防松；泵体1与泵盖8是用_____联接的，并用_____定位。

4. 图中的尺寸 φ11H7/h6 表示_____的内孔与_____的外圆柱面之间的配合为基_____制_____配合；尺寸 φ14F8/h7 表示_____的内孔与_____的外圆柱面之间的配合为基_____制_____配合；尺寸 φ14K7/h6 表示_____的外圆柱面与_____的内孔表面之间的配合为基_____制_____配合。

5. 内转子4通过_____固定在泵轴6上，外转子5在泵体内可以自由转动，两者之间的偏心距为_____；内转子4的外表面上有_____个凸齿，外转子5的内表面上有_____个凹齿，内、外转子在任何位置时，两者之间都可形成四个相互独立的工作腔。

6. "件1A"图中的尺寸 φ12mm，为进出油孔的_____尺寸；左视图中的尺寸 3.5mm±0.015mm 为内、外转子之间的_____，这两个尺寸直接决定了转子泵的排量大小，为_____尺寸；尺寸 34mm、36mm 为_____尺寸；尺寸 4×φ9mm、25mm、110mm 为_____尺寸；尺寸 103mm 为_____尺寸。

8-3-10 识读转子泵的零件图（一）：识读泵轴的零件图，并回答问题。

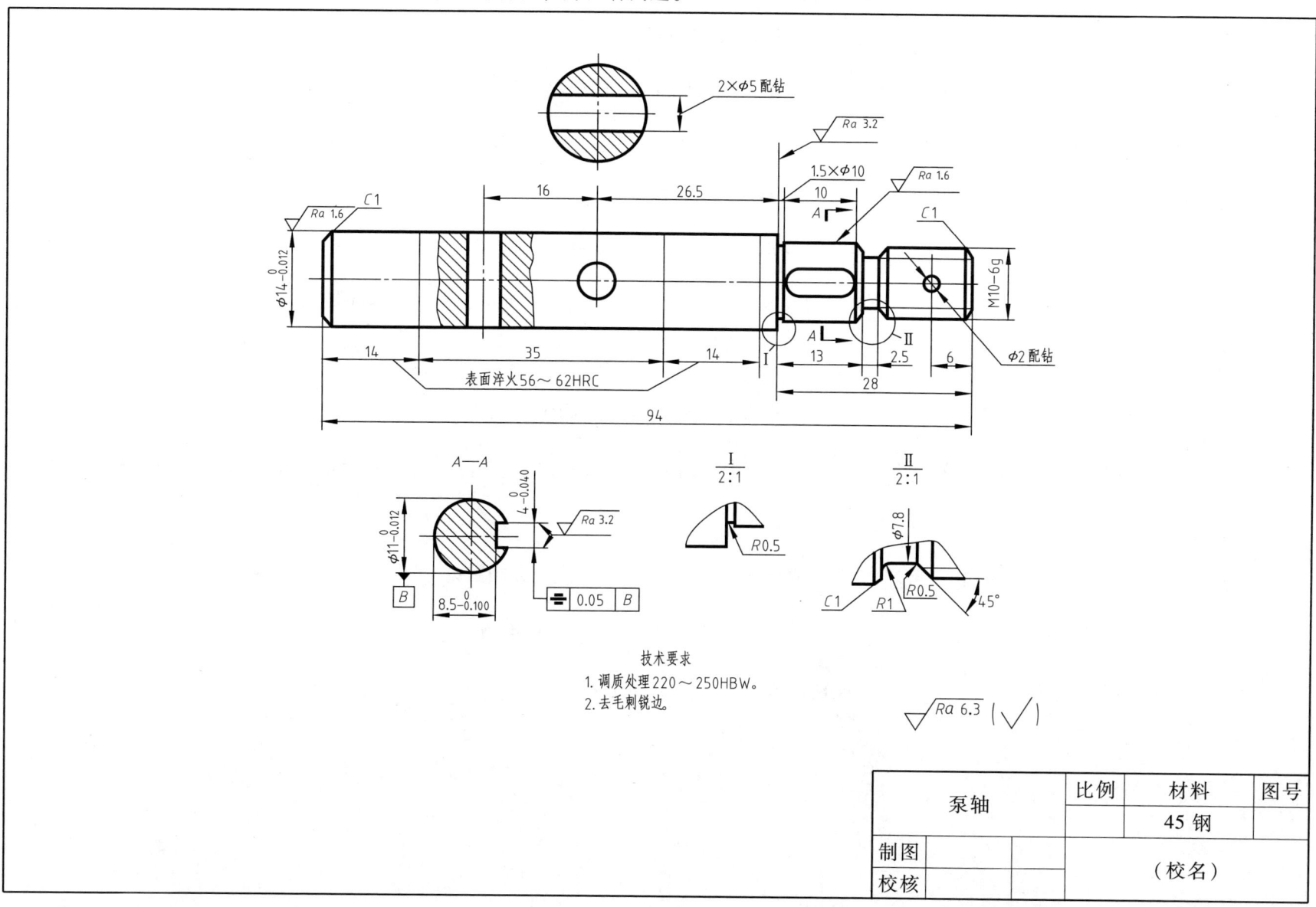

8-3-11 识读转子泵的零件图（一）：识读泵轴的零件图，回答下列问题。

1. 泵轴的材料为_____，属于_____钢，该泵轴属于_____类零件。

2. 泵轴的零件图共用了_____个基本视图来表达泵轴的主要结构，还采用了两个_____图和两个_____图。

3. 泵轴的主要结构为：左端是直径为_____、长度是_____的圆柱体；中间是直径为_____、长度是_____的圆柱体；右端是长度为_____的螺纹，其代号是_____，表示大径是_____的普通_____螺纹。

4. 泵轴上键槽的作用是装入_____，并通过其与_____联接，实现运动的输入。

5. 该零件的总长尺寸为_____，总宽（总高）尺寸为_____。轴向的主要尺寸基准是_____，径向的主要尺寸基准是_____。

6. $\phi 14_{-0.012}^{0}$ mm 的公称尺寸是_____，上极限尺寸是_____，下极限尺寸是_____，尺寸公差是_____。

7. 该零件上表面粗糙度要求最高的有_____处，其表面粗糙度的代号为_____，要求最低的表面粗糙度的代号为_____。

8. | ⌯ | 0.05 | B | 表示的基准要素是_____，被测要素是_____，公差项目是_____，公差值为_____。

9. 该零件的 $\phi 14_{-0.012}^{0}$ mm 的两端需进行_____，其_____硬度为_____。

10. 该零件的整体需进行_____处理，其_____硬度为_____。

8-3-12 识读转子泵的零件图（二）：识读泵盖的零件图，并回答问题。

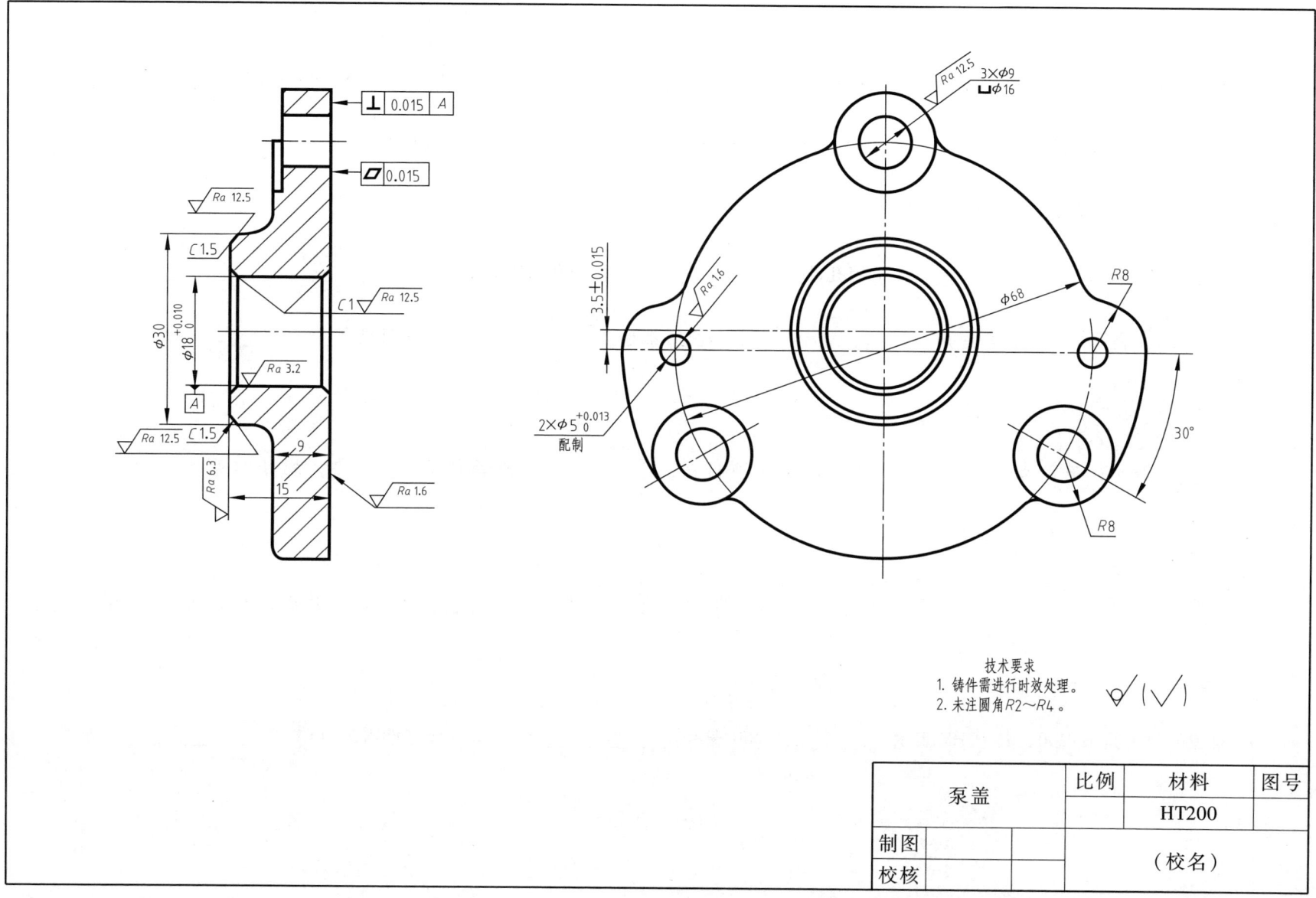

8-3-13　识读转子泵的零件图（二）：识读泵盖的零件图，回答下列问题。

1. 表达泵盖采用了_____个基本视图，其名称分别是_____图和_____图，其中_____视图采用的是_____剖视。

2. 零件的内孔直径尺寸是_____，表示的上极限尺寸是_____，下极限尺寸是_____，尺寸公差是_____，其表面粗糙度的代号为_____，表示_____为_____。

3. 泵盖的总长尺寸为_____，两个销孔的直径是_____，销孔与内孔的偏心距是_____。

4. ⊥ 0.015 A 表示：基准要素是_____，被测要素是_____，公差项目是_____，公差值为_____，属于（形状、位置、方向）_____公差。

5. ⌗ 0.015 表示：被测要素是_____，公差项目是_____，公差值为_____，属于（形状、位置、方向）_____公差。

6. 3×φ9 ⌴φ16 表示有_____个直径为_____的_____形的_____孔，该孔的定位尺寸分别是_____和_____。

7. 泵盖的材料是HT200，其中HT表示_____，200表示_____。该零件需进行_____处理。

8-3-14 识读转子泵的零件图（三）：识读泵体的零件图，并回答问题。

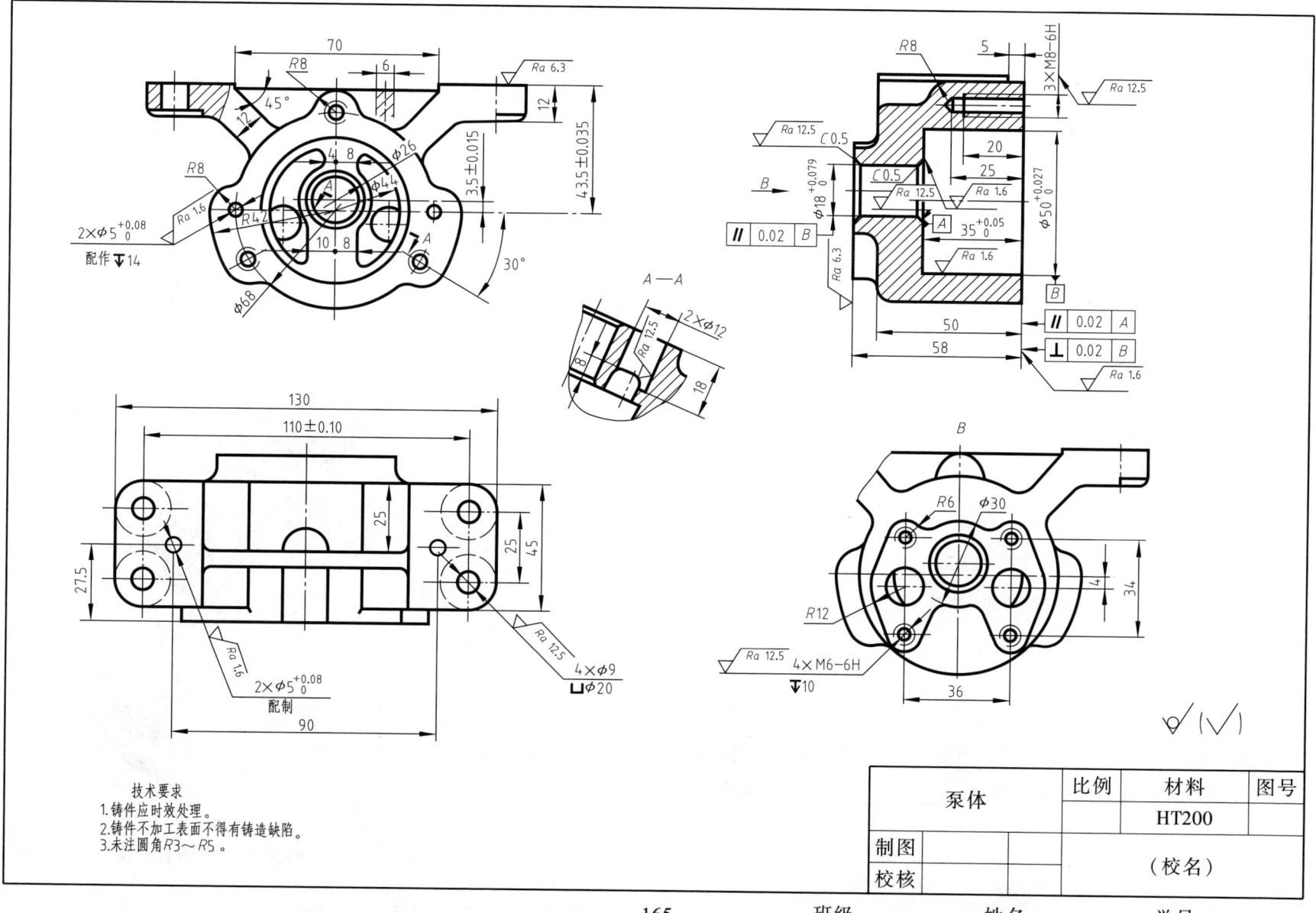

8-3-15 识读转子泵的零件图（三）：识读泵体的零件图，回答下列问题。

1. 该零件共用了_____个图形来表达，其中有_____基本视图，主视图按_____位置放置，采用_____剖视，主要表示_____的结构，其上还有一个_____图；左视图采用_____剖视图，A—A为_____视图，B是_____视图，相当于_____的一部分，主要表示_____的外形。

2. 主视图中的尺寸 43.5mm ± 0.035mm 是_____孔的定位尺寸，上极限尺寸是_____，下极限尺寸是_____，尺寸公差是_____，该孔的表面粗糙度代号是_____，表示 Ra 为_____。

3. 主视图上有____个螺纹孔，其代号是_____，表示直径为_____的_____螺纹，查表可确定螺距是_____，旋向为_____旋，_____径和_____径的公差带代号是_____，螺纹孔的深度是_____，定位尺寸分别是_____和_____；表面粗糙度的要求是 Ra，为_____。

4. 俯视图中有两个销孔，其直径尺寸是_____，定位尺寸分别是_____和_____。

5. B图中有_____个螺纹孔，其代号是_____，表示直径为_____的螺纹，螺纹孔的深度是_____，定位尺寸分别是_____和_____。

6. ⏢ 0.02 A 表示：基准要素是_____，被测要素是_____，公差项目是_____，公差值为_____，属于（形状、位置、方向）_____公差。

7. ⊥ 0.02 B 表示：基准要素是_____，被测要素是_____，公差项目是_____，公差值为_____，属于（形状、位置、方向）_____公差。

8. $\frac{4 \times \phi 9}{\sqcup \phi 20}$ 表示有_____个直径为_____的_____形的_____孔，该孔的定位尺寸分别是_____和_____，其表面粗糙度要求是 Ra，为_____。

9. 图中未注圆角的圆弧半径是_____，零件需进行_____处理。

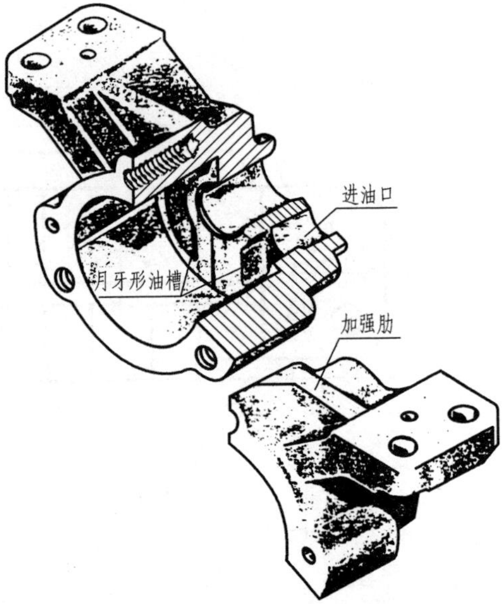

转子泵泵体的轴测图

项目九　绘制与识读电路图

任务一　电路图的表达方法

9-1-1　汽车电路一般由_____、_____、_____、_____和_____组成。

9-1-2　电路保护装置的作用是_____。

9-1-3　汽车电路图就是采用国家、厂家标准规定的_____符号、_____符号和规定的画法，对汽车电气系统的组成、_____及相互间的关系、_____等作出图解说明的电气文件。

9-1-4　在括号内分别写出下列所示是哪种类型电路图。

(　　　　)　　　　　　　　　　　　　　　(　　　　)

任务二 认识电路图常用电气符号

9-2-1 根据表中给出的电气符号写出其相应的名称。

序号	图形符号	名 称	序号	图形符号	名 称
1	B		6	—▭—	
2	—⊂—		7	—▷⊢—	
3	∫		8	⊥⊤	
4	[t]----		9	—[K]—	
5	(OP)		10	(n)	

9-2-2 在表中画出相应的汽车电气设备符号。

序号	名 称	图形符号	序号	名 称	图形符号
1	双丝灯		6	分电器	
2	点火线圈		7	火花塞	
3	扬声器		8	电压调节器	
4	点烟器		9	刮水电动机	
5	加热器(除霜器)		10	电磁离合器	

任务三 电路图识读方法与技巧

9-3-1 请根据图示桑塔纳 2000GSi 轿车电源配线图,分别说明图中 "30" "15" "X" "31" 接通的是什么电源线。

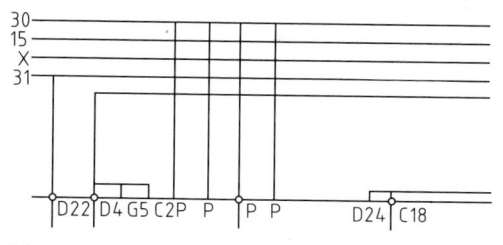

30-_____ 15-_____ X-_____ 31-_____

9-3-2 请简单叙述汽车电路读图的方法。

9-3-3　汽车电源系统有几种工作状态？

9-3-4　认真阅读下图所示汽车电路原理图，完成桑塔纳2000GSi轿车预热系统的识读。

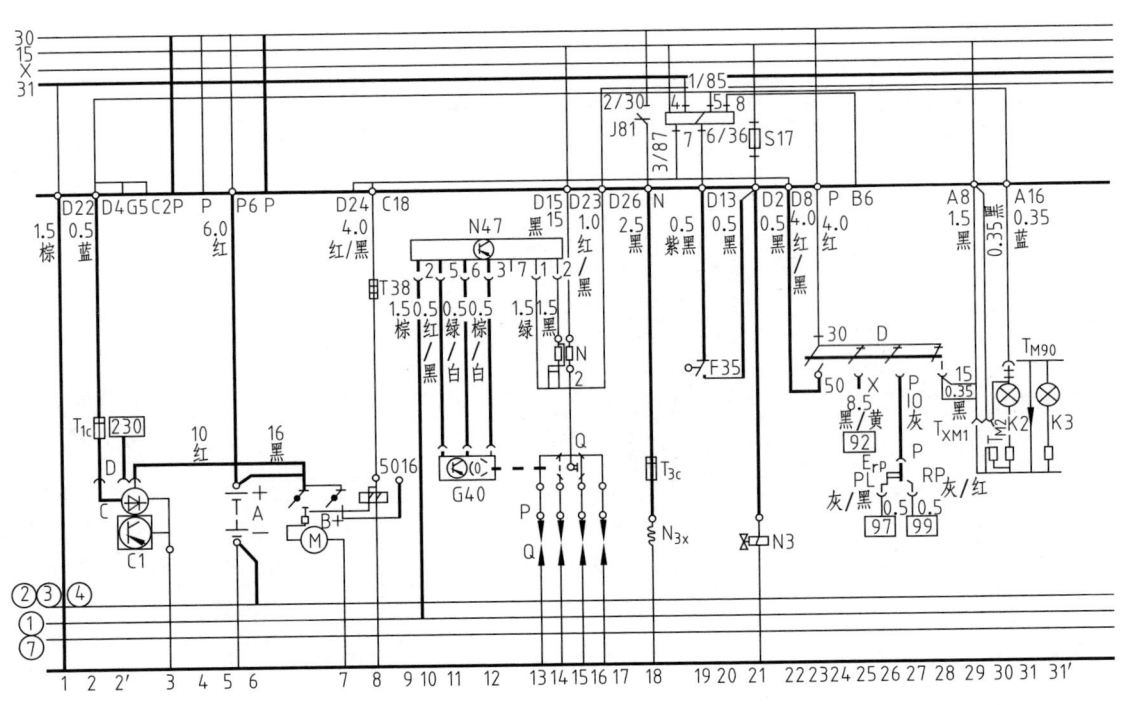

预热系统部分图注说明：进气管预热器—N51；进气管预热继电器—J81；进气管预热器温控开关—F35。

（1）进气管预热继电器 J81 控制电路：

发动机出水口温度＜65℃时，进气管预热器温控开关 F35 闭合。

蓄电池 A"＋"→中央接线盒"P6"端子→_____号线→中央接线盒"P2"端子→点火开关"30"端子→点火开关 D→点火开关"_____"端子→T26/11（黑色导线，0.35mm²）→中央接线盒"A8"端子→_____号线→S17→中央接线盒"_____"端子→F35 闭合→中央接线盒"D13"端子→J81（3/36）→J81 励磁线圈→J81 _____→_____号线→中央接线盒"D22"端子→电路代号 1 搭铁→蓄电池 A"－"。

此时，J81 励磁线圈得电，动静触点闭合。

（2）进气管预热器 N51 工作电路：

蓄电池 A"＋"→中央接线盒"_____"端子→_____号线→J81（2/30）→J81 触点闭合→J81 _____→中央接线盒"N"端子→T1c→_____→电路代号_____搭铁→蓄电池 A"－"。

9-3-5 认真阅读上图所示汽车电路原理图，完成桑塔纳 2000GSi 轿车起动系统的识读。

起动系统图注说明：1）起动机 M；2）起动电磁开关（与起动机一体，含吸引线圈和保持线圈）。

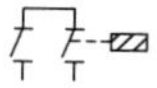

（1）起动机励磁开关控制电路：蓄电池 A"＋"→中央接线盒"P6"端子→_____号线→中央接线盒"P2"端子→点火开关"30"端子→点火开关"_____"端子→中央接线盒"D8"端子→中央接线盒内部接线→中央接线盒"_____"端子→T38→起动机"_____"端子→ { 电磁开关吸引线圈→电路代号_____搭铁 ; 电磁开关_____线圈→起动机励磁绕组→起动机电枢绕组→电路代号 7 搭铁 } →蓄电池 A"－"。此时电磁开关两线圈得电，电磁开关_____。

（2）起动起动机电路：蓄电池 A"＋"→起动机"_____"端子→电磁开关闭合→起动机励磁绕组→起动机电枢绕组→电路代号_____搭铁→蓄电池 A"－"。此时_____起动，向发动机曲轴输出转矩。

参 考 文 献

[1] 曹静. 汽车机械识图习题集 [M]. 北京：机械工业出版社，2010.
[2] 邓池，刘益民. 汽车零部件识图习题集 [M]. 北京：高等教育出版社，2014.
[3] 钱可强. 机械制图习题册 [M]. 5版. 北京：中国劳动社会保障出版社，2007.
[4] 金大鹰. 机械制图习题集 [M]. 北京：机械工业出版社，2007.
[5] 耿海珍. 机械制图习题集 [M]. 上海：同济大学出版社，2009.
[6] 李跃兵，钟震坤. 机械制图习题册 [M]. 长沙：中南大学出版社，2008.
[7] 杨惠英，王玉坤. 机械制图习题集 [M]. 2版. 北京：清华大学出版社，2008.
[8] 姚民雄，华红芳. 机械制图习题集 [M]. 北京：电子工业出版社，2009.